# 周書

# 四部備要

史部

中華書局據武英殿本校刊

桐鄉　陸費逵　總勘

杭縣　高時顯　吳汝霖　輯校

杭縣　丁輔之　監造

周書本紀八列傳四十二合五十篇唐令狐德棻請撰次而詔德棻與陳叔達庾儉成之仁宗時出太清樓本合史館祕閣本又募天下獻書而取夏竦李巽家本下館閣是正其文字今既鏤板以傳學官而臣等始預其是正又序其目錄一篇曰周之六帝當四海分裂之時形勢劫束毅然有志合天下於一而材足以有爲者特文帝而已文帝召蘇綽於稠人之中始知之未盡也卧子之言既當其意遂起拜晝夜諮諏酬酢知其果可以斷安危治亂之謀而詘己以聽之考於書唯府兵之設斂千歲已散之民而係之於兵庶幾得三代之遺意能不駭人視聽以就其事而效見於後世文帝嘗患文章浮薄使綽爲大誥以勸而卒能變一時士大夫之制作然則勢在人上而欲鼓舞其下者奚患不成雖然非文帝之智內有以得於己而蘇綽之守外不詘於人則未可必其能然也以彼君臣之相遭非以先王之道而猶且懇懇以誘之言又況無所待之豪傑可易以畜哉夫以德力行仁所以爲王霸之異而至於詘己任人則未始不同然而君能畜臣者天下之至難傳曰取人以身脩身以道脩道以仁蓋道極於

不可知之神而人有其質推之爲天下國家之用者以其粗爾然非致其精於己則其粗亦不能以爲人惟能自愛其身則內不欺其心內不欺其心則外不蔽於物然後好惡無所作而尙何有己哉能無己始可以得己而足以揆天下之理知人之言而邪正無以廋其實尙有患乎論之不一哉於是賢能任使之盡其方而無所省者以天下之耳目而小人不能託忠以誣君子又從而爲之勸禁則小人忿欲之心已黜於冥冥之際君子樂以其類進而摩厲其俗凜然有恥君臣相與謀於上因敝以新法度而令能者馳騖於下有忠信之守而無傳會遷就之患則法度有怫於民而下不以情赴上者乎蓋虛然後能受天下之實約然後能操天下之煩垂纓攝袵俯仰廟堂無爲以應萬幾者致其思而已矣夫思之爲王者事君臣一也而君之勢則異焉世獨頌堯舜之無爲而安知夫人主自宜無爲而思則不可一日已也書曰思曰睿揚雄曰於道則勞其不然歟蓋夫法度善矣非以道作其人則不能爲之守而民之多寡物之豐殺法度有視時而革者必待人而後謀則是可不致其思乎苟未能此而徒欲法

度之華者是豈先王爲治之序哉彼區區之周何足以議徒取其能因一時君臣之致好猶足以見其效又況慨然行先王之道而得大有爲之勢乎是固不宜無論也臣壽臣安國臣希昧死謹上

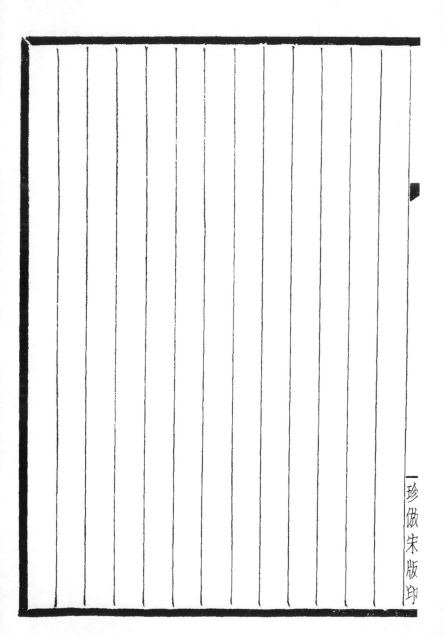

# 周書目錄

本紀八卷
列傳四十二卷
凡五十卷

本紀

周書卷一
本紀第一
文帝上 姓宇文氏諱泰

周書卷二
本紀第二
文帝下

周書卷三
本紀第三

周書卷十六
列傳第八

周書卷十七
列傳第九

周書卷十八
列傳第十

周書卷三十六

列傳第二十八



周書卷三十七

列傳第二十九

周書卷四十八

列傳第四十



周書卷四十九

列傳第四十一

周書卷五十

列傳第四十二

異域下

周書目錄

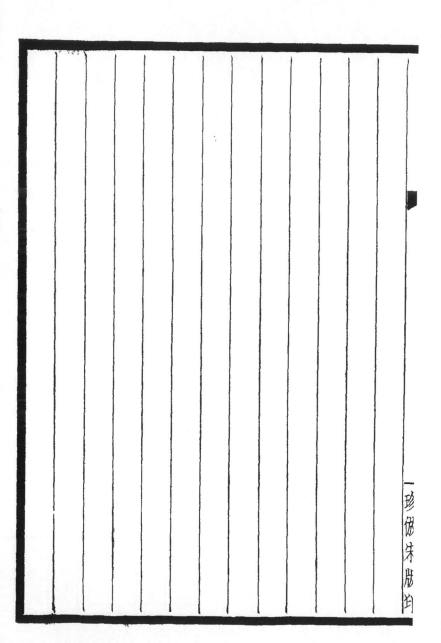

# 周書卷一

唐 令狐德棻等撰

## 帝紀第一

### 文帝上

太祖文皇帝姓宇文氏諱泰字黑獺代武川人也其先出自炎帝神農氏爲黃帝所滅子孫遯居朔野有葛烏菟者雄武多算略鮮卑慕之奉以爲主遂總十二部落世爲大人其後曰普回因狩得玉璽三紐有文曰皇帝璽普回心異之以爲天授其俗謂天曰宇謂君曰文因號宇文國幷以爲氏焉普回子莫那自陰山南徙始居遼西是曰獻侯爲魏舅生之國九世至侯豆歸爲慕容晃所滅其子陵仕燕拜駙馬都尉封玄菟公魏道武將攻中山陵從慕容寶禦之寶敗陵率甲騎五百歸魏拜都牧主賜爵安定侯天興初徙豪傑於代都陵隨例遷武川焉陵生系系生韜並以武略稱韜生肱肱任俠有氣幹正光末沃野鎮人破六汗拔陵作亂遠近多應之其僞署王衞可孤徒黨最盛肱乃糾合鄉里斬

可孤其衆乃散後避地中山遂陷於鮮于修禮修禮令肱還統其部衆後爲定州軍所破歿於陣武成初追尊曰德皇帝太祖德皇帝之少子也母曰王氏孕五月夜夢抱子昇天纔不至而止寤而告德皇帝德皇帝喜曰雖不至天貴亦極矣生而有黑氣如蓋下覆其身及長身長八尺方顙廣額美鬚髯髮長委地垂手過膝背有黑子宛轉若龍盤之形面有紫光人望而敬畏之少有大度不事家人生業輕財好施以交結賢士大夫少隨德皇帝在鮮于修禮軍及葛榮殺修禮太祖時年十八榮遂任以將帥太祖知其無成與諸兄謀欲逃避計未行會尒朱榮擒葛榮定河北太祖隨例遷晉陽榮以太祖兄弟雄傑懼或異己遂託以他罪誅太祖第三兄洛生復欲害太祖太祖自理家寃辭旨慷慨榮感而免之益加敬待孝昌二年燕州亂太祖始以統軍從榮征之先是北海王顥奔梁梁人立爲魏主令率兵入洛魏孝莊帝出居河內以避之榮遣賀拔岳討顥仍迎孝莊帝太祖與岳有舊乃以別將從岳及孝莊帝反正以功封寧都子邑三百戶遷鎮遠將軍步兵校尉万俟醜奴作亂關右孝莊帝遣尒朱天光及

岳等討之太祖遂從岳入關先鋒破僞行臺尉遲菩薩等及平醜奴定隴右太祖功居多遷征西將軍金紫光祿大夫增邑三百戶加直閤將軍行原州事時關隴寇亂百姓凋殘太祖撫以恩信民皆悅服咸喜曰早值宇文使君吾等豈從逆亂太祖嘗從數騎於野忽聞簫鼓之音以問從人皆云莫之聞也普泰二年尒朱天光東拒齊神武留弟顯壽鎮長安秦州刺史侯莫陳悅爲天光所召將軍衆東下岳知天光必敗欲留悅共圖顯壽而計無所出太祖謂岳曰今天光尚邇悅未有二心若以此事告之恐其驚懼然悅雖爲主將不能制物若先說其衆必人有留心進失尒朱之期退恐人情變動乘此說悅事無不遂岳大喜卽令太祖入悅軍說之悅遂不行乃相率襲長安令太祖輕騎爲前鋒太祖策顯壽怯懦聞諸軍將至必當東走恐其遠遁乃倍道兼行顯壽果已東走追至華山擒之太昌元年岳爲關西大行臺以太祖爲左丞領岳府司馬加散騎常侍事無巨細皆委決焉齊神武既破尒朱遂專朝政太祖請往觀之既至幷州齊神武問岳軍事太祖口對雄辯齊神武以爲非常人欲留之太祖詭陳忠

款乃得反命遂星言就道齊神武果遣追之至關不及太祖還謂岳曰高歡非人臣也逆謀所以未發者憚公兄弟耳然凡欲立大功匡社稷未有不因地勢總英雄而能克成者也侯莫陳悅本實庸材遭逢際會遂叨任委既無憂國之心亦不爲高歡所忌但爲之備圖之不難今費也頭控弦之騎不下一萬夏州刺史斛拔彌俄突勝兵之士三千餘人及靈州刺史曹泥並恃其僻遠常懷異望河西流民紇豆陵伊利等戶口富實未奉朝風今若移軍近隴扼其要害示之以威服之以德即可收其士馬以實吾軍西輯氐羌北撫沙塞還軍長安匡輔魏室此桓文舉也岳大悅復遣太祖詣闕請事密陳其狀魏帝深納之加太祖武衛將軍還令報岳岳遂引軍西次平涼謀於其衆曰夏州鄰接寇賊須加綏撫安得良刺史以鎮之衆皆曰宇文左丞即其人也岳曰左丞吾之左右手也如何可廢沈吟累日乃從衆議於是表太祖爲使持節武衛將軍夏州刺史
太祖至州伊利望風款附而曹泥猶通使於齊神武魏永熙三年春正月岳欲討曹泥遣都督趙貴至夏州與太祖計事太祖曰曹泥孤城阻遠未足爲憂侯

莫陳悅怙衆密邇貪而無信必將爲患願早圖之岳不聽遂與悅俱討泥二月至於河曲岳果爲悅所害其士衆散還平涼唯大都督趙貴率部曲收岳屍還營於是三軍未有所屬諸將以都督寇洛年最長相與推洛以總兵事洛素無雄略威令不行乃謂諸將曰洛智能本闕不宜統御近者迫於羣議推相攝領今請避位更擇賢材於是趙貴言於衆曰元帥忠公盡節暴於朝野勳業未就奄罹凶酷豈唯國喪良宰固亦衆無所依必欲糾合同盟復讎雪恥須擇賢者總統諸軍舉非其人則大事難集雖欲立忠建義其可得乎竊觀宇文夏州英姿不世雄謨冠時遠邇歸心士卒用命加以法令齊肅賞罰嚴明真足恃也今若告喪必來赴難因而奉之則大事集矣諸將皆稱善乃命赫連達馳至夏州告太祖曰侯莫陳悅不顧盟誓棄恩背德賊害忠良羣情憤惋控告無所公昔居管轄恩信著聞今無小無大咸願推奉衆之思公引日成歲願勿稽留以慰衆望也太祖將赴之夏州吏民咸泣請曰聞悅今在永洛去平涼不遠若已有賀拔公之衆則圖之實難願且停留以觀其變太祖曰悅既害元帥自應乘勢

直據平涼而反赵趄屯兵永洛吾知其無能爲也且難得易失者時也不俟終日者幾也今不早赴將恐衆心自離都督彌姐元進規欲應悅密圖太祖事發斬之太祖乃率帳下輕騎馳赴平涼時齊神武遣長史侯景招引岳衆太祖至安定遇之謂景曰賀拔公雖死宇文泰尚存卿何爲也景失色對曰我猶箭耳隨人所射安能自裁景於此卽還太祖至平涼哭岳甚慟將士且悲且喜曰宇文公至無所憂矣於時魏孝武帝將圖齊神武聞岳被害遣武衛將軍元毗宣旨慰勞追岳軍還洛陽毗到平涼會諸將已推太祖侯莫陳悅亦被勑追還悅既附齊神武不肯應召太祖謂諸將曰侯莫陳悅枉害忠良復不應詔命此國之大賊豈可容之乃命諸軍戒嚴將以討悅及元毗還太祖表於魏帝曰臣前以故關西大都督臣岳竭誠奉國横罹非命三軍喪氣朝野痛惜都督寇洛等銜冤茹感志雪讎恥以臣昔同幕府苦賜要結臣便以今月十四日輕來赴軍當發之時已有別表既爲衆情所逼權掌兵事詔召岳軍入京此乃爲國良策但高歡之衆已至河東侯莫陳悅猶在永洛況此軍士多是關西之人皆戀鄉

邑不願東下今逼以上命悉令赴關悅躡其後歡邀其前首尾受敵其勢危矣臣殞身王事誠所甘心恐敗國殄人所損更大乞少停緩更思後圖徐事誘導漸就東引太祖志在討悅而未測朝旨且兵衆未集假此爲詞因與元毗及諸將刑牲盟誓同獎王室初賀拔岳營於河曲有軍吏獨行忽見一老翁鬚眉皓素謂之曰賀拔岳雖復據有此衆然終無所成當有一宇文家從東北來後必大盛言訖不見此吏恆與所親言之至是方驗魏帝詔太祖曰賀拔岳既殞士衆未有所歸卿可爲大都督卽相統領知欲漸就東下良不可言今亦徵侯莫陳悅士馬入京若其不來朕當親自致罰宜體此意不過淹留太祖又表曰侯莫陳悅違天逆理酷害良臣自以專戮罪重不恭詔命阻兵永洛彊梁秦隴臣以大宥既班忍抑私憾頻問悅及都督可朱渾元等歸闕早晚而悅並維縶使人不聽反報觀其指趣勢必異圖臣正爲此未敢自拔兼順衆情乞少停緩太祖乃與悅書責之曰頃者正光之末天下沸騰塵飛河朔霧塞荆沔故將軍賀拔公攘袂勃起志寧寓縣授戈南指拯皇靈於已墜擁旄西邁濟百姓於淪胥

西顧無憂繄公是賴勳茂賞隆遂征關右此乃行路所知不籍一二談也君實名微行薄本無遠量故將軍降遷高之志篤彙征之理乃申啓朝廷薦君爲隴右行臺朝議以君功名闕然未之許也遂頻煩請謁至於再三天子難違上將便相聽許是亦遐邇共知不復煩之翰墨縱使木石爲心猶當知感況在生靈安能無愧加以王室多故高氏專權主上虛心寄隆晉鄭君復與故將軍同受密旨屢結盟約期於畢力共匡時難而貌恭心狠妬勝嫉賢口血未乾匕首已發協黨國賊共危本朝孤恩負誓有靦面目豈不上畏於天下慚於地吾以弱才猥當藩牧蒙朝廷拔擢之恩荷故將軍國士之遇聞問之日魂守驚馳便陳啓天朝暫來奔赴衆情所推遂當戎重比有敕旨召吾還闕亦有別詔令君入朝雖操行無聞而年齒已宿今日進退唯君是視君若督率所部自山隴東邁吾亦總勒師徒北道還闕共追廉藺之迹同慕寇賈之風如其首鼠兩端不時奉詔專戮違旨國有常刑枕戈坐甲指日相見幸圖利害無貽噬臍悅既懼太祖謀已詐爲詔書與秦州刺史万俟普撥令與悅爲黨援普撥疑之封詔以呈

太祖太祖表之曰臣自奉詔總平涼之師責重憂深不遑啓處訓兵秣馬唯思竭力前以人戀本土侯莫陳悅窺覦進退量度且宜住此今若召悅授以內官臣列旆東轅匪朝伊夕朝廷若以悅堪爲邊扞乞處以瓜涼一藩不然則終致猜虞於事無益初原州刺史史歸爲岳所親任河曲之變反爲悅守悅遣其黨王伯和成次安將兵二千人助歸鎮原州太祖遣都督侯莫陳崇率輕騎一千襲歸擒之并獲次安伯和等送於平涼太祖表崇行原州事万俟普撥又遣其將叱干保洛領二千騎來從軍三月太祖進軍至原州衆軍悉集諭以討悅之意士卒莫不懷憤太祖乃表曰臣聞誓死酬恩覆宗報主人倫所急赴蹈如歸自大都督臣岳歿後臣頻奉詔還闕秣馬戒途志不俟旦直以督將已下咸稱賀拔公視我如子今讎恥未報亦何面目以處世間若得一雪寃酷萬死無恨且悅外附彊臣內違朝旨臣今上思逐惡之志下遂節士之心冀仗天威爲國除害小違大順實在玆辰克定之後伏待斧鉞夏四月引兵上隴留兄子導爲都督鎮原州太祖軍令嚴肅秋毫無犯百姓大悅識者知其有成軍出木峽關

大兩雪平地二尺太祖知悅怯而多猜乃倍道兼行出其不意悅果疑其左右
有異志者左右亦不安衆遂離貳聞大軍且至退保略陽留一萬餘人據守永
洛太祖至永洛命圍之城降太祖卽率輕騎數百趣略陽以臨悅軍悅大懼乃
召其部將議之皆曰此鋒不可當勸悅退保上邽以避之時南秦州刺史李弼
亦在悅軍乃閒道遣使請爲內應其夜悅出軍軍中自驚潰將卒或相率來降
太祖縱兵奮擊大破之虜獲萬餘人馬八千疋悅與其子弟及麾下數十騎遁
走太祖曰悅本與曹泥應接不過走向靈州乃令原州都督導邀其前都督賀
拔頴等追其後導至牽屯山追及悅斬之太祖入上邽收悅府庫財物山積皆
以賞士卒毫釐無所取左右竊一銀鏤甕以歸太祖知而罪之卽剖賜將士衆
大悅時涼州刺史李叔仁爲其民所執舉州騷擾宕昌羌梁企定引吐谷渾寇
金城渭州及南秦州氐羌連結所在蜂起南岐至于瓜鄯跨州據郡者不可勝
數太祖乃令李弼鎮原州夏州刺史拔也惡蚝鎮南秦州渭州刺史可朱渾元
還鎮渭州衞將軍趙貴行秦州事徵豳涇東秦岐四州粟以給軍齊神武聞秦

隴克捷乃遣使於太祖甘言厚禮深相倚結太祖拒而不納時齊神武已有異志故魏帝深仗太祖乃徵二千騎鎮東雍州助爲聲援仍令太祖稍引軍而東太祖乃遣大都督梁禦率步騎五千鎮河渭合口爲圖河東之計太祖之討悅也悅遣使請援於齊神武神武使其都督韓軌將兵一萬據蒲坂而雍州刺史賈顯送船與軌請軌兵入關太祖因梁禦之東乃逼召顯赴軍禦遂入雍州魏帝遣著作郎姚幼瑜持節勞軍進太祖侍中驃騎大將軍開府儀同三司關西大都督略陽縣公承制封拜使持節如故於是以寇洛爲涇州刺史李弼爲秦州刺史前略陽郡守張獻爲南岐州刺史盧待伯拒代遣輕騎襲擒之待伯自殺時魏帝方圖齊神武又遣徵兵太祖乃令前秦州刺史駱超爲大都督率輕騎一千赴洛進授太祖兼尚書僕射關西大行臺餘官封如故太祖乃傳檄方鎮曰蓋聞陰陽遞用盛衰相襲苟當百六無聞三五皇家創曆陶鑄蒼生保安四海仁育萬物運距孝昌屯沴屢起隴冀騷動燕河狼顧雖靈命重啓蕩定有期而乘釁之徒因生羽翼賊臣高歡器識庸下出自輿皁罕聞禮義直以一介

鷹犬効力戎行靦冒恩私遂階榮寵不能竭誠盡節專挾姦回乃勸尒朱榮行
茲篡逆及榮以專政伏誅世隆以凶黨外叛歡苦相敦勉令取京師又勸吐萬
兒復爲弒虐暫立建明以令天下假推普泰欲竊威權並歸廢斥俱見酷害於
是稱兵河北假討尒朱亟通表奏云取讒賊既行廢黜遂將篡弒以人望未改
恐鼎鑊交及乃求宗室權允人心天方與魏必將有主翊戴聖明誠非歡力而
歡阻兵安忍自以爲功廣布腹心跨州連郡端揆禁闈莫非親黨皆行貪虐窫
窳生人而舊將名臣正人直士橫生瘡痏動挂網羅故武衛將軍伊琳清貞剛
毅禁旅攸屬直閤將軍鮮于康仁忠亮驍傑爪牙斯在歡收而戮之曾无聞奏
司空高乾是其黨與每相影響謀危社稷但以姦志未從恐先洩漏乃密白朝
廷使殺高乾方哭對其弟稱天子橫戮孫騰任祥歡之心膂並使入居樞近伺
國間隙知歡逆謀將發相繼逃歸歡益加撫待亦無陳白然歡入洛之始本有
姦謀令親人蔡儁作牧河濟厚相恩贍以爲東道主人故關西大都督清水公
賀拔岳勳德隆重興亡攸寄歡好亂樂禍深相忌毒乃與侯莫陳悅陰圖陷害

幕府以受律專征便即討戮歡知逆狀已露稍懷旅距遂遣蔡儁拒代令竇泰佐之又遣侯景等云向白馬輔世珍等徑趣石濟高隆之疋婁昭等屯據壺關韓軌之徒擁衆蒲坂於是上書天子數論得失訾毀乘輿威侮朝廷藉此微庸冀茲大寶谿壑可盈禍心不測或言徑赴荊楚開疆於外或言分詣伊洛取彼讒人或言欲來入關與幕府決戰今聖明御運天下淸夷百寮師師四隩來暨人盡忠良誰爲君側而歡威福自己生是亂階緝構南箕指鹿爲馬包藏凶逆伺我神器是而可忍孰不可容幕府折衝宇宙親當受脤銳師百萬彀騎千羣裹糧坐甲唯敵是俟義之所在糜軀匪恡況頻有詔書班告天下稱歡逆亂徵兵致伐今便分命將帥應機進討或趣其要害或襲其窟宅電繞蛇擊霧合星羅而歡違負天地毒被人鬼乘此掃蕩易同俯拾歡若渡河稍逼宗廟則分命諸將直取并州幕府躬自東轅電赴伊洛若固其巢穴未敢發動亦命羣帥百道俱前轘裂賊臣以謝天下其州鎮郡縣率土人黎或州鄉冠冕或勳庸世濟並宜捨逆歸順立效軍門封賞之科已有別格凡百君子可不勉歟太祖謂諸

將曰高歡雖智不足而詐有餘今聲言欲西其意在入洛吾欲令寇洛率馬步萬餘自涇州東引王羆率甲士一萬先據華州歡若西來王羆足得抗拒如其入洛寇洛卽襲汾晉吾便速駕直赴京邑使其進有內顧之憂退有被躡之勢一舉大定此爲上策衆咸稱善秋七月太祖帥衆發自高平前軍至於弘農而齊神武稍逼京邑魏帝親總六軍屯於河橋令左衞元斌之領軍斛斯椿鎭武牢遣使告太祖太祖謂左右曰高歡數日行八九百里曉兵者所忌正須乘便擊之而主上以萬乘之重不能決戰方緣津據守且長河萬里扞禦爲難若一處得度大事去矣卽以大都督趙貴爲別道行臺自蒲坂濟趣并州遣大都督李賢將精騎一千赴洛陽會斌之與斛斯椿爭權不協斌之遂棄椿還紿帝云高歡兵至七月丁未帝遂從洛陽率輕騎入關太祖備儀衞奉迎謁見東陽驛太祖免冠泣涕謝曰臣不能式遏寇虐遂使乘輿遷幸請拘司敗以正刑書帝曰公之忠節曝於朝野朕以不德負乘致寇今日相見深用厚顏責在朕躬無勞謝也乃奉帝都長安披草萊立朝廷軍國之政咸取太祖決焉仍加授大將

軍雍州刺史兼尚書令進封略陽郡公別置二尚書隨機處分解尚書僕射餘如故太祖固讓詔敦諭乃授初魏帝在洛陽許以馮翊長公主配太祖未及結納而帝西遷至是詔太祖尚之拜駙馬都尉八月齊神武襲陷潼關侵華陰太祖率諸軍屯霸上以待之齊神武留其將薛瑾守關而退太祖乃進軍討瑾虜其卒七千還長安進位丞相冬十月齊神武推魏清河王亶子善見爲主徙都於鄴是爲東魏十一月遣儀同李虎與李弼趙貴等討曹泥於靈州虎引河灌之明年泥降遷其豪帥于咸陽閏十二月魏孝武帝崩太祖與羣公定策尊立魏南陽王寶炬爲嗣是爲文皇帝

周書卷一

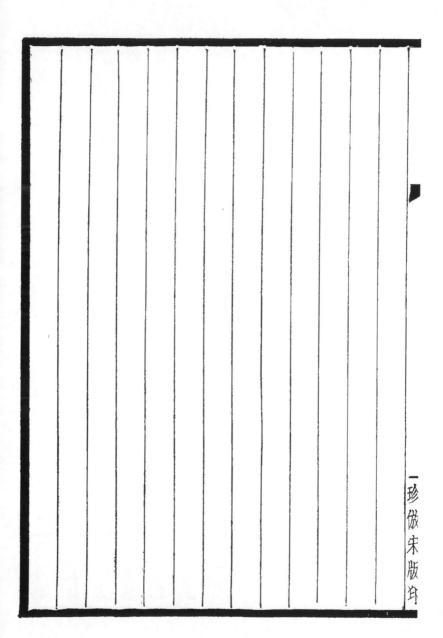

# 周書卷一考證

文帝紀上其僞署王衞可孤○北史作衞可瓌通鑑作衞可孤考異云從周書也

雍州刺史賈顯○通鑑作賈顯度下文乃逼召顯赴軍通鑑作乃逼顯度赴軍

高隆之疋婁昭等○疋北史作及

王羆率甲士一萬○下文云王羆足相抗拒監本俱作王羅 臣文淳按王羆本傳云屬太祖徵兵爲勤王之舉請前驅效命遂爲大都督鎮華州正與此合今改正

齊神武留其將薛瑾守關而退○薛瑾通鑑作薛瑜

遣儀同李虎與李弼趙貴等討曹泥於靈州○虎北史作諱 臣文淳按李虎唐高祖諱也唐人諱虎字皆作武或作獸令狐德棻等作史不應直書李虎蓋後人刊刻時妄改又高祖父李昞故南北八書凡丙字皆作景字太宗諱世民凡世字皆作代字民字皆作人字此書間有存其舊者然已改十之七八

矣大約八書惟南北史多存其舊他若晉書太宗自撰而景子景寅之類俱無一存者其爲後人妄改者多矣

周書卷一考證

# 周書卷二

唐 令 狐 德 棻 等 撰

## 帝紀第二

### 文帝下

魏大統元年春正月己酉進太祖督中外諸軍事錄尚書事大行臺改封安定郡王太祖固讓王及錄尚書事魏帝許之乃改封安定郡公東魏遣其將司馬子如寇潼關太祖軍霸上子如乃回軍自蒲津寇華州刺史王羆擊走之三月太祖以戎役屢興民吏勞弊乃命所司斟酌今古參考變通可以益國利民便時適治者爲二十四條新制奏魏帝行之

二年春三月東魏襲陷夏州留其將張瓊許和守之夏五月秦州刺史建中王万俟普撥率所部叛入東魏太祖勒輕騎追之至河北千餘里不及而還

三年春正月東魏寇龍門屯軍蒲坂造三道浮橋度河又遣其將竇泰趣潼關高敖曹圍洛州太祖出軍廣陽召諸將曰賊今犄吾三面又造橋於河示欲必

渡是欲綴吾軍使竇泰得西入耳久與相持其計得行非良策也且歡起兵以
來泰每為先驅其下多銳卒屢勝而驕今出其不意襲之必克克泰則歡不戰
而自走矣諸將咸曰賊在近捨而遠襲事若蹉跌悔無及也太祖曰歡前再襲
潼關吾軍不過霸上今者大來兵未出郊賊顧謂吾但自守耳無遠鬭意又狃
於得志有輕我之心乘此擊之何往不克賊雖造橋不能徑渡此五日中吾取
竇泰必矣公等勿疑庚戌太祖率騎六千還長安聲言欲保隴右辛亥謁帝而
潛出軍癸丑旦至小關竇泰卒聞軍至惶懼依山為陣未及成列太祖縱兵擊
破之盡俘其衆萬餘人斬泰傳首長安高敖曹適陷洛州執刺史泉企聞泰之
歿焚輜重棄城走齊神武亦撤橋而退企子元禮尋復洛州斬東魏刺史杜密
太祖還軍長安六月遣儀同于謹取楊氏壁太祖請罷行臺帝復申前命太祖
受錄尚書事餘固讓乃止秋七月徵兵會咸陽八月丁丑太祖率李弼獨孤信
梁禦趙貴于瑾若干惠怡峯劉亮王悳侯莫陳崇李遠達奚武等十二將東伐
至潼關太祖乃誓於師曰與爾有衆奉天威誅暴亂惟爾士整爾甲兵戒爾戎

事無貪財以輕敵無暴民以作威用命則有賞不用命則有戮爾衆士其勉之遣于謹居軍前徇地至槃豆東魏將高叔禮守柵不下謹急攻之乃降獲其戍卒一千送叔禮於長安戊子至弘農東魏將高干陝州刺史李徽伯拒守於時連雨太祖乃命諸軍冒雨攻之庚寅城潰斬徽伯虜其戰士八千高干走度河令賀拔勝追擒之並送長安於是宜陽邵郡皆來歸附先是河南豪傑多聚兵應東魏至是各率所部來降齊神武懼率衆十萬出壺口趨蒲坂將自后土濟又遣其將高敖曹以三萬人出河南是歲關中饑太祖既平弘農因館穀五十餘日時戰士不滿萬人聞齊神武將度乃引軍入關齊神武遂度河逼華州刺史王羆嚴守知不可攻乃涉洛軍於許原西太祖據渭南徵諸州兵皆會乃召諸將謂之曰高歡越山度河遠來至此天亡之時也吾欲擊之何如諸將咸以衆寡不敵請待歡更西以觀其勢太祖曰歡若得至咸陽人情轉騷擾今及其新至便可擊之卽造浮橋於渭令軍人齎三日糧輕騎度渭輜重自渭南夾渭而西冬十月壬辰至沙苑距齊神武軍六十餘里齊神武聞太祖至引軍來會

癸巳旦候騎告齊神武軍且至太祖召諸將謀之李弼曰彼衆我寡不可平地置陣此東十里有渭曲可先據以待之遂進軍至渭曲背水東西爲陣李弼爲右拒趙貴爲左拒命將士皆偃戈於葭蘆中聞鼓聲而起申時齊神武至望太祖軍少競馳而進不爲行列總萃於左軍兵將交太祖鳴鼓士皆奮起于謹等六軍與之合戰李弼等率鐵騎橫擊之絶其軍爲二隊大破之斬六千餘級臨陣降者二萬餘人齊神武夜遁追至河上復大克獲前後虜其卒七萬留其甲士二萬餘悉縱歸收其輜重兵甲獻俘長安還軍渭南於是所徵諸州兵始至乃於戰所准當時兵士人種樹一株以旌武功進太祖柱國大將軍增邑幷前五千戶李弼等十二將亦進爵增邑幷其下將士賞各有差遣左僕射馮翊王元季海爲行臺與開府獨孤信率步騎二萬向洛陽洛州刺史李顯趨荊州賀拔勝李弼渡河圍蒲坂牙門將高子信開門納勝軍東魏將薛崇禮棄城走勝等追獲之太祖進軍蒲坂略定汾絳於是許和殺張瓊以夏州降初太祖自弘農入關後東魏將高敖曹圍弘農聞其軍敗退守洛陽獨孤信至新安敖曹復

走度河信遂入洛陽東魏潁川長史賀若統與密縣人張儉執刺史田迅舉城降滎陽鄭榮業鄭偉等攻梁州擒其刺史鹿永吉清河人崔彥穆檀琛攻滎陽擒其郡守蘇定皆來附自梁陳已西將吏降者相屬於是東魏將堯雄趙育是云寶出潁川欲復降地太祖遣儀同宇文貴梁遷等逆擊大破之趙育來降東魏復遣將任祥率河南兵與雄合儀同怡峯與貴遷等復擊破之又遣都督韋孝寬取豫州是云寶殺其東揚州刺史那椿以州來附

四年春三月太祖率諸將入朝禮畢還華州七月東魏遣其將侯景庫狄干高敖曹元軌可朱渾元莫多婁貸文等圍獨孤信於洛陽齊神武繼其後先是魏帝將幸洛陽拜園陵會信被圍詔太祖率軍救信魏帝亦東八月庚寅太祖至穀城莫多婁貸文可朱渾元來逆臨陣斬貸文元單騎遁免悉虜其衆送弘農遂進軍瀍東是夕魏帝幸太祖營於是景等夜解圍去及旦太祖率輕騎追之至於河上景等北據河橋南屬邙山爲陣與諸軍合戰太祖馬中流矢驚逸遂失所之因此軍中擾亂都督李穆下馬授太祖軍以復振於是大捷斬高敖曹

及其儀同李猛西兗州刺史宋顯等虜其甲士一萬五千赴河死者以萬數是日置陣既大首尾懸遠從旦至未戰數十合氛霧四塞莫能相知獨孤信李遠居右趙貴怡峯居左戰並不利又未知魏帝及太祖所在皆棄其卒先歸開府李虎念賢等爲後軍遇信等退卽與俱還由是乃班師洛陽亦失守大軍至弘農守將皆已棄城西走所虜降卒在弘農者因相與閉門拒守進攻拔之誅其魁首數百人大軍之東伐也關中留守兵少而前後所虜東魏士卒皆散在民閒乃謀爲亂及李虎等至長安計無所出乃與公卿輔魏太子出次渭北關中大震恐百姓相剽劫於是沙苑所俘軍人趙青雀雍州民于伏德等遂反青雀據長安子城伏德保咸陽與太守慕容思慶各收降卒以拒還師長安大城民皆相率拒青雀每日接戰魏帝留止閿鄉遣太祖討之長安父老見太祖至悲且喜曰不意今日復得見公士女咸相賀華州刺史導率軍襲咸陽斬思慶擒伏德南度渭與太祖會攻青雀破之太傅梁景睿先以疾留長安遂與青雀通謀至是亦伏誅關中於是乃定魏帝還長安太祖復屯華州冬十一月東魏將

侯景攻陷廣州十二月是云寶襲洛陽東魏將王元軌棄城走都督趙剛襲廣州拔之自襄廣以西城鎮復內屬

五年冬大閱於華陰

六年春東魏將侯景出三鵶將侵荆州太祖遣開府李弼獨孤信各率騎五千出武關景乃退還夏茹茹度河至夏州太祖召諸軍屯沙苑以備之

七年春三月稽胡帥夏州刺史劉平伏據上郡叛遣開府于謹討平之冬十一月太祖奏行十二條制恐百官不勉於職事又下令申明之

八年夏四月大會諸軍於馬牧冬十月齊神武侵汾絳圍玉壁太祖出軍蒲坂將擊之軍至皂莢齊神武退太祖度汾追之遂遁去十二月魏帝狩於華陰大饗將士太祖率諸將朝於行在所

九年春東魏北豫州刺史高仲密舉州來附太祖帥師迎之令開府李遠爲前軍至洛陽遣開府于謹攻柏谷塢拔之三月齊神武至河北太祖還軍瀍上以引之齊神武果度河據邙山爲陣不進者數日太祖留輜重於瀍曲士皆銜枚

夜登邙山未明擊之齊神武單騎爲賀拔勝所逐僅而獲免太祖率右軍若干惠等大破齊神武軍悉虜其步卒趙貴等五將軍居左戰不利齊神武軍復合太祖又不利夜乃引還既入關屯渭上齊神武進至陝開府達奚武等率軍禦之乃退太祖以邙山之戰諸將失律上表請自貶魏帝報曰公膺期作宰義高匡合仗鉞專征舉無遺算朕所以垂拱九載實資元輔之力俾九服寧謐誠賴翊贊之功今大寇未殄而以諸將失律便欲自貶深虧體國之誠宜抑此謙光恤予一人於是廣募關隴豪右以增軍旅冬十月大閱於櫟陽還屯華州

十年夏五月太祖入朝秋七月魏帝以太祖前後所上二十四條及十二條新制方爲中興永式乃命尚書蘇綽更損益之總爲五卷班於天下於是搜簡賢才以爲牧守令長皆依新制而遣焉數年之間百姓便之冬十月大閱於白水

十一年春三月令曰古之帝王所以外建諸侯內立百官者非欲富貴其身而尊榮之蓋以天下至廣非一人所能獨治是以博訪賢才助己爲治若其知賢也則以禮命之其人聞命之日則慘然曰凡受人之事任人之勞何捨己而從

人又自勉曰天生儁士所以利時彼人主者欲與我爲治安可苟辭於是降心而受命及居官也則晝不甘食夜不甘寢思所以上匡人主下安百姓不遑恤其私而憂其家故妻子或有饑寒之弊而不顧也於是人主賜之以俸祿尊之以軒冕而不以爲惠也賢臣受之亦不以爲德也位不虛加祿不妄賜爲人君者誠能以此道授官爲人臣者誠能以此情受位則天下之大可不言而治矣昔堯舜之爲君稷契之爲臣用此道也及後世衰微此道遂廢乃以官職爲私恩爵祿爲榮惠人君之命官也親則授之愛則任之人臣之受位也可以尊身而潤屋者則迂道而求之損身而利物者則巧言而辭之於是至公之道沒而姦詐之萌生天下不治正爲此矣今聖主中興思去澆僞諸在朝之士當念職事之艱難負闕之招累夙夜兢兢如臨深履薄才堪者則審己而當之不堪者則收短而避之使天官不妄加王爵不虛受則淳素之風庶幾可反冬十月大閱於白水遂西狩岐陽

十二年春涼州刺史宇文仲和據州反瓜州民張保害刺史成慶以州應仲和

太祖遣開府獨孤信討之東魏遣其將侯景侵襄州太祖遣開府若干惠率輕騎擊之至穰景遁去夏五月獨孤信平涼州擒仲和遷其民六千餘家於長安瓜州都督令狐延起義誅張保瓜州平七月太祖大會諸軍於咸陽九月齊神武圍玉壁大都督韋孝寬力戰拒守齊神武攻圍六旬不能下其士卒死者什二三會齊神武有疾燒營而退

十三年春正月茹茹寇高平至于方城是月齊神武薨其子澄嗣是爲文襄帝與其河南大行臺侯景有隙景不自安遣使請舉河南六州來附齊文襄遣其將韓軌厙狄干等圍景於潁川三月太祖遣開府李弼率軍援之軌等遁去景請留收輯河南遂徙鎮豫州於是遣開府王思政據潁川弼引軍還秋七月侯景密圖附梁太祖知其謀悉追還前後所配景將士景懼遂叛冬太祖奉魏帝西狩於岐陽

十四年春魏帝詔封太祖長子毓爲寧都郡公食邑三千戶初太祖以平元顯納孝莊帝之功封寧都縣子至是改縣爲郡而以封毓用彰勤王之始也夏五

月進授太祖太師太祖奉魏太子巡撫西境自新平出安定登隴刻石紀事下
安陽至原州歷北長城大狩將東趣五原至蒲川聞魏帝不豫遂還既至帝疾
已愈於是還華州是歲東魏遣其將高岳慕容紹宗劉豐生等率衆十餘萬圍
王思政於潁川
十五年春太祖遣大將軍趙貴帥軍至穰兼督東南諸州兵以援思政高岳起
堰引洧水以灌城自潁川以北皆爲陂澤救兵不得至夏六月潁川陷初侯景
自豫州附梁後遂度江圍建業梁司州刺史柳仲禮以本朝有難帥兵援之梁
竟陵郡守孫暠舉郡來附太祖使大都督符貴往鎮之及景克建業仲禮還司
州率衆來寇暠以郡叛太祖大怒冬十一月遣開府楊忠率兵與行臺僕射長
孫儉討之攻克隨郡忠進圍仲禮長史馬岫於安陸是歲盜殺齊文襄於鄴其
弟洋討賊擒之仍嗣其事是爲文宣帝
十六年春正月柳仲禮率衆來援安陸楊忠逆擊於漴頭大破之擒仲禮悉虜
其衆馬岫以城降三月魏帝封太祖第二子震爲武邑公邑二千戶先是梁雍

州刺史岳陽王詧與其叔父荊州刺史湘東王繹不睦乃稱蕃來附遣其世子嶚爲質及楊忠擒仲禮繹懼復遣其子方平來朝夏五月齊文宣廢其主元善見而自立秋七月太祖率諸軍東伐拜章武公導爲大將軍總督留守諸軍事屯涇北以鎮關中九月丁巳軍出長安時連雨自秋及冬諸軍馬驢多死遂於弘農北造橋濟河自蒲坂還於是河南自洛陽河北自平陽以東遂入於齊矣

十七年春三月魏文帝崩皇太子嗣位太祖以冢宰總百揆梁邵陵王蕭綸侵安陸大將軍楊忠討擒之冬十月太祖遣大將軍王雄出子午伐上津魏興大將軍達奚武出散關伐南鄭

魏廢帝元年春王雄平上津魏興以其地置東梁州夏四月達奚武圍南鄭月餘梁州刺史宜豐侯蕭循以州降武執循還長安秋八月東梁州民叛率衆圍州城太祖復遣王雄討之侯景之克建業也還奉梁武帝爲主居數旬梁武以憤恚薨景又立其子綱尋而廢綱自立歲餘綱弟繹討景擒之遣其舍人魏彥來告仍嗣位於江陵是爲元帝

二年春魏帝詔太祖去丞相大行臺爲都督中外諸軍事二月東梁州平遷其豪帥於雍州三月太祖遣大將軍魏安公尉遲迥率衆伐梁武陵王蕭紀於蜀夏四月太祖勒銳騎三萬西踰隴度金城河至姑臧吐谷渾震懼遣使獻其方物五月蕭紀潼州刺史楊乾運以州降引迥軍向成都秋七月太祖自姑臧至於長安八月克成都劍南平冬十一月尚書元烈謀作亂事發伏誅

三年春正月始作九命之典以敘內外官爵以第一品爲九命第九品爲一命改流外品爲九秩亦以九爲上又改置州郡及縣改東雍爲華州北雍爲宜州南雍爲蔡州華州爲同州北華爲鄜州東秦爲隴州南秦爲成州北秦爲交州東荊爲淮州南荊爲昌州東夏爲延州南夏爲長州東梁爲金州南梁爲隆州北梁爲靜州陽都爲汾州南汾爲勳州汾州爲丹州南豳爲寧州南岐爲鳳州南洛爲上州南廣爲淯州南襄爲湖州西涼爲甘州西郢爲鴻州西益爲利州東巴爲集州北應爲輔州恒州爲均州沙州爲深州寧州爲麓州義州爲巖州新州爲温州江州爲沔州西安爲鹽州安州爲始州幷州爲隨州肆州爲塘州

冀州爲順州淮州爲純州揚州爲頼州司州爲憲州南平爲昇州南郢爲歸州青州爲眉州凡改州四十六置州一改郡一百六改縣二百三十自元烈誅魏帝有怨言魏淮安王育廣平王贊等垂泣諫之帝不聽於是太祖與公卿定議廢帝尊立齊王廓是爲恭帝

魏恭帝元年夏四月帝大饗羣臣魏史柳虬執簡書於朝曰廢帝文皇帝之嗣子年七歲文皇帝託於安定公曰是子才由于公不才亦由于公宜勉之公既受茲重寄居元輔之任又納女爲皇后遂不能訓誨有成致令廢黜負文皇帝付屬之意此咎非安定公而誰太祖乃令太常盧辯作誥諭公卿曰嗚呼我羣后暨衆士維文皇帝以襁褓之嗣託於予訓之誨之庶厥有成而予罔能革變厥心庸暨乎廢墜我文皇帝之志嗚呼茲咎予其焉避予實知之矧爾衆人之心哉惟予之顏豈惟今厚將恐來世以予爲口實乙亥詔封太祖子邕爲輔城公憲爲安城公邑各二千戶茹茹乙旃達官寇廣武五月遣柱國趙貴追擊之斬首數千級收其輜重而還秋七月太祖西狩至於原州梁元帝遣使請據舊

圖以定疆界又連結於齊言辭悖慢太祖曰古人有言天之所棄誰能興之其蕭繹之謂乎冬十月壬戌遣柱國于謹中山公護大將軍楊忠韋孝寬等步騎五萬討之十一月癸未師濟於漢中山公護與楊忠率銳騎先屯其城下據江津以備其逸丙申謹至江陵列營圍守辛亥進攻城其日克之擒梁元帝殺之幷虜其百官及士民以歸沒爲奴婢者十餘萬其免者二百餘家立蕭詧爲梁主居江陵爲魏附庸梁將王僧辯陳霸先於丹陽立梁元帝第九子方智爲主

魏氏之初統國三十六大姓九十九後多絶滅至是以諸將功高者爲三十六國後次功者爲九十九姓後所統軍人亦改從其姓

二年梁廣州刺史王琳寇邊冬十一月遣大將軍豆盧寧帥師討之

三年春正月丁丑初行周禮建六官以太祖爲太師大冢宰柱國李弼爲太傅大司徒趙貴爲太保大宗伯獨孤信爲大司馬于謹爲大司寇侯莫陳崇爲大司空初太祖以漢魏官繁思革前弊大統中乃命蘇綽盧辯依周制改創其事尋亦置六卿官然爲撰次未成衆務猶歸臺閣至是始畢乃命行之夏四月太

祖北巡狩秋七月度北河王琳遣使來附以琳爲大將軍長沙郡公魏帝封太
祖子直爲秦郡公招爲正平公邑各一千戸九月太祖有疾還至雲陽命中山
公護受遺輔嗣子冬十月乙亥崩於雲陽宮還長安發喪時年五十二甲申葬
於成陵諡曰文公孝閔帝受禪追尊爲文王廟曰太祖武成元年追尊爲文皇
帝太祖知人善任使從諫如流崇尚儒術明達政事恩信被物能駕馭英豪一
見之者咸思用命沙苑所獲囚俘釋而用之河橋之役率以擊戰皆得其死力
諸將出征授以方略無不制勝性好朴素不尚虛飾恆以反風俗復古始爲心
史臣曰水曆將終羣凶放命或威權震主或釁逆滔天咸謂大寶可以力征神
物可以求得莫不闚闟九鼎睥睨兩宮而誅夷繼及亡不旋踵是知巨君篡盜
終成建武之資仲穎凶殘實啓當塗之業天命有底庸可滔乎太祖田無一成
衆無一旅驅馳戎馬之際躡足行伍之間屬與能之時應啓聖之運鳩集義勇
糺合同盟一舉而殄仇讎再駕而匡帝室於是內詢帷幄外仗材雄推至誠以
待人弘大順以訓物高氏籍甲兵之衆恃戎馬之彊屢入近畿志圖吞噬及英

謀電發神旆風馳弘農建城濮之勳沙苑有昆陽之捷取威定霸以弱爲彊紹元宗之衰緒創隆周之景命南清江漢西舉巴蜀北控沙漠東據伊瀍乃擯落魏晉憲章古昔修六官之廢典成一代之鴻規德刑並用勳賢兼敍遠安邇悅俗阜民和億兆之望有歸揖讓之期允集功業若此人臣以終盛矣哉非夫雄略冠時英姿不世天與神授緯武經文者孰能與於此乎昔者漢獻蒙塵曹公成夾輔之業晉安播蕩宋武建匡合之勳校德論功綽有餘裕至於渚宮制勝闔城孥戮茹茹歸命盡種誅夷雖事出於權道而用乖於德教周祚之不永或此之由乎

周書卷二

周書卷二考證

文帝紀下魏大統元年〇通鑑有五月魏加丞相泰柱國九字

東魏襲陷夏州〇通鑑有魏靈州刺史曹尼與其壻涼州刺史普樂劉豐復叛降東魏二十三字

東魏潁州長史賀若統與密縣人張儉執刺史田迅〇迅通鑑作迄

清河人崔彥穆檀琛攻滎陽擒其郡守蘇定〇定通鑑作淑

於是太祖與公卿定議廢帝尊立齊王廓是爲恭帝〇臣文淳按通鑑云去年號稱元年復姓拓跋氏

周書卷二考證

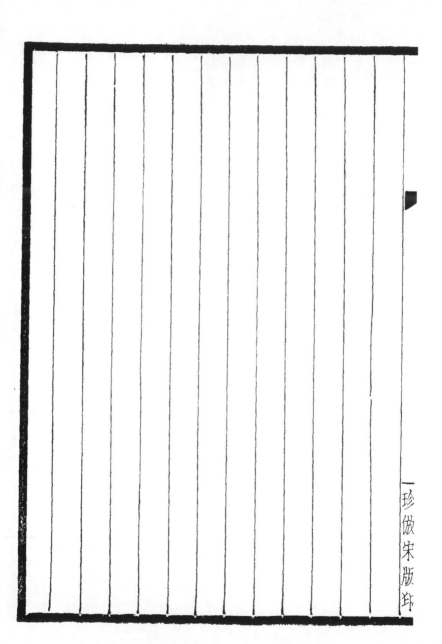

周書卷三

唐　令　狐　德　棻　等　撰

帝紀第三

孝閔帝

孝閔皇帝諱覺字陁羅尼太祖第三子也母曰元皇后大統八年生於同州官舍九歲封略陽郡公時有善相者史元華見帝退謂所親曰此公子有至貴之相但恨其壽不足以稱之耳魏恭帝三年三月命爲安定公世子四月拜大將軍十月乙亥太祖崩丙子嗣位太師大冢宰十二月丁亥魏帝詔以岐陽之地封帝爲周公庚子禪位於帝詔曰予聞皇天之命不於常惟歸於德故堯授舜舜授禹時其宜也天厭我魏邦垂變以告惟爾罔弗知予雖不明敢弗龔天命格有德哉今踵唐虞舊典禪位於周庸布告遐邇焉使大宗伯趙貴持節奉冊書曰咨爾周公帝王之位弗有常有德者受命時乃天道予式時庸荒求於唐虞之彝踵曰我魏德之終舊矣我邦小大罔弗知今其可久怫於天道而不歸

有德歟時用詢謀僉曰公昭考文公格勳德於天地丕濟生民洎公躬又宣重光故玄象徵見於上謳訟奔走於下天之曆數用實在焉予安敢弗若是以欽祇聖典遜位於公公其享茲大命保有萬國可不慎歟魏帝臨朝遣民部中大夫濟北公元迪致皇帝璽紱固辭公卿百辟勸進太師陳祥瑞乃從之是日魏帝遜于大司馬府元年春正月辛丑即天王位柴燎告天朝百官於路門追尊皇考文公爲文王皇妣爲文后大赦天下封魏帝爲宋公是日槐里獻赤雀四百官奏議云帝王之興罔弗更正朔明受之於天革民視聽也逮於尼父稽諸陰陽云行夏之時後王所不易今魏曆告終周室受命以木承水實當行錄正用夏時式遵聖道惟文王誕玄氣之祥有黑水之讖服色宜烏制曰可以大司徒趙郡公李弼爲太師大宗伯南陽公趙貴爲太傅大冢宰大司馬河內公獨孤信爲太保大宗伯柱國中山公護爲大司馬以大將軍寧都公毓高陽公達奚武武陽公豆盧寧小司寇陽平公李遠小司馬博陵公賀蘭祥小宗伯魏安公尉遲迥等並柱國王寅祠圓丘詔曰予本自神農其於二丘宜作厥主始祖

獻侯啓土遼海肇有國基配南北郊文考德符五運受天明命祖于明堂以配上帝廟爲太祖癸卯祠方丘甲辰祠太社初除市門稅乙巳祠太廟丁未會百官於乾安殿班賞各有差戊申詔曰上天有命革魏於周致予一人受茲大號予惟古先聖王罔弗先于省視風俗以求民瘼然後克治矧予眇眇又當草昧若弗尙于達四聰明四目之訓者其有聞知哉有司宜分命方別之使所在巡撫五教何者不宜時政有何不便得無脩身潔己才堪佐世之人而不爲上所知寃枉受罰幽辱于下之徒而不爲上所理孝義貞節不爲有司所申鰥寡孤窮不爲有司所恤暨黎庶衣食豐約賦役繁省災厲所興水旱之處並宜具聞若有年八十已上所在就加禮餼辛亥祠南郊壬子立王后元氏乙卯詔曰惟天地草昧建邦以寧今可大啓諸國爲周藩屏於是封太師李弼爲趙國公太傅趙貴爲楚國公太保獨孤信爲衞國公大司寇于謹爲燕國公大司空侯莫陳崇爲梁國公大司馬中山公護爲晉國公邑各萬戶辛酉祠太廟癸亥親耕籍田丙寅於劍南陵井置陵州武康郡置資州遂寧郡置遂州二月癸酉朝日

於東郊乙亥改封永昌郡公廣爲天水郡公戊寅祠太社丁亥楚國公趙貴謀
反伏誅詔曰朕文考昔與羣公洎列將衆官同心戮力共治天下自始及終二
十三載迭相匡弼上下無怨是以羣公等用升余於大位朕雖不德豈不識此
是以朕於羣公同姓者如弟兄異姓者如甥舅冀此一心平定宇內各令子孫
享祀百世而朕不明不能輯睦致使楚公貴不悅于朕與万俟幾通叱奴與王
龍仁長孫僧衍等陰相假署圖危社稷事不克行爲開府宇文盛等所告及其
推究咸伏厥辜興言及此心焉如痗但法者天下之法朕既爲天下守法安敢
以私情廢之書曰善善及後世惡惡止其身其貴通與龍仁罪止一家僧衍止
一房餘皆不問惟爾文武咸知時事太保獨孤信有罪免甲午以大司空梁國
公侯莫陳崇爲太保大司馬晉國公護爲大冢宰柱國博陵公賀蘭祥爲大司
馬高陽公達奚武爲大司寇大將軍化政公宇文貴爲柱國己亥秦州涇州各
獻木連理歲星守少微經六十日三月庚子會文武百官班賜各有差己酉柱
國衞國公獨孤信賜死壬子詔曰浙州去歲不登厥民饑饉朕用愍焉其當州

租輸未畢者悉宜免之兼遣使巡檢有窮餒者並加賑給癸亥省六府士員三分減一夏四月己巳以少師平原公侯莫陳順爲柱國壬申詔死罪以下各降一等壬午謁成陵乙酉還宮丁亥祠太廟五月癸卯歲星犯太微上將太白犯軒轅己酉槐里獻白鷰帝欲觀漁於昆明池博士姜須諫乃止秋七月壬寅帝聽訟於右寢多所哀宥甲辰月掩心後星辛亥祠太廟熒惑犯東井北端第二星八月戊辰祠太社辛未詔曰朕甫臨大位政教未孚使我民農多陷刑網今秋律已應將行大戮言念羣生責在於朕宜從肆眚與其更新其犯者宜降從流流以下各降一等不在赦限者不從此降甲午詔曰帝王之治天下罔弗博求衆才以乂厥民今二十四軍宜舉賢良堪治民者軍列九人被舉之人於後不稱厥任者所舉官司皆治其罪九月庚申詔曰朕聞君臨天下者非由一人時乃上下同心所致今文武之官及諸軍人不霑爵封者宜各授兩大階改太守爲郡守帝性剛果見晉公護執政深忌之司會李植軍司馬孫恆以先朝佐命入侍左右亦疾護之專乃與宮伯乙弗鳳賀拔提等潛謀請帝誅護帝然之

又引宮伯張光洛同謀光洛密白護護乃出植爲梁州刺史恆爲潼州刺史鳳等遂不自安更奏帝將召羣公入因此誅護光洛又白之時小司馬尉遲綱總統宿衞兵護乃召綱共謀廢立令綱入殿中詐呼鳳等論事旣至以次執送護第並誅之綱仍罷散禁兵帝方悟無左右獨在內殿令宮人持兵自守護又遣大司馬賀蘭祥逼帝遜位遂幽於舊邸月餘日以弑崩時年十六植恆等亦遇害及武帝誅護後乃詔曰愼始敬終有國彝典事亡如存哲王通制義崇追遠禮貴尊親故略陽公至德純粹天姿秀傑屬魏祚告終寶命將改謳歌允集曆數攸歸上協蒼靈之慶下昭后祇之錫而禍生肘腋釁起蕭牆白獸噬驂蒼鷹集殿幽辱神器弑酷乘輿寃結生民毒流寓縣今河海澄清氛沴消蕩追尊之禮宜崇徽號遣太師蜀國公迥於南郊上謚曰孝閔皇帝陵曰靜陵

史臣曰孝閔承旣安之業應樂推之運柴天竺物正位君臨邇無異言遠無異望雖黃初代德太始受終不之尚也然政由甯氏主懷芒刺之疑祭則寡人臣無復子之請以之速禍宜哉

周書卷三

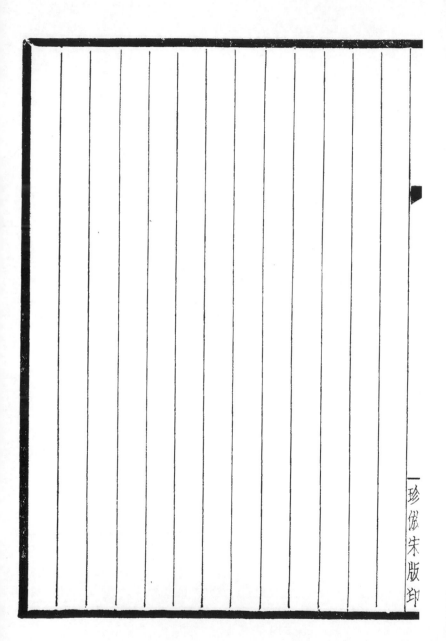

# 周書卷四

唐 令狐德棻等撰

## 帝紀第四

### 明帝

世宗明皇帝諱毓小名統萬突太祖長子也母曰姚夫人永熙三年太祖臨夏州生帝於統萬城因以名焉大統十四年封寧都郡公十六年行華州事尋拜開府儀同三司宜州諸軍事宜州刺史魏恭帝三年授大將軍鎮隴右孝閔帝踐阼進位柱國轉岐州諸軍事岐州刺史治有美政黎民懷之及孝閔帝廢晉公護遣使迎帝於岐州秋九月癸亥至京師止於舊邸甲子羣臣上表勸進備法駕奉迎帝固讓羣臣固請是日卽天王位大赦天下乙丑朝羣臣於延壽殿冬十月癸酉太師趙國公李弼薨己卯以大將軍昌平公尉遲綱爲柱國乙酉祠圓丘丙戌祠方丘甲午祠太社柱國陽平公李遠賜死是月梁相陳霸先廢其主蕭方智而自立是爲陳武帝十一月庚子祠太廟丁未祠圓丘丁巳詔曰

帝王之道以寬仁爲大魏政諸有輕犯未至重罪及諸村民一家有犯乃及數家而被遠配者並宜放還十二月庚午謁成陵癸酉還宮庚辰以大將軍輔城公邕爲柱國戊子赦長安見囚甲午詔曰善人之後猶累世獲宥況魏氏以德讓代終豈容不加隱卹元氏子女自坐趙貴等事以來所有沒入爲官口者悉宜放免

二年春正月乙未以大冢宰晉公護爲太師辛亥親耕籍田癸丑立王后獨孤氏丁巳雍州置十二郡又於河東至蒲州河北置虞州弘農置陝州正平置絳州宜陽置熊州邵郡置邵州二月癸未詔曰王者之宰民也莫不同四海一遠近爲父母而子之一物失所若納于隍賊之境土本同大化往因時難致阻東西遂使疆埸之間互相抄掠興言及此良可哀傷自元年以來有被掠入賊者悉可放免自冬不雨至於是月方大雪三月甲午齊北豫州刺史司馬消難舉州來附遣柱國高陽公達奚武與大將軍楊忠率衆迎之改雍州刺史爲雍州牧京兆郡守爲京兆尹以廣業脩城二郡置康州葭蘆郡置文州戊申長安獻

白雀庚申詔曰三十六國九十九姓自魏氏南徙皆稱河南之民今周室既都關中宜改稱京兆人夏四月己巳以太師晉公護爲雍州牧庚午熒惑入軒轅辛未降死罪一等五歲刑已下皆原之甲戌王后獨孤氏崩甲申葬敬后五月乙未以大司空梁國公侯莫陳崇爲大宗伯六月癸亥嚈噠遣使獻方物己巳板授高年刺史守令恤鰥寡孤獨各有差分長安爲萬年縣並治京城辛未幸昆明池壬申長安獻白烏遣使分行州郡理囚徒察風俗掩骼埋胔秋七月甲午遣柱國寧蜀公尉遲迥率衆於河南築安樂城丙申順陽獻三足烏八月甲子羣臣上表稱慶詔曰夫天不愛寶地稱表瑞莫不威鳳巢閣圖龍躍沼豈直日月珠連風雨玉燭是以鉤命決曰王者至孝則出元命苞曰人君至治所有虞舜烝烝來茲異趾周文翼翼翔此靈禽文考至德下覃遺仁爰被遠符千載降斯三足將使三方歸本九州翕定惟此大體景福在民予安敢讓宗廟之善弗宣大惠可大赦天下文武官普進二級九月辛卯以大將軍楊忠大將軍王雄並爲柱國甲辰封少師元羅爲韓國公以紹魏後丁未幸同州過故宅賦詩

曰玉燭調秋氣金輿歷舊宮還如過白水更似入新豐霜潭漬晚菊寒井落疎
桐舉盃延故老令聞歌大風冬十月辛酉還宮乙丑遣柱國尉遲迥鎮隴右長
安獻白兎十二月辛酉突厥遣使獻方物癸亥太廟成辛巳以功臣瑯邪貞獻
公賀拔勝等十三人配享太祖廟庭壬午大赦天下
武成元年春正月己酉太師晉公護上表歸政帝始親覽萬機軍旅之事護猶
總焉初改都督諸州軍事爲總管丙辰封大將軍章武孝公導子亮爲永昌公
翼爲西陽公三月癸巳陳六軍帝親擐甲冑迎太白於東方秦郡公直鎮蒲州
吐谷渾寇邊庚戌遣大司馬博陵公賀蘭祥率衆討之四月戊午武當郡獻赤
烏甲戌雲秦州獻白馬朱鬣五月戊子詔曰皇王之迹不一因革之道已殊莫
不播八政以成物兆三元而爲紀是以容成創定於軒轅羲和欽若於唐世鴻
範九疇大弘五法易曰澤中有火革君子以治曆明時故曆之爲義大矣但忽
微成象象極則差分積命時時積斯舛閏至於獲麟二百七十六萬歲晷度
推移餘分盈縮南正無聞疇人靡記暑往寒來理乖攸序敬授民時何其積謬

昔漢世巴郡洛下閎善治曆云後八百歲當有聖人定之自火行至今木德應其運矣朕何讓焉可命有司傍稽六曆仰觀七曜博推古今造我周曆量定以聞己亥聽訟於正武殿辛亥以大宗伯梁國公侯莫陳崇爲大司徒大司寇高陽公達奚武爲大宗伯武陽公豆盧寧爲大司寇柱國輔成公邕爲大司空乙卯詔曰比屢有糾發官司赦前事此雖意在疾惡但先王制肆眚之道令天下自新若又推問自新何由哉如此之徒有司勿爲推究惟庫廄倉廩與海內所共漢帝有云朕爲天下守財耳若有侵盜公家財畜錢粟者魏朝之事年月既遠一不須問自周有天下以來雖經赦宥而事跡可知者有司宜即推窮得實之日但免其罪徵備如法賀蘭祥攻拔洮陽洪和二城吐谷渾遁走閏月庚申高昌遣使獻方物六月戊子大雨霖詔曰昔唐咨四嶽殷告六眚覩災興懼咸寘時雍朕撫運應圖作民父母弗敢怠荒以求民瘼而霖雨作沴害麥傷苗隤屋漂垣洎于昏墊諒朕不德蒼生何咎刑政所失罔識厥由公卿大夫士爰及牧守黎庶等今宜各上封事讜言極諫罔有所諱朕將覽察以答天譴其遭水

者有司可時巡檢條列以聞庚子詔曰頼川從我是曰元勳無忘父城實起王
業文考屬天地草昧造化權輿拯彼横流匡茲頹運頼英賢盡力文武同心翼
贊大功克隆帝業而被堅執銳櫛風沐雨永言疇昔良用憮然至若功成名遂
建國剖符予惟休也其有致死王事妻子無歸者朕甚傷之凡是從先王向夏
州發夏州從來見在及薨亡者並量賜錢帛稱朕意焉是月陳武帝薨兄子蒨
立是謂文帝秋八月己亥改天王稱皇帝追尊文王爲帝大赦改元壬子以大
將軍安城公憲爲益州總管癸丑增御正四人位上大夫九月乙卯以大將軍
天水公廣爲梁州總管辛未進封輔城公邕爲魯國公安城公憲爲齊國公秦
郡公直爲衞國公正平公招爲趙國公封皇弟儉爲譙國公純爲陳國公盛爲
越國公達爲代國公通爲冀國公逌爲滕國公進封天水公廣爲蔡國公高陽
公達奚武爲鄭國公武陽公豆盧寧爲楚國公博陵公賀蘭祥爲涼國公寧蜀
公尉遲迥爲蜀國公化政公宇文貴爲許國公陳留公楊忠爲隋國公昌平公
尉遲綱爲吳國公武威公王雄爲庸國公邑各萬戶冬十月甲午以柱國吳國

公尉遲綱爲涇州總管是月齊文宣帝薨子殷嗣立以柱國蜀國公尉遲迥爲秦州總管

二年春正月癸丑朔大會羣臣於紫極殿始用百戲焉三月辛酉重陽閣成會羣公列將卿大夫及突厥使者於芳林園賜錢帛各有差夏四月帝因食遇毒庚子大漸詔曰人生天地之間稟五常之氣天地有窮已五常有推移人安得長在是以生而有死者物理之必然處必然之理修短之間何足多恨朕雖不德性好典墳披覽聖賢餘論未嘗不以此自曉今乃命也夫復何言諸公及在朝卿大夫士軍中大小督將軍等並立勳效積有年載輔翼太祖成我周家今朕纘承大業處萬乘之上此乃上不負太祖下不負朕躬朕得啓手啓足從先帝於地下實無恨於心矣所可恨者朕享大位可謂四年矣不能使政化循理黎庶豐足九州未一二方猶梗顧此懷恨目用不瞑唯冀仁兄冢宰洎朕先正先父公卿大臣等協和爲心勉力相勸勿忘太祖遺志提挈後人朕雖沒九泉形體不朽今大位虛曠社稷無主朕兒幼稚未堪當國魯國公邕朕之介弟寬

仁大度海內共聞能弘我周家必此子也夫人貴有始終公等事太祖輔朕躬可謂有始矣若克念世道艱難輔邕以主天下者可謂有終矣哀死事生人臣大節公等思念此言令萬代稱歎朕稟生儉素非能力行菲薄每寢大布之被服大帛之衣凡是器用皆無雕刻身終之日豈容違棄此好喪事所須務從儉約斂以時服勿使有金玉之飾若以禮不可闕皆令用瓦小斂訖七日哭文武百官各權辟衰麻且以素服從事葬日選擇不毛之地因地勢爲墳勿封勿樹且厚葬傷生聖人所誡朕既服膺聖人之教安敢違之凡百官司勿異朕此意四方州鎮使到各令三日哭哭訖悉權辟凶服還以素服從事待大例除非有呼召各按部自守不得輒奔赴闕庭禮有通塞隨時之義葬訖內外悉除服從吉三年之內勿禁婚娶飲食一令如平常也時事殷猥病困心亂止能及此如其事有不盡准此以類爲斷死而近思古人有之朕今忍死書此懷抱其詔即帝口授也辛丑崩於延壽殿時年二十七謚曰明皇帝廟稱世宗五月辛未葬於昭陵帝寬明仁厚敦睦九族有君人之量幼而好學博覽羣書善屬文詞彩

溫麗及即位集公卿已下有文學者八十餘人於麟趾殿刊校經史又捃採衆書自羲農以來訖於魏末敍爲世譜凡五百卷云所著文章十卷

史臣曰世宗寬仁遠度叡哲博聞處代邸之尊實文昭之長豹姿已變龍德猶潛而百辟傾心萬方注意及乎迎宣翳賀入纂大宗而禮貌功臣敦睦九族率由恭儉崇尚文儒亹亹焉其有君人之德者矣始則權臣專制政出私門終乃鴆毒潛加享年不永惜哉

周書卷四

周書卷四考證

明帝紀以大將軍楊忠大將軍王雄並爲柱國○諸本王雄俱作楊雄　臣文淳按楊雄至武帝時始顯又其傳中無爲柱國事王雄傳云孝閔帝踐祚授少傅增邑二千戶進位柱國大將軍其爲王雄無疑今改正但傳云孝閔帝踐祚進柱國大將軍而本紀雄爲柱國乃在明帝二年亦與傳不合

死而近思○北史作死而可忍文義較顯又與下文朕今忍死句句法相承宜從北史

周書卷四考證

珍傲宋版邦

周書卷五

唐　令　狐　德　棻　等　撰

帝紀第五

武帝上

高祖武皇帝諱邕字禰羅突太祖第四子也母曰叱奴太后大統九年生於同州有神光照室幼而孝敬聰敏有器質太祖異之曰成吾志者必此兒也年十二封輔城郡公孝閔帝踐阼拜大將軍出鎮同州世宗卽位遷柱國授蒲州諸軍事蒲州刺史武成元年入爲大司空治御正進封魯國公領宗師甚爲世宗所親愛朝廷大事多共參議性沉深有遠識非因顧問終不輒言世宗每歎曰夫人不言言必有中武成二年夏四月世宗崩遺詔傳帝位於高祖高祖固讓百官勸進乃從之壬寅卽皇帝位大赦天下冬十二月改作露門應門是歲齊常山王高演廢其主殷而自立是爲孝昭帝

保定元年春正月戊申詔曰寒暑亟周奄及徂歲改元命始國之典章朕祗承

寶圖宜遵故實可改武成三年爲保定元年嘉號既新惠澤宜布文武百官各增四級以大冢宰晉國公護爲都督中外諸軍事令五府總於天官庚戌祠圜丘壬子祠方丘甲寅祠感生帝於南郊乙卯祠太社辛酉突厥遣使獻其方物戊辰詔曰履端開物實資元后代終成務諒惟宰棟故周文公以上聖之智翼彼姬周爰作六典用光七百自茲厥後代失其緒俾巍巍之化歷千祀而莫傳郁郁之風終百王而永墜我太祖文皇帝稟純和之氣挺天縱之英德配乾元功侔造化故能捨末世之弊風蹈隆周之叡典誕述百官厥用允集所謂乾坤改而重構豈帝王洪範而已哉朕入嗣大寶思揚休烈今可班斯禮於太祖廟庭己巳祠太廟班太祖所述六官焉癸酉吐谷渾高昌並遣使獻方物甲戌詔先經兵戎官年六十已上及民七十已上節級板授官乙亥親耕籍田丙子大射於正武殿賜百官各有差二月己卯遣大使巡察天下於洮陽置洮州甲午朝日於東郊乙未突厥宕昌並遣使獻方物丙午省輿輦去百戲弘農上言九尾狐見三月丙寅改八丁兵爲十二丁兵率歲一月役夏四月丙子朔日有食

之庚寅以少傅吳公尉遲綱爲大司空丁酉白蘭遣使獻犀甲鐵鎧五月丙午封孝閔皇帝子康爲紀國公皇子贇爲魯國公晉公護獲玉斗以獻戊辰突厥龜茲並遣使獻方物六月乙酉遣治御正殷不害等使於陳秋七月戊申詔曰亢旱歷時嘉苗殄悴豈獄犴失理刑罰乖衷歟其所在見囚死以下一歲刑以上各降本罪一等百鞭以下悉原免之更鑄錢文曰布泉以一當五與五銖並行己酉追封皇伯父顥爲邵國公以晉公子會爲後次伯父連爲杞國公以章武孝公子亮爲後第三伯父洛生爲莒國公以晉公子崇業公至爲後又追封武邑公震爲宋國公以世宗子實爲後並襲封己巳熒惑入輿鬼犯積尸九月甲辰南寧州遣使獻滇馬及蜀鎧乙巳客星見於翼冬十月甲戌日有蝕之戊寅熒惑犯太微上將合焉十一月乙巳以大將軍衛國公直爲雍州牧陳遣使來聘進封柱國廣武公竇熾爲鄧國公丁巳狩於岐陽是月齊孝昭帝薨弟長廣王湛代立是爲武成帝十二月壬午至自岐陽是歲追封皇族祖仲爲虞國公

二年春正月壬寅初於蒲州開河渠同州開龍首渠以廣灌溉丁未以陳主弟項爲柱國送還江南閏月己丑詔柱國以下帥都督以上母妻授太夫人夫人郡君縣君各有差癸巳太白入昴己亥柱國大司馬涼國公賀蘭祥薨洛州民周共妖言惑衆假署將相事發伏誅二月壬寅熒惑犯太微上相癸丑以久不雨降宥罪人京城三十里內禁酒梁主蕭詧薨以大將軍蔡國公廣爲秦州總管三月壬午熒惑犯左執法夏四月甲辰禁屠宰旱故也丁巳南陽獻三足烏湖州上言見二白鹿從三角獸而行己未於伏流城置和州癸亥詔曰比以寇難猶梗九州未一文武之官立功效者雖錫以茅土而未及租賦諸柱國等勳德隆重宜有優崇各准別制邑戶聽寄食他縣五月庚午以山南衆瑞並集大赦天下百官及軍人普汎二級南陽宛縣三足烏所集免今年役及租賦之半壬辰以柱國隋國公楊忠爲大司空吳國公尉遲綱爲陝州總管六月己亥以柱國蜀國公尉遲迥爲大司馬邵國公會爲蒲州總管分山南荊州安州襄州江陵爲四州總管秋七月己巳封開府賀拔緯爲霍國公乙亥太白犯輿鬼九

月戊辰朔日有蝕之陳遣使來聘冬十月戊戌詔曰樹之元首君臨海內本乎宣明教化亭毒黔黎豈唯尊貴其身侈富其位是以唐堯疏葛之衣麤糲之食尚臨汾陽而永歎登姑射而興想況無聖人之德而嗜欲過之何以克厭衆心處于尊位朕甚恧焉今巨寇未平軍戎費廣百姓空虛與誰爲足凡是供朕衣服飲食四時所須爰及宮內調度朕今手自減削縱不得頓行古人之道豈曰全無庶幾凡爾百司安得不思省約勗朕不逮者哉辛亥帝御大武殿大射公卿列將皆會戊午講武於少陵原分南寧州置恭州十一月丁卯以大將軍衞國公直大將軍趙國公招並爲柱國又以招爲益州總管壬午熒惑犯歲星於危南十二月益州獻赤烏

三年春正月辛未改光遷國爲遷州乙酉太保梁國公侯莫陳崇賜死壬辰於乞銀城置銀州二月庚子初頒新律辛丑詔魏大統九年以前都督以上身亡而子孫未齒敘者節級授官渭州獻三足烏辛酉詔曰二儀創闢玄象著明三才已備曆數昭列故書稱欽若敬授易序治曆明時此先代一定之典百王不

易之務伏惟太祖文皇帝敬順昊天憂勞庶政曆序六家以陰陽爲首洎予小
子弗克遵行惟斯不安夕惕若厲自頃朝廷權輿事多倉卒乖和爽序違失先
志致風雨僁時疾厲屢起嘉生不遂萬物不長朕甚傷之自今舉大事行大政
非軍機急速皆宜依月令以順天心三月乙丑朔日有蝕之丙子宕昌遣使獻
生猛獸二詔放之南山乙酉益州獻三足烏夏四月乙未以柱國鄭國公達奚
武爲太保大將軍韓果爲柱國己亥帝御正武殿錄囚徒癸卯大雩癸丑有牛
足生於背戊午幸太學以太傅燕國公于謹爲三老而問道焉初禁天下報讐
犯者以殺人論壬戌詔百官及民庶上封事極言得失五月甲子朔避正寢不
受朝旱故也甲戌雨秋七月戊辰行幸原州庚午陳遣使來聘丁丑幸津門問
百年賜以錢帛又賜高年板職各有差降死罪一等八月丁未改作露寢九月
甲子自原州登隴山熒惑犯太微上將丙戌幸同州戊子詔柱國楊忠率騎一
萬與突厥伐齊己丑蒲州獻嘉禾異畝同穎初令世襲州郡縣者改爲五等爵
州封伯郡封子縣封男冬十月壬辰熒惑犯左執法乙巳以開府杞國公亮爲

梁州總管庚戌陳遣使來聘十有二月辛卯至自同州遣太保鄭國公達奚武率騎三萬出平陽以應楊忠是月有人生子男而陰在背後如尾兩足指如獸爪有犬生子腰以後分爲二身兩尾六足

四年春正月庚申楊忠破齊長城至晉陽而還二月庚寅朔日有蝕之甲午熒惑犯房右驂三月己未熒惑又犯房右驂庚辰初令百官執笏夏四月癸卯以柱國鄧公竇熾爲大宗伯五月壬戌封世宗長子賢爲畢國公丁卯突厥遣使獻方物癸酉以大將軍安武公李穆爲柱國丁亥改禮部爲司宗大司禮爲禮部大司樂爲樂部六月庚寅改御伯爲納言秋七月戊午粟特遣使獻方物戊寅焉耆遣使獻名馬八月丁亥朔日有蝕之詔柱國楊忠率師與突厥東伐至北河而還戊子以柱國齊公憲爲雍州牧許國公宇文貴爲大司徒九月丁巳以柱國衞國公直爲大司空封開府李昞爲唐國公若干鳳爲徐國公陳遣使來聘是月以皇世母閻氏自齊至大赦天下閏月己亥以大將軍韋孝寬大將軍長孫儉並爲柱國冬十月癸亥以大將軍陸通大將軍宇文盛蔡國公廣並

爲柱國甲子詔大將軍大冢宰晉國公護率軍伐齊帝於太廟庭授以斧鉞於是護總大軍出潼關大將軍權景宣率山南諸軍出豫州少師楊摽出軹關丁卯幸沙苑勞師癸酉還宮十一月甲午柱國蜀國公尉遲迥率師圍洛陽柱國齊國公憲營於邙山晉公護次於陝州十二月權景宣攻齊豫州刺史王士良以州降壬戌齊師渡河晨至洛陽諸軍驚散尉遲迥率麾下數十騎扞敵得却至夜引還柱國庸國公王雄力戰死之遂班師楊摽於軹關戰沒權景宣亦棄豫州而還

五年春正月甲申朔廢朝以庸國公王雄死王事故也辛卯白虹貫日庚子令荊州安州江陵等總管並隸襄州總管府以柱國大司空衛國公直爲襄州總管甲辰太白熒惑歲星合於婁乙巳吐谷渾遣使獻方物以庸國公王雄世子開府謙爲柱國二月辛酉詔陳國公純柱國許國公宇文貴神武公竇毅南安公楊薦等如突厥逆女甲子郢州獲綠毛龜丙寅以柱國安武公李穆爲大司空綏德公陸通爲大司寇壬申行幸岐州三月戊子柱國楚國公豆盧寧薨夏

四月齊武成禪位於其太子緯自稱太上皇帝五月丙戌以皇族父與爲大將軍襲虞國公封己亥詔左右武伯各置中大夫一人六月庚申彗星出三台入文昌犯上將後經紫宮西垣入危漸長一丈餘指室壁後百餘日稍短長二尺五寸在虛危滅辛未詔曰江陵人年六十五以上爲官奴婢者已令放免其公私奴婢有年至七十以外者所在官司宜贖爲庶人秋七月辛巳朔日有蝕之庚寅行幸秦州降死罪以下辛丑遣大使巡察天下八月丙子至自秦州九月乙巳益州獻三足烏冬十月辛亥改函谷關城爲通洛防十一月庚辰岐州上言一角獸見甲午吐谷渾遣使獻方物丁未陳遣使來聘

天和元年春正月己卯日有蝕之辛巳露寢成幸之令羣臣賦古詩京邑耆老並預會焉頒賜各有差癸未大赦改元百官普加四級己亥親耕籍田丁未於宕昌置宕州以柱國昌寧公長孫儉爲陝州總管遣小載師杜杲使於陳二月戊申以開府中山公訓爲蒲州總管戊辰詔三公已下各舉所知庚午日鬭光遂微日裏烏見三月丙午祠南郊夏四月己酉益州獻三足烏辛亥雩甲子日

有交暈白虹貫之是月陳文帝薨子伯宗嗣立五月庚辰帝御正武殿集羣臣親講禮記吐谷渾龍涸王莫昌率戸內附以其地爲扶州甲午詔曰道德交喪禮義嗣興褰四始於一言美三千於爲敬是以在上不驕處滿不溢富貴所以長守邦國於焉乂安故能承天靜地和民敬鬼明並日月道錯四時朕雖庸昧有志前古甲子乙卯禮云不樂萇弘表昆吾之稔杜蕢有揚觶之文自世道喪亂禮儀紊毀此典茫然已墜於地昔周王受命請聞顓頊廟有戒盈之器室爲復禮之銘矧伊末學而能忘此宜依是日省事停樂庶知爲君之難爲臣不易貽之後昆殷鑒斯在六月丙午以大將軍枹罕公辛威爲柱國秋七月戊寅築武功郿斜谷武都留谷津坑諸城以置軍人壬午詔諸胄子入學但束脩於師不勞釋奠釋奠者學成之祭自今卽爲恆式八月己未詔諸有三年之喪或負土成墳或寢苫骨立一志一行可稱揚者仰本部官司隨事言上當加弔勉以厲薄俗九月乙亥信州蠻冉令賢向五子王反詔開府陸騰討平之冬十月乙卯太白晝見經天甲子初造山雲舞以備六代之樂十一月丙戌行幸武功等

新城十二月庚申還宮
二年春正月癸酉朔日有蝕之己亥親耕籍田三月癸酉改武遊園爲道會苑
丁亥初立郊丘壇壝制度夏四月乙巳省東南諸州以頼州歸州湏州均州入
唐州油州入純州鴻州入淮州洞州入湖州睢州入襄州憲州入昌州以大將
軍陳國公純爲柱國五月壬申突厥吐谷渾安息並遣使獻方物丁丑進封柱
國安武公李穆爲申國公己丑歲星與熒惑合於井六月辛亥尊所生叱奴氏
爲皇太后甲子月入畢閏月庚午地震戊寅陳湘州刺史華皎率衆來附遣襄
州總管衛國公直率柱國綏國公陸通大將軍田弘權景宣元定等將兵援之
因而南伐壬辰以大將軍譙國公儉爲柱國丁酉歲星太白合於柳戊戌襄州
上言慶雲見秋七月辛丑梁州上言鳳凰集於楓樹羣鳥列侍以萬數甲辰立
露門學置生七十二人庚戌太白犯軒轅壬子以太傅燕國公于謹爲雍州牧
九月衛國公直等與陳將淳于量吳明徹戰於沌口王師失利元定以步騎數
千先度遂沒江南冬十月辛卯日出入時有黑氣一大如盃在日中甲午又加

一焉經六日乃滅十一月戊戌朔日有蝕之癸丑太保許國公宇文貴薨
三年春正月辛丑祠南郊二月丁卯幸武功丁亥還宮三月癸卯皇后阿史那
氏至自突厥甲辰大赦天下亡官失爵並聽復舊丁未大會百寮及四方賓客
於路寢賜衣馬錢帛各有差甲寅以柱國陳國公純爲秦州總管蔡國公廣爲
陝州總管戊午太傅柱國燕國公于謹薨己未太白犯井北軒第一星夏四月
辛巳以太保鄭國公達奚武爲太傅大司馬蜀國公尉遲迥爲太保柱國齊國
公憲爲大司馬太白入輿鬼犯積尸五月庚戌祠太廟庚申行幸醴泉宮六月
甲戌有星孛於東井北行一月至輿鬼乃滅秋七月壬寅柱國隋國公楊忠薨
戊午至自醴泉宮己未客星見房漸東行入天市犯營室至奎四十餘日乃滅
八月乙丑韓國公元羅薨齊請和親遣使來聘詔軍司馬陸程兵部尹公正報
聘焉癸酉帝御大德殿集百僚及沙門道士等親講禮記九月庚戌太白與鎮
星合於角冬十月癸亥祠太廟丙戌太白入氐丁亥上親率六軍講武於城南
京邑觀者輿馬彌漫數十里諸蕃使咸在焉十一月壬辰朔日有蝕之甲辰行

幸岐陽壬子遣開府崔彥穆小賓部元暉使於齊甲寅陳安成王頊廢其主伯
宗而自立是爲宣帝十二月丁丑至自岐陽是月齊武成帝薨
四年春正月辛卯朔廢朝以齊武成薨故也遣司會河陽公李綸等會葬於齊
仍弔賻焉二月癸亥以柱國昌寧公長孫儉爲夏州總管戊辰帝御大德殿集
百僚道士沙門等討論釋老義歲星逆行掩太微上將庚午有流星大如斗出
左攝提流至天津滅後有聲如雷夏四月乙巳齊遣使來聘五月己丑帝制象
經成集百僚講說封魏廣平公子元謙爲韓國公以紹魏後庚戌行幸醴泉宮
丁巳柱國吳國公尉遲綱薨六月築原州及涇州東城秋七月辛亥至自醴泉
宮丁巳突厥遣使獻馬八月庚辰盜殺孔城防主以其地入齊九月辛卯遣柱
國齊國公憲率衆於宜陽築崇德等城冬十一月辛亥柱國昌寧公長孫儉薨
十二月壬午罷隴州
五年春二月己巳邵惠公顥孫胄自齊來歸改邵國公會爲譚國公封胄爲邵
國公三月辛卯進封柱國韋孝寬爲鄖國公甲辰初令宿衛官住關外者將家

累入京不樂者解宿衞夏四月甲寅以柱國宇文盛爲大宗伯行幸醴泉宫省帥都督官丙寅遣大使巡天下以陳國公純爲陝州總管六月壬辰封開府梁睿爲蔣國公庚子降宥罪人并免逋租懸調等以皇女生故也七月鹽州獻白兔乙卯至自醴泉宫辛巳以柱國譙國公儉爲益州總管九月己卯太白歲星合於亢冬十月辛巳朔日有蝕之丙戌太白鎮星合於氐丁酉太傅鄭國公達奚武薨十一月乙丑追封章武孝公導爲豳國公以蔡國併於豳丁卯柱國豳國公廣薨十二月癸巳大將軍鄭恪率師平越嶲置西寧州是冬齊將斛律明月寇邊於汾北築城自華谷至於龍門

六年春正月己酉朔廢朝以露門未成故也詔柱國齊國公憲率師禦斛律明月丁卯以大將軍張掖公王傑譚國公會鴈門公田弘魏國公李暉等並爲柱國二月己丑夜有蒼雲廣三尺許經天自戌加辰三月己酉齊國公憲自龍門度河斛律明月退保華谷憲攻拔其新築五城夏四月戊寅朔日有蝕之己卯熒惑犯輿鬼辛卯信州蠻渠冉祖喜冉龍驤舉兵反遣大將軍趙誾率師討平

之甲午以柱國燕國公于實爲涼州總管大將軍杞國公亮爲秦州總管庚子以大將軍滎陽公司馬消難爲柱國陳國公純鴈門公田弘率師取齊宜陽等九城以大將軍武安公侯莫陳瓊太安公閻慶神武公竇毅南陽公叱羅協平高公侯伏侯龍恩並爲柱國封開府斛斯徵爲岐國公右宮伯長孫覽爲薛國公五月癸卯遣納言鄭詡使於陳丙寅以大將軍唐國公李昞中山公訓杞國公亮上庸公陸騰安義公宇文丘北平公寇紹許國公宇文善犍爲公高琳鄭國公達奚震隴東公楊纂常山公于翼並爲柱國六月乙未以大將軍太原公王秉爲柱國是月齊將段孝先攻陷汾州秋七月乙丑以大將軍越國公盛爲柱國八月癸未鎮星歲星太白合於氐九月庚申月在婁蝕之既光不復癸酉省掖庭四夷樂後宮羅綺工人五百餘人冬十月壬午冀國公通薨乙未遣右武伯谷會琨御正蔡斌使於齊壬寅上親率六軍講武於城南十一月壬子以大將軍梁國公侯莫陳芮大將軍李意並爲柱國丙辰齊遣使來聘丁巳行幸散關十二月己丑還宮是冬牛大疫死者十六七

建德元年春正月戊午帝幸玄都觀親御法座講說公卿道俗論難事畢還宮
降死罪及流罪一等其五歲刑已下並宥之二月癸酉遣大將軍昌城公孫深
使於突厥司賓李際小賓部賀遂禮使於齊乙酉柱國安義公宇文丘薨三月
癸卯朔日有蝕之齊遣使來聘丙辰誅大冢宰晉國公護護子柱國譚國公會
會弟大將軍莒國公至崇業公靜幷柱國侯伏侯龍恩龍恩弟大將軍萬壽大
將軍劉勇等大赦改元罷中外府癸亥以太傅蜀國公尉遲迥爲太師柱國鄧
國公竇熾爲太傅大司空申國公李穆爲太保齊國公憲爲大冢宰衞國公直
爲大司徒趙國公招爲大司空柱國枹罕公辛威爲大司寇綏德公陸通爲大
司馬詔曰民亦勞止則星動於天作事不時則石言於國故知爲政欲靜靜在
寧民爲治欲安安在息役頃興造無度徵發不已加以頻歲師旅農畝廢業去
秋災蝗年穀不登民有散亡家空杼軸朕每旦恭己夕惕兢懷自今正調以外
無妄徵發庶時殷俗阜稱朕意焉夏四月甲戌以代國公達滕國公逌並爲柱
國詔荊州安州江陵等總管停隸襄州己卯以柱國張掖公王傑爲涇州總管

魏國公李暉爲梁州總管詔公卿以下各舉所知遣工部代公達小禮部辛彥之使於齊丙戌詔百官軍民上封事極言得失丁亥詔斷四方非常貢獻庚寅追尊略陽公爲孝閔皇帝癸巳立魯國公贇爲皇太子大赦天下百官各加封級五月封衞國公直長子賓爲莒國公紹莒莊公洛生後壬戌帝以大旱集百官於庭詔之曰盛農之節亢陽不雨氣序愆度蓋不徒然豈朕德薄刑賞乖中歟將公卿大臣或非其人歟宜盡直言無得有隱公卿各引咎自責其夜澍雨六月庚子改置宿衞官員秋七月辛丑陳遣使來聘丙午辰星太白合於東井己酉月犯心中星九月庚子朔日有蝕之庚申扶風掘地得玉盃以獻冬十月庚午詔江陵所獲俘虜充官口者悉免爲民辛未遣小匠師楊勰齊馭唐則使於陳柱國大司馬綏德公陸通薨十一月丙午上親率六軍講武城南庚戌行幸羌橋集京城以東諸軍都督以上頒賜有差乙卯還宮壬戌以大司空趙國公招爲大司馬乙未月犯心中星十二月壬申行幸斜谷集京城以西諸軍都督已上頒賜有差丙戌還宮己丑帝御正武殿親錄囚徒至夜而罷庚寅幸道

會苑以上善殿壯麗遂焚之
二年春正月辛丑祠南郊乙巳以柱國鴈門公田弘爲大司空大將軍徐國公
若干鳳爲柱國庚戌復置帥都督官乙卯祠太廟閏月己巳陳遣使來聘二月
辛亥白虹貫日甲寅詔皇太子贇撫巡西土壬戌遣司會侯莫陳凱太子宮尹
鄭譯使於齊熒惑犯輿鬼入積尸省雍州內八郡併入京兆馮翊扶風咸陽等
郡三月己卯皇太子於岐州獲二白鹿以獻詔答曰在德不在瑞癸巳省六府
諸司中大夫以下官府置四司以下大夫爲之官長上士貳之夏四月己亥祠
太廟丙辰增改東宮官員五月丁卯熒惑犯右執法丁丑以柱國周昌公侯莫
陳瓊爲大宗伯滎陽公司馬消難爲大司寇上庸公陸騰爲大司空六月庚子
省六府員外諸官皆爲丞甲辰月犯心中星壬子皇孫衍生文武官普加一階
大選諸軍將帥丙辰帝御露寢集諸軍將勗以戎事庚申詔諸軍旌旗皆畫以
猛獸鷙鳥之象秋七月己巳祠太廟自春末不雨至於是月壬申集百寮於大
德殿帝責躬罪己問以治政得失戊子雨八月丙午改三夫人爲三妃關內大

蝗九月乙丑陳遣使來聘癸酉太白犯右執法戊寅以柱國鄭國公達奚震爲金州總管詔曰政在節財禮唯寧儉而頃者婚嫁競爲奢靡牢羞之費罄竭資財甚乖典訓之理有司宜加宣勒使咸遵禮制壬午納皇太子妃楊氏冬十月癸卯齊遣使來聘甲辰六代樂成帝御崇信殿集百官以觀之十一月辛巳帝親率大軍講武於城東癸未集諸軍都督以上五十人於道會苑大射帝親臨射宮大備軍容十二月癸巳集羣臣及沙門道士等帝升高座辨釋三教先後以儒教爲先道教爲次佛教爲後以大將軍樂川公赫連達爲柱國詔曰尊年尚齒列代弘規序舊酬勞哲王明範朕嗣承弘業君臨萬邦驅此兆庶寘諸仁壽軍民之間年多耆耋眷言衰暮宜有優崇可頒授老職使榮霑邑里戊午聽訟於正武殿自旦及夜繼之以燭

三年春正月壬戌朝羣臣於露門冊柱國齊國公憲衞國公直趙國公招譙國公儉陳國公純越國公盛代國公達滕國公逌並進爵爲王己巳祠太廟庚午突厥遣使獻馬癸酉詔自今已後男年十五女年十三已上爰及鰥寡所在軍

民以時嫁娶務從節儉勿為財幣稽留乙亥親耕籍田丙子初服短衣享二十
四軍督將以下試以軍旅之法縱酒盡歡詔以往歲年穀不登民多乏絕令公
私道俗凡有貯積粟麥者皆準口聽留以外盡糴二月壬辰朔日有食之丁酉
紀國公康畢國公賢酆國公貞宋國公實漢國公贊秦國公贄曹國公允並進
爵為王丙午令六府各舉賢良清正之人癸丑柱國許國公宇文善有罪免乙
卯行幸雲陽宮丙辰詔曰民生而靜純懿之性本均感物而遷嗜欲之情斯起
雖復雲鳥殊世文質異時莫不限以隄防示之禁令朕君臨萬寓覆養黎元思
振頹綱納之軌式比因人有犯與衆棄之所在羣官有愆過者咸聽首露莫不
輕重畢陳纖毫無隱斯則風行草偃從化無違導德齊禮庶幾可致但上失其
道有自來矣淩夷之弊反本無由宜加蕩滌與民更始可大赦天下庚申皇太
后不豫三月辛酉至自雲陽宮癸酉皇太后叱奴氏崩帝居倚廬朝夕共一溢
米羣臣表請累旬乃止詔皇太子贇總釐庶政夏四月乙卯齊遣使弔贈會葬
丁巳有星孛於東北紫宮垣長七尺五月庚申葬文宣皇后於永固陵帝袒跣

至陵所辛酉詔曰齊斬之情經籍彝訓近代沿革遂亡斯禮伏奉遺令既葬便除攀慕几筵情實未忍三年之喪達於天子古今無易之道王者之所常行但時有未諧不得全制軍國務重庶自聽朝縗麻之節苫廬之禮率遵前典以申罔極百寮以下宜依遺令公卿上表固請俯就權制過葬卽吉帝不許引古禮答之羣臣乃止於是遂申三年之制五服之內亦令依禮初置太子諫議員四人文學十人皇弟皇子友員各二人學士六人丁卯荊州獻白烏戊辰詔故晉國公護及諸子並追復先封改葬加謚丙子初斷佛道二教經像悉毀罷沙門道士並令還民幷禁諸淫祀禮典所不載者盡除之六月丁未集諸軍將教以戰陣之法壬子更鑄五行大布錢以一當十與布泉錢並行戊午詔曰至道弘深混成無際體包空有理極幽玄但岐路既分派源逾遠淳離朴散形氣斯乖遂使三墨八儒朱紫交競九流七略異說相騰道隱小成其來舊矣不有會歸爭驅靡息今可立通道觀聖哲微言先賢典訓金科玉篆祕蹟玄文所以濟養黎元扶成教義者並宜弘闡一以貫之俾夫翫培塿者識嵩岱之崇崛守磧礫

者悟渤澥之泓澄不亦可乎秋七月庚申行幸雲陽宮乙酉衛王直在京師舉兵反欲突入肅章門司武尉遲運等拒守直敗率百餘騎遁走京師連兩三旬是日霽戊子至自雲陽宮八月辛卯擒直於荊州免爲庶人乙未詔自建德元年八月以前犯罪未被推糾於後事發失官爵者並聽復舊丙申行幸雲陽宮九月庚申幸同州戊辰以柱國大宗伯周昌公侯莫陳瓊爲秦州總管冬十月丙申御正楊尚希禮部盧愷使於陳戊戌雍州獻蒼烏庚子詔蒲州民遭饑乏絕者令向郿城以西及荊州管內就食甲寅行幸蒲州乙卯曲赦蒲州見囚大辟以下丙辰行幸同州始州民王鞅擁衆反大將軍鄭恪討平之十一月戊午以柱國大司空上庸公陸騰爲涇州總管于闐遣使獻名馬己巳大閱於城東甲戌至自同州十二月戊子大會衛官及軍人以上賜錢帛各有差辛卯月掩太白詔荊襄安延夏五州總管內有能率其從軍者授官各有差其貧下戶給復三年丙申改諸軍軍士並爲侍官丁酉利州上言騶虞見癸卯集諸軍講武於臨皐澤涼州比年地震壞城郭地裂涌泉出

周書卷五

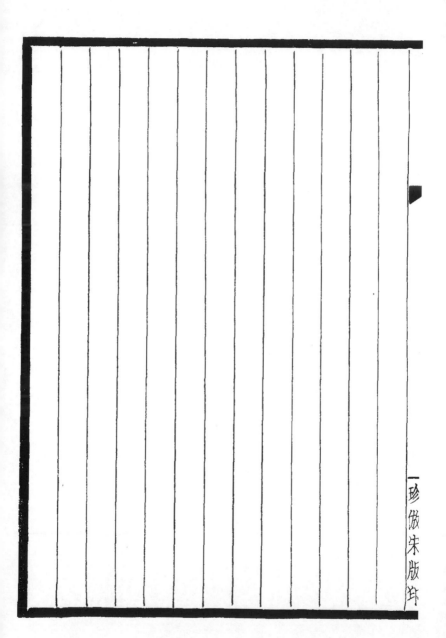

周書卷五考證

武帝紀上楊忠破齊長城至晉陽而還○臣文淳按晉陽之戰通鑑書周師大敗而還本紀與忠傳俱諱不書蓋此書雖令狐德棻等撰次其實本於隋之史官所紀忠乃隋之太祖故爲諱之也

封開府李昞爲唐國公○昞諸本俱作虎臣文淳按通鑑李虎卒於魏大統十七年五月新舊唐書唐太祖本紀太祖父昞封唐國公此唐有天下之號所自起也大約此書原本凡李虎李昞俱稱李諱後人妄改又不深考故此處與下文以大將軍唐國公李昞爲柱國並訛作李虎今改正

遣大將昌城公孫深使於突厥○北史及通鑑俱無孫字按深卽宇文護之子孫字當衍

司賓李際○司賓舊本及北史俱作司宗通鑑作司賓注云蓋周官大行人之職小賓部則小行人之職也從通鑑改

三年○建德三年陳大建六年也通鑑書六年春正月壬戌朔周齊公憲等七

人進爵爲王本紀憲直招儉純盛達逌共八人通鑑又書二月丁酉周紀國公賢等六人進爵爲王本紀康賢貞寶贊贄允共七人俱與通鑑不同

周書卷五考證

# 周書卷六

唐　令狐德棻等撰

## 帝紀第六

### 武帝下

建德四年春正月戊辰以柱國枹罕公辛威爲寧州總管太原公王康爲襄州總管初置營軍器監壬申詔曰今陽和布氣品物資始敬授民時義兼敦勸詩不云乎弗躬弗親庶民弗信刺史守令宜親勸農百司分番躬自率導事非機要並停至秋鰥寡孤獨不能自存者所在量加賑䘏逋租懸調兵役殘功並宜蠲免癸酉行幸同州二月丙戌朔日有蝕之辛卯改置宿衛官員己酉柱國廣德公李意有罪免三月丙辰遣小司寇淮南公元衞納言伊婁謙使於齊郡縣各省主簿一人丙寅至自同州甲戌以柱國趙王招爲雍州牧夏四月甲午柱國燕國公于寔有罪免丁酉初令上書者並爲表於皇太子以下稱啓六月詔東南道四總管內自去年以來新附之戶給復三年秋七月丙辰行幸雲陽宮

己未禁五行大布錢不得出入關布泉錢聽入而不聽出丁卯至自雲陽宮甲戌陳遣使來聘丙子召大將軍以上於大德殿帝曰太祖神武膺運創造王基兵威所臨有征無戰唯彼僞齊猶懷跋扈雖復戎車屢駕而大勳未集朕以寡昧纂承鴻緒往以政出權宰無所措懷自親覽萬機便圖東討惡衣菲食繕甲治兵數年已來戰備稍足而僞主昏虐恣行無道伐暴除亂斯實其時今欲數道出兵水陸兼進北拒太行之路東扼黎陽之險若攻拔河陰兗豫則馳檄可定然後養銳享士以待其至但得一戰則破之必矣王公以爲何如羣臣咸稱善丁丑詔曰高氏因時放命據有汾漳擅假名器歷年永久朕以亭毒爲心遵養時晦遂敦聘好務息黎元而彼懷惡不悛尋事侵軼背言負信竊邑藏姦往者軍下宜陽釁由彼始兵興汾曲事非我先此獲俘囚禮送相繼彼所拘執曾無一反加以淫刑妄逞毒賦繁興齊魯軫殄悴之哀幽并啓來蘇之望既禍盈惡稔衆叛親離不有一戎何以大定今白藏在辰涼風戒節厲兵詰暴時事惟宜朕當親御六師龔行天罰庶憑祖宗之靈潛資將士之力風馳九有電掃八

紘可分命衆軍指期進發以柱國陳王純爲前一軍總管滎陽公司馬消難爲前二軍總管鄭國公達奚震爲前三軍總管越王盛爲後一軍總管周昌公侯莫陳瓊爲後二軍總管趙王招爲後三軍總管齊王憲率衆二萬趣黎陽隋國公楊堅廣寧侯薛迥舟師三萬自渭入河柱國梁國公侯莫陳芮率衆一萬守太行道申國公李穆帥衆三萬守河陽道常山公于翼帥衆二萬出陳汝壬午上親率六軍衆六萬直指河陰八月癸卯入于齊境禁伐樹踐苗稼犯者以軍法從事丁未上親率諸軍攻河陰大城拔之進攻子城未克上有疾九月辛酉夜班師水軍焚舟而退齊王憲及于翼李穆等所在克捷降拔三十餘城皆棄而不守唯以王藥城要害令儀同三司韓正守之正尋以城降齊戊寅至自東伐己卯以華州刺史畢王賢爲荊州總管冬十月戊子初置上柱國上大將軍官改開府儀同三司爲開府儀同大將軍儀同三司爲儀同大將軍又置上開府上儀同官甲午行幸同州閏月齊將尉相貴寇大寧延州總管王慶擊走之以柱國齊王憲蜀國公尉遲迥爲上柱國柱國代王達爲益州總管大司寇滎

陽公司馬消難爲梁州總管詔諸畿郡各舉賢良十一月己亥改置司內官員
十二月辛亥朔日有食之庚午至自同州丙子陳遣使來聘是歲岐寧二州民
饑開倉賑給
五年春正月癸未行幸同州辛卯行幸河東涑川集關中河東諸軍校獵甲午
還同州丁酉詔曰朕克己思治而風化未弘永言前古載懷夕惕可分遣大使
周省四方察訟聽謠問民卹隱其獄犴無章侵漁黎庶隨事究驗條錄以聞若
政績有施治綱克舉及行宣圭蓽道著丘園並須檢審依名騰奏其鰥寡孤獨
實可哀矜亦宜賑給務使周贍廢布泉錢戊申初令鑄錢者絞其從者遠配爲
民二月辛酉遣皇太子贇巡撫西土仍討吐谷渾戎事節度並宜隨機專決三
月庚子月犯東井第一星壬寅至自同州文宣皇后服再期戊申祥夏四月乙
卯行幸同州開府清河公宇文神舉攻拔齊陸渾等五城五月壬辰至自同州
六月戊申朔日有食之辛亥祠太廟丙辰利州總管紀王康有罪賜死丁巳行
幸雲陽宮月掩心後星庚午熒惑入輿鬼秋七月乙未京師旱八月戊申皇太

子伐吐谷渾至伏俟城而還乙卯至自雲陽宮乙丑陳遣使來聘九月丁丑大醮於正武殿以祈東伐冬十月帝謂羣臣曰朕去歲屬有疹疾遂不得克平逋寇前入賊境備見敵情觀彼行師殆同兒戲又聞其朝政昏亂政由羣小百姓嗷然朝不謀夕天與不取恐貽後悔若復同往年出軍河外直爲撫背未扼其喉然晉州本高歡所起之地鎭攝要重今往攻之彼必來援吾嚴軍以待擊之必克然後乘破竹之勢鼓行而東足以窮其窟穴混同文軌諸將多不願行帝曰幾者事之微不可失矣若有沮吾軍者朕當以軍法裁之己酉帝總戎東伐以越王盛爲右一軍總管杞國公亮爲右二軍總管隋國公楊堅爲右三軍總管譙王儉爲左一軍總管大將軍竇泰爲左二軍總管廣化公丘崇爲左三軍總管齊王憲陳王純爲前軍庚戌熒惑犯太微上將戊午歲星犯太陵癸亥帝至晉州遣齊王憲率精騎二萬守雀鼠谷陳王純步騎二萬守千里徑鄭國公達奚震步騎一萬守統軍川大將軍韓明步騎五千守齊子嶺焉氏公尹昇步騎五千守鍾鼓鎭涼城公辛韶步騎五千守蒲津關柱國趙王招步騎一萬自

華谷攻齊汾州諸城柱國宇文盛步騎一萬守汾水關遣內史王誼監六軍攻
晉州城帝屯於汾曲齊王憲攻洪洞永安二城並拔之是夜虹見於晉州城上
首向南尾入紫微宮長十餘丈帝每日自汾曲赴城下親督戰城中惶窘庚午
齊行臺左丞侯子欽出降壬申齊晉州刺史崔景嵩守城北面夜密遣使送款
上開府王軌率衆應之未明登城鼓噪齊衆潰遂克晉州擒其城主特進開府
海昌王尉相貴俘甲士八千人送關中甲戌以上開府梁士彥爲晉州刺史加
授大將軍留精兵一萬以鎮之又遣諸軍徇齊諸城鎮並相次降款十一月己
卯齊主自并州率衆來援帝以其兵新集且避之乃詔諸軍班師遣齊王憲爲
後拒是日齊主至晉州憲不與戰引軍度汾齊主遂圍晉州晝夜攻之齊王憲
屯諸軍於涑水爲晉州聲援河東地震癸巳至自東伐獻俘於太廟甲午詔曰
僞齊違信背約惡稔禍盈是以親總六師問罪汾晉兵威所及莫不摧殄賊衆
危惶烏栖自固暨元戎反旆方來聚結遊魂境首尚敢趑趄朕今更率諸軍應
機除翦丙申放齊諸城鎮降人還丁酉帝發京師壬寅度河與諸軍合十二月

戊申次於晉州初齊攻晉州恐王師卒至於城南穿塹自喬山屬於汾水庚戌帝帥諸軍八萬人置陣東西二十餘里帝乘常御馬從數人巡陣處分所至輒呼主帥姓名以慰勉之將士感見知之恩各思自厲將戰有司請換馬帝曰朕獨乘良馬何所之齊主亦於塹北列陣申後齊人填塹南引帝大喜勒諸軍擊之齊人便退齊主與其麾下數十騎走還幷州齊衆大潰軍資甲仗數百里間委棄山積辛亥帝幸晉州仍率諸軍追齊主諸將固請還師帝曰縱敵患生卿等若疑朕將獨往諸將不敢言甲寅齊主遣其丞相高阿那肱守高壁帝麾軍直進那肱望風退散丙辰師次介休齊將韓建業舉城降以爲上柱國封郇國公丁巳大軍次幷州齊主留其從兄安德王延宗守幷州自將輕騎走鄴是日

詔曰 此下缺

人寄喉脣之重棟梁骨鯁翦爲仇讎狐趙緒餘降成阜隸民不見德唯虐是聞朕懷茲漏網置之度外正欲各靜封疆共紓民瘼故也爾之主相曾不是思欲構厲階反貽其梗我之率土咸求傳刃帷幄獻兼弱之謀爪牙奮干戈之勇贏糧坐甲若赴私讎是以一鼓而定晉州再舉而摧逋醜僞丞相高阿那肱驅逼餘燼竊據高壁僞定南王韓建業作守介休規相抗擬聊示兵威應時崩潰那肱則單馬宵遁建業則面縛軍和爾之逃卒所知見也若其懷遠以德則爾難以德綏處隣以義則爾難以義服且天與不取道家所忌攻昧侮亡兵之上術朕今親馭羣雄長驅宇內六軍舒旆萬隊啓行勢與雷電爭威氣逐風雲齊舉王師所次已達近郊望歲之民室家相慶來蘇之后思副厥誠僞主若妙盡人謀深達天命牽羊道左銜璧轅門當惠以焚櫬之恩待以列侯之禮僞將相王公已下衣冠士民之族如有深識事宜建功立效官榮爵賞各有加隆若下愚不移守迷莫改則委之執憲以正刑書嗟爾庶士胡寧自棄或我之將卒逃彼逆朝無問貴賤皆從蕩滌善求多福無貽後悔璽書所至咸

使聞知自是齊之將帥降者相繼封其特進開府賀拔伏恩爲郜國公其餘官爵各有差戊午高延宗僭卽僞位改年德昌己未軍次幷州庚申延宗擁兵四萬出城抗拒帝率諸軍合戰齊人退帝乘勝逐北率千餘騎入東門詔諸軍繞城置陣至夜延宗率其衆排陣而前城中軍卻人相蹂踐大爲延宗所敗死傷略盡齊人欲閉門以閫下積尸扉不得闔帝從數騎崎嶇危險僅得出門至明率諸軍更戰大破之擒延宗幷州平壬戌詔曰昔天厭水運龍戰于野兩京圮隔四紀于兹朕垂拱巖廊君臨宇縣相邠民於海內混楚弓於天下一物失所有若推溝方欲德綏未服義征不譓僞主高緯放命燕齊怠慢典刑俶擾天紀加以背惠怒鄰棄信忘義朕應天從物伐罪弔民一鼓而蕩平陽再舉而摧勍敵僞署王公相繼道左高緯智窮數屈逃竄草間僞安德王高延宗擾攘之間遂竊名號與僞齊昌王莫多婁敬顯等收合餘燼背城抗敵王威旣振魚潰鳥離破竹更難建瓴非易延宗衆散解甲軍門根本旣傾枝葉自實幽青海岱折簡而來冀北河南傳檄可定八紘共貫六合同風方當偃伯靈臺休牛桃塞無

疆之慶非獨在余漢皇約法除其苛政姬王輕典刑彼新邦思覃惠澤被之率土新舊臣民皆從蕩滌可大赦天下高緯及王公以下若釋然歸順咸許自新諸亡入僞朝亦從寬宥官榮次序依例無失其齊僞制令即宜削除鄒魯縉紳幽并騎士一介可稱並宜銓錄百年去殺雖或難希期月有成庶幾可勉丙寅出齊宮中金銀寶器珠翠麗服及宮女二千人班賜將士以柱國趙王招陳王純越王盛杞國公亮梁國公侯莫陳芮庸國公王謙北平公寇紹鄭國公達奚震並爲上柱國封齊王憲子安城郡公質爲河間王大將軍廣化公丘崇爲潞國公神水公姬願爲原國公廣業公尉遲運爲盧國公諸有功者封授各有差

癸酉帝率六軍趣鄴以上柱國陳王純爲并州總管

六年春正月乙亥齊主傳位於其太子恆改年承光自號爲太上皇壬辰帝至鄴齊主先於城外掘塹豎柵癸巳帝率諸軍圍之齊人拒守諸軍奮擊大破之遂平鄴齊主先送其母并妻子於青州及城陷乃率數十騎走青州遣大將軍尉遲勤率二千騎追之是戰也於陣獲其齊昌王莫多婁敬顯帝責之曰汝有

死罪者三前從并走鄴擕妾棄母是不孝外爲僞主戮力內實通啓於朕是不忠送款之後猶持兩端是不信如此用懷不死何待遂斬之是日西方有聲如雷者一甲午帝入鄴城齊任城王湝先在冀州齊主至河遣其侍中斛律孝卿送傳國璽禪位於湝孝卿未達被執送鄴詔去年大赦班宣未及之處皆從赦例封齊開府洛州刺史獨孤永業爲應國公丙申以上柱國越王盛爲相州總管己亥詔曰自晉州大陣至于平鄴身殞戰場者其子即授父本官尉遲勤擒齊主及其太子恆於青州庚子詔曰僞齊之末姦佞擅權濫罰淫刑動持羅網僞右丞相咸陽王故斛律明月僞侍中特進開府故崔季舒等七人或功高獲罪或直言見誅朕兵以義動翦除凶暴表閭封墓事切下車宜追贈謚并窆措其見存子孫各隨蔭敘錄家口田宅沒官者並還之辛丑詔曰僞齊叛渙竊有漳濱世縱淫風事窮彫飾或穿池運石爲山學海或層臺累構概日凌雲以暴亂之心極奢侈之事有一於此未或弗亡朕菲食薄衣以弘風教追念生民之費尚想力役之勞方當易茲弊俗率歸節儉其東山南園及三臺可並毀撤瓦

木諸物凡入用者盡賜下民山園之田各還本主二月丙午論定諸軍功勳置
酒於齊太極殿會軍士以上班賜有差丁未齊主至帝降自阼階以賓主之禮
相見高湝在冀州擁兵未下遣上柱國齊王憲與柱國隋公楊堅率軍討平之
齊定州刺史范陽王高紹義叛入突厥齊諸行臺州鎮悉降關東平合州五十
五郡一百六十二縣三百八十五戶三百三十萬二千五百二十八口二千萬
六千六百八十六乃於河陽幽青南兗豫徐北朔定並置總管府相并二總管
各置宮及六府官癸丑詔曰無侮煢獨事顯前書哀彼矜人惠流往訓僞齊末
政昏虐實繁災甚滔天毒流比屋無罪無辜係虜三軍之手不飲不食僵仆九
逵之門朕爲民父母職養黎人念甚泣辜誠深罪己除其苛政事屬改張宜加
寬宥兼行賑卹自僞武平三年以來河南諸州之民僞齊被掠爲奴婢者不問
官私並宜放免其住在淮南者亦卽聽還願往淮北者可隨便安置其有癃殘
孤老饑餒絕食不能自存者仰刺史守令及親民長司躬自檢校無親屬者所
在給其衣食務使存濟乙卯帝自鄴還京丙辰以柱國隋公楊堅爲定州總管

三月壬午詔山東諸州各舉明經幹治者二人若奇才異術卓爾不羣者弗拘多少夏四月乙巳至自東伐列齊主於前其王公等並從車輿旗幟及器物以次陳於其後大駕布六軍備凱樂獻俘於太廟京邑觀者皆稱萬歲戊申封齊主爲温國公庚戌大會羣臣及諸蕃客於露寢乙卯廢蒲陝涇寧四州總管己巳祠太廟詔曰東夏既平王道初被齊氏弊政餘風未殄朕劬勞萬機念存康濟恐清淨之志未形四海下民疾苦不能上達寢興軫慮用切於懷宜分遣使人巡方撫慰觀風省俗宣揚治道有司明立條科務在弘益五月丁丑以柱國譙王儉爲大冢宰庚辰以上柱國杞國公亮爲大司徒鄭國公達奚震爲大宗伯梁國公侯莫陳芮爲大司馬柱國應國公獨孤永業爲大司寇鄖國公韋孝寬爲大司空辛巳大醮於正武殿以報功也己丑祠方丘詔曰朕欽承丕緒寢興寅畏惡衣菲食貴昭儉約上棟下宇土階茅屋猶恐居之者逸作之者勞詎可廣廈高堂肆其嗜欲往者冢臣專任制度有違正殿別寢事窮壯麗非直雕牆峻宇深戒前王而締構弘敞有踰清廟不軌不物何以示後兼東夏初平民

未見德率先海內宜自朕始其露寢會義崇信含仁雲和思齊諸殿等農隙之
時悉可毀撤雕斲之物並賜貧民繕造之宜務從卑朴癸巳行幸雲陽宮戊戌
詔曰京師宮殿已從撤毀并鄴二所華侈過度誠復作之非我豈容因而弗革
諸堂殿壯麗並宜除蕩甍宇雜物分賜窮民三農之隙別漸營構止蔽風雨務
在卑狹庚子陳遣使來聘是月青城門無故自崩六月丁未至自雲陽宮辛亥
御正武殿錄囚徒癸亥於河州鷄鳴防置旭州甘松防置芳州廣川防置弘州
甲子帝東巡丁卯詔曰同姓百世婚姻不通蓋惟重別周道然也而娶妻買妾
有納母氏之族雖曰異宗猶爲混雜自今以後悉不得娶母同姓以爲妾其已
定未成者即令改聘秋七月己卯封齊王憲第四子廣都公負爲莒國公紹莒
莊公洛生後癸未應州獻芝草丙戌行幸洛州己丑詔山東諸州舉有才者上
縣六人中縣五人下縣四人赴行在所共論治政得失戊戌以上柱國庸公王
謙爲益州總管八月壬寅議定權衡度量頒於天下其不依新式者悉追停詔
曰以刑止刑世輕世重罪不及嗣皆有定科雜役之徒獨異常憲一從罪配百

世不免罰既無窮刑何以措道有沿革宜從寬典凡諸雜戶悉放爲民配雜之科因之永削甲子鄭州獻九尾狐皮肉銷盡骨體猶具帝曰瑞應之來必昭有德若使五品時敘四海和平家識孝慈人知禮讓乃能致此今無其時恐非實錄乃命焚之九月壬申以柱國鄧國公竇熾申國公李穆並爲上柱國戊寅初令民庶已上唯聽衣綢綿綢絲布圓綾紗絹綃葛布等九種餘悉停斷朝祭之服不拘此例甲申絳州獻白雀壬辰詔東土諸州儒生明一經已上並舉送州郡以禮發遣癸卯封上大將軍上黃公王軌爲郯國公吐谷渾遣使獻方物冬十月戊申行幸鄴宮戊午改葬德皇帝於冀州帝服緦哭於太極殿百官素服哭是月誅温國公高緯十一月庚午百濟遣使獻方物壬申封皇子充爲道王兌爲蔡王癸酉陳將吳明徹侵呂梁徐州總管梁士彥出軍與戰不利退守徐州遣上大將軍郯國公王軌率師討之是月稽胡反遣齊王憲率軍討平之詔自永熙三年七月已來去年十月已前東土之民被抄略在化內爲奴婢者及平江陵之後良人沒爲奴婢者並宜放免所在附籍一同民伍若舊主人猶須

共居聽留爲部曲及客女詔曰正位於中有聖通典質文相革損益不同五帝
則四星之象三王制六宮之數劉曹已降等列彌繁選擇遍於生民命秩方於
庶職椒房丹地有衆如雲本由嗜欲之情非關風化之義朕運當澆季思復古
始無容廣集子女屯聚宮掖弘贊後庭事從約簡可置妃二人世婦三人御妻
三人自茲以外悉宜減省己亥晦日有蝕之初行刑書要制持杖羣彊盜一匹
以上不持杖羣彊盜五匹以上監臨主掌自盜二十匹以上小盜及詐僞請官
物三十匹以上正長隱五戶及十丁以上隱地三頃以上者至死刑書所不載
者自依律科十二月戊午吐谷渾遣使獻方物己未東壽陽土人反率衆五千
襲并州城刺史東平公宇文神舉破平之庚申行幸并州宮移并州軍人四萬
戶於關中丙寅以柱國滕王逌爲河陽總管丁卯以柱國隋國公楊堅爲南兗
州總管上柱國申國公李穆爲并州總管戊辰廢并州宮及六府是月北營州
刺史高寶寧據州反
宣政元年春正月癸酉吐谷渾僞趙王他婁屯來降壬午行幸鄴宮分相州廣

平郡置洛州清河郡置貝州黎陽郡置黎州汲郡置衞州分定州常山郡置恆
州分并州上黨郡置潞州辛卯行幸懷州癸巳幸洛州詔於懷州置宮二月甲
辰柱國大冢宰譙王儉薨丁巳帝至自東巡乙丑以上柱國越王盛爲大冢宰
陳王純爲雍州牧三月戊辰於蒲州置宮廢同州及長春二宮壬申突厥遣使
獻方物甲戌初服常冠以皁紗爲之加簪而不施纓導其制若今之折角巾也
上大將軍鄭國公王軌破陳師於呂梁擒其將吳明徹等俘斬三萬餘人丁亥
詔柱國故豆盧寧征江南武陵南平等郡所有民庶爲人奴婢者悉依江陵放
免壬辰改元夏四月壬子初令遭父母喪者聽終制庚申突厥入寇幽州殺掠
吏民議將討之五月己丑帝總戎北伐遣柱國原公姬願東平公宇文神舉等
率軍五道俱入發關中公私驢馬悉從軍癸巳帝不豫止于雲陽宮丙申詔停
諸軍事六月丁酉帝疾甚還京其夜崩於乘輿時年三十六遺詔曰人肖形天
地稟質五常脩短之期莫非命也朕君臨宇縣十有九年未能使百姓安樂刑
措罔用所以昧旦求衣分宵忘寢昔魏室將季海內分崩太祖扶危翼傾肇開

王業燕趙榛蕪久竊名號朕上述先志下順民心遂與王公將帥共平東夏雖
復妖氛蕩定而民勞未康每一念此如臨冰谷將欲包舉六合混同文軌今遘
疾大漸氣力稍微有志不申以此歎息天下事重萬機不易王公以下爰及庶
僚宜輔導太子副朕遺意令上不負太祖下無失爲臣朕雖瞑目九泉無所復
恨朕平生居處每存菲薄非直以訓子孫亦乃本心所好喪事資用須使儉而
合禮墓而不墳自古通典隨吉卽葬葬訖公除四方士庶各三日哭妃嬪以下
無子者悉放還家諡曰武皇帝廟稱高祖己未葬於孝陵帝沉毅有智謀初以
晉公護專權常自晦迹人莫測其深淺及誅護之後始親萬機克己勵精聽覽
不怠用法嚴整多所罪殺號令懇惻唯屬意於政羣下畏服莫不肅然性既明
察少於恩惠凡布懷立行皆欲踰越古人身衣布袍寢布被無金寶之飾諸宮
殿華綺者皆撤毀之改爲土階數尺不施櫨栱其雕文刻鏤錦繡纂組一皆禁
斷後宮嬪御不過十餘人勞謙接下自彊不息以海內未康銳情教習至於校
兵閱武步行山谷履涉勤苦皆人所不堪平齊之役見軍士有跣行者帝親脫

靴以賜之每宴會將士必自執杯勸酒或手付賜物至於征伐之處躬在行陣性又果決能斷大事故能得士卒死力以弱制強破齊之後遂欲窮兵極武平突厥定江南一二年間必使天下一統此其志也

史臣曰自東西否隔二國爭彊戎馬生郊干戈日用兵連禍結力敵勢均疆埸之事一彼一此高祖纘業未親萬機慮遠謀深以蒙養正及英威電發朝政惟新內難既除外略方始乃苦心焦思克己勵精勞役爲士卒之先居處同匹夫之儉脩富民之政務彊兵之術乘讎人之有釁順大道而推亡五年之間大勳斯集攄祖宗之宿憤拯東夏之阽危盛矣哉其有成功者也若使翌日之瘳無爽經營之志獲申驥武窮兵雖見譏於良史雄圖遠略足方駕於前王者歟

周書卷六

珍傲宋版玗

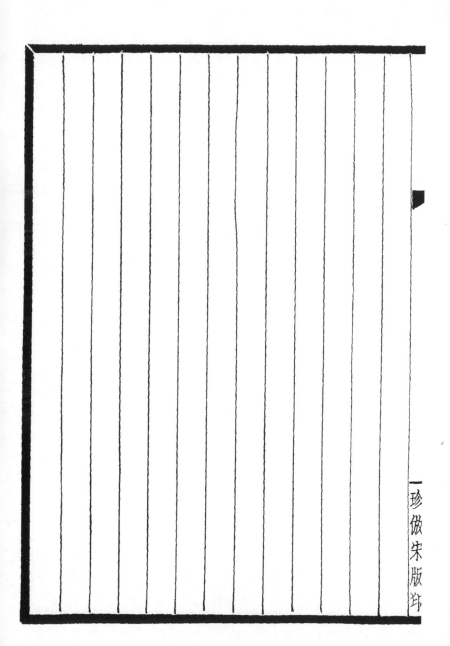

# 周書卷六考證

武帝紀下隋國公楊堅廣寧侯薛迴舟師三萬自渭入河〇廣寧侯薛迴北史作廣寧公侯莫陳迴未知孰是

封皇子充爲道王〇通鑑云周立皇子衍爲道王胡三省注云皇子當作皇孫周太子之長子　臣文淳按武皇七男道王充字乾仁建德六年封王正與此合又云宣帝三子鄴王衍大象二年封王武帝時無封皇孫爲王之事

周書卷六考證

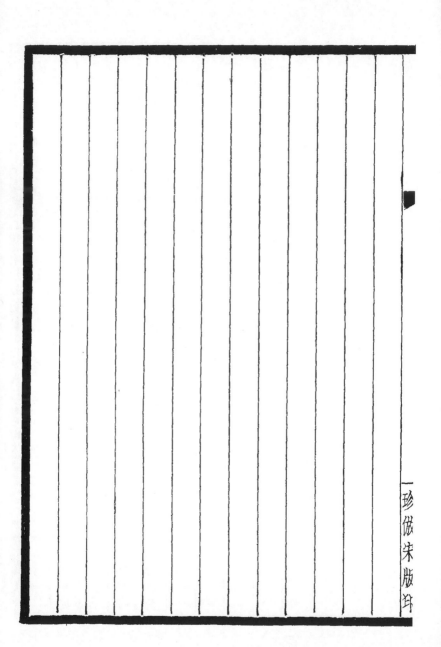

# 周書卷七

唐　令狐德棻等撰

## 帝紀第七

### 宣帝

宣皇帝諱贇字乾伯高祖長子也母曰李太后武成元年生於同州保定元年五月丙午封魯國公建德元年四月癸巳高祖親告廟冠於阼階立爲皇太子詔皇太子巡撫西土文宣皇后崩高祖諒闇詔太子總朝政五旬而罷高祖每巡幸四方太子常留監國五年二月又詔皇太子巡西土因討吐谷渾宣政元年六月丁酉高祖崩戊戌皇太子卽皇帝位尊皇后爲皇太后癸丑歲星熒惑太白合於東井甲子誅上柱國齊王憲封開府于智爲齊國公閏月乙亥詔山東流民新復業者及突厥侵掠家口破亡不能存濟者並給復一年立妃楊氏爲皇后辛巳以上柱國趙王招爲太師陳王純爲太傅柱國代王達滕王逌盧國公尉遲運薛國公長孫覽並爲上柱國進封柱國平陽郡公王誼爲揚國公

是月幽州人盧昌期據范陽反詔柱國東平公宇文神舉帥衆討平之秋七月
辛丑月犯心前星乙巳祠太廟丙午祠圓丘戊申祠方丘庚戌以小宗伯岐國
公斛斯徵爲大宗伯丙辰熒惑太白合於七星己未太白犯軒轅大星壬戌以
柱國南兗州總管隋公楊堅爲上柱國大司馬癸亥尊所生李氏爲帝太后八
月丙寅夕月於西郊長安萬年二縣民居在京城者給復三年壬申行幸同州
遣大使巡察諸州詔制九條宣下州郡一曰決獄科罪皆准律文二曰母族絶
服外者聽婚三曰以杖決罰悉令依法四曰郡縣當境賊盜不擒獲者並仰錄
奏五曰孝子順孫義夫節婦表其門閭才堪任用者卽宜申薦六曰或昔經驅
使名位未達或沉淪蓬蓽文武可施宜並採訪具以名奏七曰僞齊七品以上
已敕收用八品以下爰及流外若欲入仕皆聽預選降二等授官八曰州舉高
才博學者爲秀才郡舉經明行修者爲孝廉上州上郡歲一人下州下郡三歲
一人九曰年七十以上依式授官鰥寡困乏不能自存者並加稟恤以大司徒
杞國公亮爲安州總管上柱國薛國公長孫覽爲大司徒柱國揚國公王誼爲

大司空庚辰太白入太微丙戌以柱國永昌公椿爲大司寇九月丁酉熒惑入太微以柱國宇文盛張掖公王傑枹罕公辛威鄭國公韋孝寬並爲上柱國庚戌封皇弟元爲荆王詔諸應拜者皆以三拜成禮汾州稽胡帥劉受邏千舉兵反詔上柱國越王盛爲行軍元帥率衆討平之庚申熒惑犯左執法冬十月癸酉至自同州以大司空揚國公王誼爲襄州總管戊子百濟遣使獻方物十一月己亥講武於道會苑帝親擐甲冑是月突厥寇邊圍酒泉殺掠吏民十二月甲子以柱國畢王賢爲大司空癸未熒惑入氐仍留經一月己丑以上柱國河陽總管滕王逌爲行軍元帥率衆伐陳免京師見徒並令從軍

大象元年春正月癸巳受朝於露門帝服通天冠絳紗袍羣臣皆服漢魏衣冠大赦改元大成初置四輔官以上柱國大冢宰越王盛爲大前疑相州總管蜀國公尉遲迥爲大右弼申國公李穆爲大左輔大司馬隋國公楊堅爲大後丞癸卯封皇子衍爲魯王甲辰東巡狩丙午日有背以柱國常山公于翼爲大司徒辛亥以柱國許國公宇文善爲大宗伯癸丑日又背戊午行幸洛陽立魯王

衍爲皇太子二月癸亥詔曰河洛之地世稱朝市上則於天陰陽所會下紀於地職貢路均聖人以萬物阜安乃建王國時經五代世歷千祀規模弘遠邑居壯麗自魏氏失馭城闕爲墟君子有戀舊之風小人深懷土之思我太祖受命酆鎬胥宇崤函蕩定四方有懷光宅高祖神功聖略混一區宇往巡東夏省方觀俗布政此宮遂移氣序朕以眇身祗承寶祚庶幾聿修之志敢忘燕翼之心一昨駐蹕金墉備嘗遊覽百王制度基趾尚存今若因修爲功易立宜命邦事修復舊都奢儉取文質之間功役依子來之義北瞻河內咫尺非遙前詔經營今宜停罷於是發山東諸州兵增一月功爲四十五日役起洛陽宮常役四萬人以迄于晏駕并移相州六府於洛陽稱東京六府殺柱國徐州總管郯國公王軌停南討諸軍以趙王招女爲千金公主嫁於突厥戊辰以上柱國鄖國公韋孝寬爲徐州總管乙亥行幸鄴丙子初令授總管刺史及行兵者加持節餘悉罷之辛巳詔曰有聖大寶實惟重器玄天表命人事與能幽顯同謀確乎不易域中之大寶懸定於杳冥天下爲公蓋不避於內舉我大周感蒼昊之精受

河洛之錫武功文德光格區宇創業垂統永光無窮朕以寡薄祗承鴻緒上賴
先朝得一之迹下藉羣后不貳之心職貢與雲雨俱通憲章共光華並亘圓首
方足咸登仁壽思隆國本用弘天曆皇太子衍地居上嗣正統所歸遠憑積德
之休允叶無疆之祚帝王之量未肅而成天祿之期不謀已至朕今傳位於衍
乃睠四海深合謳歌之望俾予一人高蹈風塵之表萬方兆庶知朕意焉可大
赦天下改大成元年爲大象元年帝於是自稱天元皇帝所居稱天臺冕有二
十四旒室服旗鼓皆以二十四爲節內史御正皆置上大夫皇帝衍稱正陽宮
置納言御正諸衞等官皆准天臺尊皇太后爲天元皇太后封內史上大夫鄭
譯爲沛國公癸未日初出及將入時其中並有烏色大如雞卵經四日滅戊子
以上柱國大前疑越王盛爲太保大右弼蜀公尉遲迥爲大前疑代王達爲大
右弼辛卯詔徙鄴城石經於洛陽又詔曰洛陽舊都今既修復凡是元遷之戶
並聽還洛州此外諸民欲往者亦任其意河陽幽相豫亳青徐七總管受東京
六府處分三月壬寅以上柱國薛國公長孫覽爲涇州總管庚申至自東巡大

陳軍伍帝親擐甲冑入自青門皇帝衍備法駕從入百官迎於青門外其時驟雨儀衛失容辛酉封趙王招第二子貫爲永康縣王夏四月壬戌朔有司奏言日蝕不視事過時不食乃臨軒立妃朱氏爲天元帝后癸亥以柱國畢王賢爲上柱國己巳祠太廟壬午大醮於正武殿戊子太白歲星辰星合於東井五月辛亥以洛州襄國郡爲趙國以齊州濟南郡爲陳國以豐州武當安富二郡爲越國以潞州上黨郡爲代國以荊州新野郡爲滕國邑各一萬戶令趙王招陳王純越王盛代王達滕王逌並之國癸丑有流星大如斗出太微落落如遺火是月遣使簡視京兆及諸州士民之女充選後宮突厥寇并州六月丁卯有流星大如雞子出氐西北流長一丈入月中己巳月犯房北頭第二星乙酉有流星大如斗出營室流入東壁是月咸陽有池水變爲血發山東諸州民修長城秋七月庚寅以大司空畢王賢爲雍州牧大後丞隋國公楊堅爲大前疑柱國滎陽公司馬消難爲大後丞壬辰熒惑掩房北頭第一星丙申納大後丞司馬消難女爲正陽宮皇后尊天元帝太后李氏爲天皇太后壬子改天元帝后朱

氏爲天皇后立妃元氏爲天右皇后妃陳氏爲天左皇后八月庚申行幸同州
壬申還宮甲戌以天左皇后父大將軍陳山提天右皇后父開府元晟並爲上
柱國山提封鄅國公晟封翼國公開府楊雄爲邘國公乙弗寔戴國公初高祖
作刑書要制用法嚴重及帝卽位以海內初平恐物情未附乃除之至是大醮
於正武殿告天而行焉辛巳熒惑犯南斗第五星壬午以上柱國雍州牧畢王
賢爲太師上柱國郇國公韓建業爲大左輔是月所在有蟻羣鬬各方四五尺
死者什八九九月己酉太白入南斗乙卯以酆王貞爲大冢宰上柱國鄖國公
韋孝寬爲行軍元帥率行軍總管杞國公亮郕國公梁士彥以伐陳遣御正杜
杲禮部薛舒使於陳冬十月壬戌歲星犯軒轅大星是日帝幸道會苑大醮以
高祖武皇帝配醮訖論議於行殿是歲初復佛像及天尊像至是帝與二像俱
南面而坐大陳雜戲令京城士民縱觀乙酉熒惑鎮星合於虛是月相州人段
德舉謀反伏誅十一月乙未幸溫湯戊戌行幸同州壬寅還宮己酉有星大如
斗出張東南流光明燭地丁巳初鑄永通萬國錢以一當十與五行大布並行

是月韋孝寬拔壽陽杞國公亮拔黃城梁士彥拔廣陵陳人退走於是江北盡
平十二月戊午以災異屢見帝御路寢見百官詔曰穹昊在上聰明自下吉凶
由人妖不自作朕以寡德君臨區寓大道未行小信非福始於秋季及此玄冬
幽顯殷勤屢貽深戒至有金入南斗木犯軒轅熒惑干房又與土合流星照夜
東南而下然則南斗主於爵祿軒轅爲於後宮房曰明堂布政所也火土則憂
孽之兆流星乃兵凶之驗豈其官人失序女謁尚行政事乖方憂患將至何其
昭著若斯之甚上瞻俯察朕實懼焉將避正寢齋居克念惡衣減膳去飾撤懸
披不諱之誠開直言之路欲使刑不濫及賞弗踰等選舉以才宮闈修德宜宣
諸內外庶盡弼諧允叶民心用消天譴於是舍仗衛往天興宮百官上表勸復
寢膳許之甲子還宮御正武殿集百官及宮人內外命婦大列妓樂又縱胡人
乞寒用水澆沃爲戲樂乙丑行幸洛陽帝親御驛馬日行三百里四皇后及文
武侍衛數百人並乘驛以從仍令四后方駕齊驅或有先後便加譴責人馬頓
仆相屬己卯還宮

二年春正月丁亥帝受朝于道會苑癸巳祀太廟乙巳造二辰晝日月之象以置左右戊申雨雪雪止又雨細黃土移時乃息乙卯詔江左諸州新附民給復二十年初稅入市者人一錢二月丁巳帝幸露門學行釋奠之禮戊午突厥遣使獻方物且逆千金公主乙丑改制詔爲天制詔敕爲天敕壬午尊天元皇太后爲天元上皇太后天皇太后李氏曰天元聖皇太后癸未立天元皇后楊氏爲天元太皇后天皇后朱氏爲天太皇后天右皇后元氏爲天右太皇后天左皇后陳氏爲天左大皇后正陽宮皇后直稱皇后是日洛陽有禿鶖鳥集於新營太極殿前滎州有黑龍見與赤龍鬭於汴水之側黑龍死三月丁亥賜百官及民大酺詔曰盛德之後是稱不絕功施於民義昭祀典孔子德惟藏往道實生知以大聖之才屬千古之運載弘儒業世敘彝倫至如幽贊天人之理裁成禮樂之務故以作範百王垂風萬葉朕欽承寶曆服膺教義眷言洙泗懷道滋深且襃成啓號雖彰故實旌崇聖績猶有闕如可追封爲鄒國公邑數准舊并立後承襲別於京師置廟以時祭享戊子行軍總管杞國公亮舉兵反襲行軍

元帥鄖國公韋孝寬於豫州亮不勝孝寬獲而殺之辛卯以永昌公椿爲杞國公紹簡公連後行幸同州增候正前驅戒道爲三百六十重自應門至於赤岸澤數十里間幡旗相蔽鼓樂俱作又令武賁持鈒馬上稱警蹕以至於同州乙未改同州宮爲天成宮庚子至自同州詔天臺侍衞之官皆著五色及紅紫綠衣以雜色爲緣名曰品色衣有大事與公服間服之壬寅詔內外命婦皆執笏其拜宗廟及天臺皆俛伏甲辰初置天中大皇后立天左大皇后陳氏爲天中大皇后立妃尉遲氏爲天左大皇后夏四月乙丑有星大如斗出天廚流入紫宮抵鉤陳乃滅己巳祀太廟己卯詔曰朕以寡薄昧於治方不能使天地休和陰陽調序自春涉夏甘澤未豐旣軫西郊之歎將虧南畝之業與言夕惕無忘鑒昧良由德化未敷政刑多舛萬方有罪責在朕躬思覃寬惠被之率土見囚死罪並降從流流罪從徒五歲刑已下悉皆原宥其反叛惡逆不道及常赦所不免者不在降例壬午幸中山祈雨至咸陽宮雨降甲申還宮令京城士女於衢巷作音樂以迎候五月己丑以上柱國大前疑隋國公楊堅爲揚州總管甲

午夜帝備法駕幸天興宮乙未帝不豫還宮詔隋國公堅入侍疾甲辰有星大如三斗出太微端門流入翼聲若風鼓幡旗丁未追趙陳越代滕五王入朝己酉大漸御正下大夫劉昉與內史上大夫鄭譯矯制以隋國公堅受遺輔政是日帝崩於天德殿時年二十二謚曰宣皇帝七月丙申葬定陵帝之在東宮也高祖慮其不堪承嗣遇之甚嚴朝見進止與諸臣無異雖隆寒盛暑亦不得休息性既嗜酒高祖遂禁醪醴不許至東宮帝每有過輒加捶扑嘗謂之曰古來太子被廢者幾人餘兒豈不堪立耶於是遣東宮官屬錄帝言語動作每月奏聞帝憚高祖威嚴矯情修飾以是過惡遂不外聞嗣位之初方逞其欲大行在殯曾無戚容卽閱視先帝宮人逼爲淫亂纔及踰年便恣聲樂采擇天下子女以充後宮好自矜夸飾非拒諫禪位之後彌復驕奢耽酗於後宮或旬日不出公卿近臣請事者皆附奄官奏之所居宮殿帷帳皆飾以金玉珠寶光華炫燿極麗窮奢及營洛陽宮雖未成畢其規模壯麗踰於漢魏遠矣唯自尊崇無所顧憚國典朝儀率情變改後宮位號莫能詳錄每對臣下自稱爲天以五色土

塗所御天德殿各隨方色又於後宮與皇后等列坐用宗廟禮器罇彝珪瓚之屬以飲食焉又令羣臣朝天臺者皆致齋三日清身一日車旗章服倍於前王之數既自比上帝不欲令人同己嘗自帶綬及冠通天冠加金附蟬顧見侍臣武弁上有金蟬及王公有綬者並令去之又不聽人有高大之稱諸姓高者改爲姜九族稱高祖者爲長祖曾祖爲次長祖官名凡稱上及大者改爲長有天者亦改之又令天下車皆以渾成木爲輪禁天下婦人皆不得施粉黛之飾唯宮人得乘有輻車加粉黛焉西陽公温杞國公亮之子即帝之從祖兄子也其妻尉遲氏有容色因入朝帝遂飲之以酒逼而淫之亮聞之懼誅乃反纔誅温即追尉遲氏入宮初爲妃尋立爲皇后每召侍臣論議唯欲興造變革未嘗言及治政其後遊戲無恆出入不飾羽儀仗衞晨出夜還或幸天興宮或遊道會苑陪侍之官皆不堪命散樂雜戲魚龍爛漫之伎常在目前好令京城少年爲婦人服飾入殿歌舞與後宮觀之以爲喜樂擯斥近臣多所猜忌又吝於財略無賜與恐羣臣規諫不得行己之志常遣左右密伺察之動止所爲莫不鈔錄

小有乖違輒加其罪自公卿已下皆被楚撻其間誅戮黜免者不可勝言每笞捶人皆以百二十爲度名曰天杖宮人內職亦如之后妃嬪御雖被寵嬖亦多被杖背於是內外恐懼人不自安皆求苟免莫有固志重足累息以逮於終

史臣曰高祖識嗣子之非才顧宗祏之至重滯愛同於晉武則哲異於宋宣但欲威之以檟楚期之於懲肅義方之教豈若是乎卒使昏虐君臨姦回肆毒善無小而必棄惡無大而弗爲窮南山之簡未足書其過盡東觀之筆不能記其罪然猶獲全首領及子而亡幸哉

周書卷七

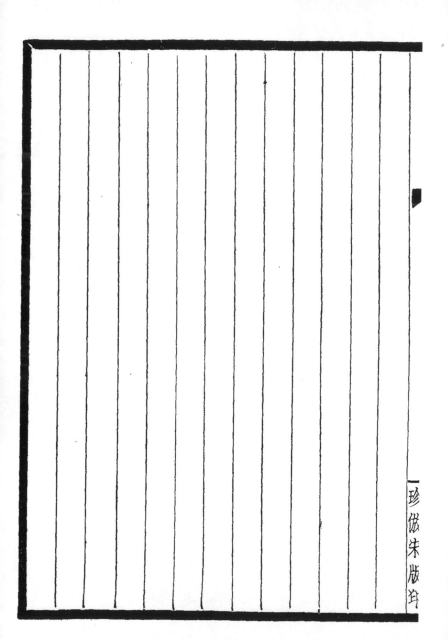

周書卷七考證

宣帝紀癸卯封皇子衍爲魯王○衍通鑑作闡 臣文淳按靜帝本紀靜皇帝諱衍後改爲闡武帝本紀建德二年書皇孫衍生據通鑑則靜帝諱衍當武帝時已改爲闡矣而周書北史俱尙書衍得無訛乎

周書卷七考證

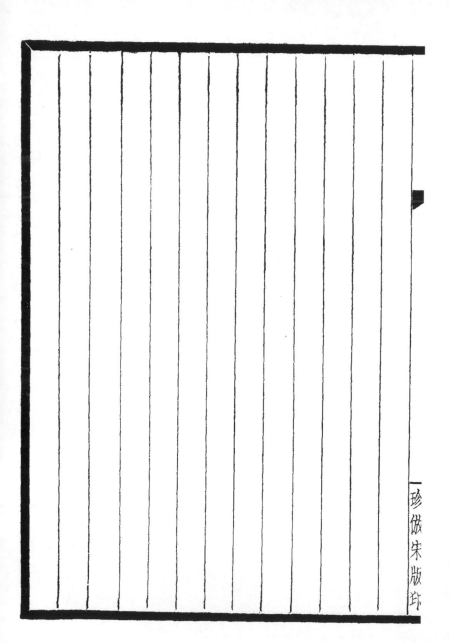

# 周書卷八

唐　令　狐　德　棻　等　撰

## 帝紀第八

### 靜帝

靜皇帝諱衍後改爲闡宣帝長子也母曰朱皇后建德二年六月生於東宮大象元年正月癸卯封魯王戊午立爲皇太子二月辛巳宣帝於鄴宮傳位授帝居正陽宮二年夏五月乙未宣帝寢疾詔帝入宿於露門學己酉宣帝崩帝入居天臺廢正陽宮大赦天下停洛陽宮作庚戌上天元上皇太后尊號爲太皇太后天元聖皇太后李氏爲太帝太后天元大皇后楊氏爲皇太后天大皇后朱氏爲帝太后其天中大皇后陳氏天右大皇后元氏天左大皇后尉遲氏並出俗爲尼柱國漢王贊爲上柱國右大丞相上柱國揚州總管隋國公楊堅爲假黃鉞左大丞相柱國秦王贄爲上柱國帝居諒闇百官總己以聽於左大丞相壬子以上柱國鄖國公韋孝寬爲相州總管罷入市稅錢六月戊午以柱國

許國公宇文善神武公竇毅修武公侯莫陳瓊大安公閻慶並爲上柱國趙王
招陳王純越王達代王盛滕王逌來朝庚申復行佛道二教舊沙門道士精誠
自守者簡令入道辛酉以柱國杞國公椿燕國公于寔郜國公賀拔伏恩並爲
上柱國甲子相州總管尉遲迥舉兵不受代詔發關中兵即以孝寬爲行軍元
帥率軍討之上柱國畢王賢以謀執政被誅以上柱國秦王贄爲大冢宰杞國
公椿爲大司徒己巳詔南定北光衡巴四州民爲宇文亮抑爲奴婢者並免爲
民復其本業甲戌有赤氣起西方漸東行遍天庚辰罷諸魚池及山澤公禁者
與百姓共之以柱國蔣國公梁睿爲益州總管秋七月甲申突厥送齊范陽王
高紹義庚寅申州刺史李慧起兵辛卯月掩氐東南星甲午月掩南斗第六星
庚子詔趙陳越代滕五王入朝不趨劍履上殿滎州刺史邵國公宇文胄舉兵
遣大將軍清河公楊素討之青州總管尉遲勤舉兵丁未隋公楊堅爲都督內
外諸軍事己酉鄖州總管司馬消難舉兵以柱國楊國公王誼爲行軍元帥率
軍討之壬子歲星與太白合於張有流星大如斗出五軍東北流光明燭地趙

王招越王盛以謀執政被誅癸丑封皇弟術為鄴王衍為郢王是月豫州荊州襄州三總管內諸蠻各率種落反焚燒村驛攻亂郡縣八月庚申益州總管王謙舉兵不受代即以梁睿為行軍元帥率軍討之丁卯封上柱國枹罕公辛威為宿國公開府怡昂為鄖國公庚午韋孝寬破尉遲迥於鄴城迥自殺相州平移相州於安陽其鄴城及邑居皆毀廢之分相州陽平郡置毛州昌黎郡置魏州丙子以漢王贊為太師上柱國并州總管申國公李穆為太傅宋王實為大前疑秦王贄為大右弼燕國公于寔為大左輔己卯詔曰朕祇承洪業二載於茲藉祖考之休憑宰輔之力經天緯地四海晏如逆賊尉遲迥才質凡庸志懷姦慝因緣戚屬位冠朝倫屬上天降禍先皇晏駕萬國深鼎湖之痛四海窮遏密之悲獨幸天災欣然放命稱兵擁衆便懷問鼎乃詔六師肅茲九伐而凶徒孔熾充原蔽野諸將肆雷霆之威壯士縱貔貅之勢芟夷縈拂所在如莽直指漳濱擒斬元惡羣醜喪魄咸集鼓下順高秋之氣就上天之誅兩河妖孽一朝清蕩自朝及野喜抃相趨昔上皇之時不言為治聖人宰物有教而已未睹千

戈實深慚德恩弘寬簡之政用副億兆之心可大赦天下其共迴元謀執迷不悟及迴子姪逆人司馬消難王謙等不在赦例庚辰司馬消難擁其衆以魯山甑山二鎮奔陳遣大將軍宋安公元景山率衆追擊俘斬五百餘人鄖州平沙州氏帥開府楊永安聚衆應王謙遣大將軍樂寧公達奚儒討之楊素破宇文胄於滎州斬胄於石濟以上柱國神武公竇毅爲大司馬齊國公于智爲大司空廢相青荊金晉梁六州總管九月甲申熒惑與歲星合於翼丙戌廢河陽總管爲鎮隸洛州以小宗伯竟陵公陽慧爲大宗伯壬辰廢皇后司馬氏爲庶人甲午熒惑入太微戊戌以柱國楊國公王誼爲上柱國辛丑分潼州管內新遂普合及瀘州管內瀘戎六州並隸信州總管府己酉熒惑犯左執法庚戌以柱國常山公于翼化政公宇文忻並爲上柱國進封翼爲任國公忻爲英國公壬子丞相去左右之號隋公楊堅爲大丞相冬十月甲寅日有蝕之乙酉有流星大如五斗出張南流光明燭地壬戌陳王純以怨執政被誅大丞相隋國公楊堅加大冢宰五府總於天官戊寅梁睿破王謙於劍南追斬之傳首京師益州

平十一月甲辰達奚儒破楊永安於沙州沙州平乙巳歲星守太微丁未上柱國鄭國公韋孝寬薨十二月壬子以柱國蔣國公梁睿爲上柱國癸丑熒惑入氐丁巳以柱國邗國公楊雄爲普安公賀蘭謩郇國公梁士彥上大將軍新安公叱列長文武鄉公崔弘度大將軍中山公宇文恩濮陽公宇文述涓原公和干子任城公王景漁陽公楊銳上開府廣宗公李崇隴西公李詢並爲上柱國庚申以柱國楚國公豆盧勣爲上柱國癸亥詔曰詩稱不如同姓傳曰異姓爲後蓋明辯親疎皎然不雜太祖受命龍德猶潛籙表革代之文星垂除舊之象三分天下志扶魏室多所改作冀允上玄文武羣官賜姓者衆本殊國邑實乖胙土不歆非類異骨肉而共烝嘗不愛其親在行路而敘昭穆且神徵革姓本爲曆數有歸天命在人推讓終而弗獲故君臨區寓累世於茲不可仍遵謙挹之旨久行權宜之制諸改姓者悉宜復舊甲子大丞相隋國公楊堅進爵爲王以十郡爲國辛未代王達滕王逌並以謀執政被誅壬申以大將軍長寧公楊勇爲上柱國大司馬小冢宰始平公元孝矩爲大司寇

大定元年春正月壬午詔曰朕以不天夙遭極罰光陰遄速據及此辰窮慕纏綿言增號絕踰祀華號憲章前典可改大象三年爲大定元年乙酉歲星逆行守右執法熒惑掩房北第一星丙戌詔曰帝王設官惟才是務人臣報國薦賢爲重去歲已來屢有妖寇宰臣英筭咸得清蕩逆亂之後兵車始揭遐邇勞役生民未康居官之徒致治者寡斯故上失其道以至於玆亦由下有幽人未展其力今四海寧一八表無塵元輔執鈞垂風揚化若使天下英傑盡升於朝銓衡陟降量才而處垂拱無爲庶幾可至於是遣戎秩上開府以上職事下大夫以上外官刺史以上各舉清平勤幹者三人被舉之人居官三年有功過者所舉之人隨加賞罰以大司馬長寧公楊勇爲洛州總管二月庚申大丞相隋王楊堅爲相國總百揆更封十郡通前二十郡劍履上殿入朝不趨贊拜不名備九錫之禮加璽鉞遠遊冠相國印綠綟綬位在諸王上又加冕十有二旒建天子旌旗出警入蹕乘金根車駕六馬備五時副車置旄頭雲罕樂舞八佾設鐘簴宮懸王后王子爵命之號並依魏晉故事甲子隋王楊堅稱尊號帝遜于別

宮隋氏奉帝爲介國公邑萬戶車服禮樂一如周制上書不爲表答表不稱詔有其文事竟不行開皇元年五月壬申崩時年九歲隋志也謚曰靜皇帝葬恭陵

史臣曰靜帝越自幼沖紹茲衰緒內相挾孫劉之詐戚藩無齊代之彊隋氏因之遂遷龜鼎雖復岷峨投袂翻成陵奪之威漳滏勤王無救宗周之殞嗚呼以太祖之克隆景業未踰二紀不祀忽諸斯蓋宣帝之餘殃非孺子之罪戾也

周書卷八

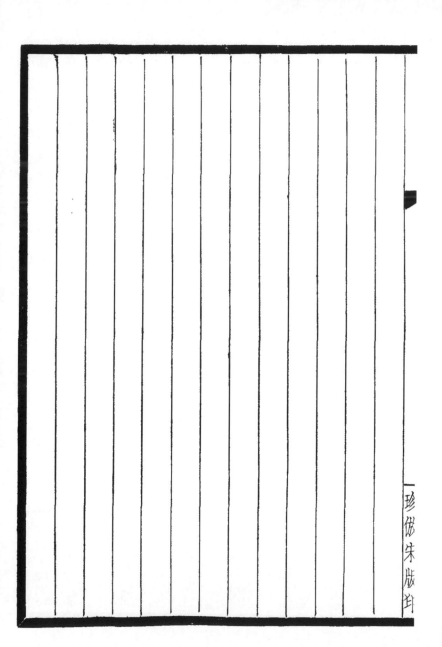

周書卷八考證

靜帝紀封皇弟術爲鄴王衎爲郢王○按通鑑周主封其弟衍爲葉王術爲郢王與此互異又按諸王傳宣帝五子朱皇后生靜皇帝王姬生鄴王衍皇甫姬生郢王術是衍爲兄術爲弟今本紀乃以術爲兄衍爲弟而王號亦互異此本紀訛也又衍本紀作衎靜帝初既名衍則其弟焉得復以衍爲名此諸王傳訛也

周書卷八考證

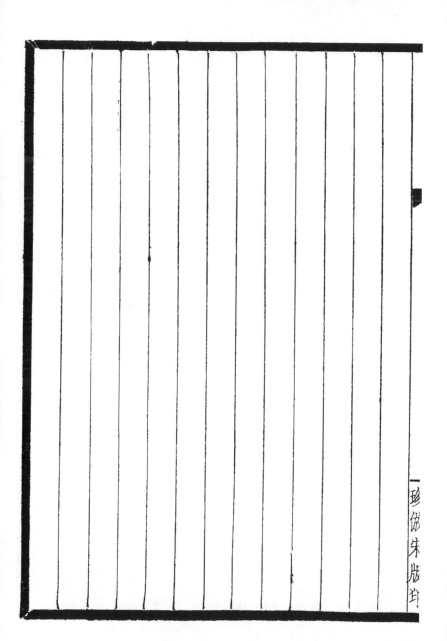

# 周書卷九

唐　令狐德棻等撰

## 列傳第一

### 皇后

文帝元皇后　文宣叱奴皇后
孝閔帝元皇后　明帝獨孤皇后
武帝阿史那皇后　武帝李皇后
宣帝楊皇后　宣帝朱皇后
宣帝陳皇后　宣帝元皇后
宣帝尉遲皇后　靜帝司馬皇后

書紀有虞之德載釐降二女詩述文王之美稱刑于寡妻是知婚姻之道男女之別實有國有家者之所慎也自三代迄于魏晉興衰之數得失之迹備乎傳記故其詳可得聞焉若娉納以德防閑以禮大義正於宮闈王化行於邦國則

坤儀式固而鼎命惟永矣至於邪僻既進法度莫修冶容迷其主心私謁蠹其朝政則風化淩替而宗社不守矣夫然者豈非皇王之龜鑑與周氏率由姬制內職有序太祖創基修衽席以儉約高祖嗣曆節情欲於矯枉宮闈有貫魚之美戚里無私溺之尤可謂得人君體也宣皇外行其志內逞其欲溪壑難滿採擇無厭恩之所加莫限廝皂榮之所及無隔險詖於是升蘭殿而正位踐椒庭而齊體者非一人焉階房帷而拖青紫承恩倖而擁玉帛者非一族焉雖辛癸之荒淫趙李之傾惑曾未足比其髣髴也民厭苛政弊事實多太祖之祚忽諸特由於此故敘其事以爲皇后傳云

文帝元皇后魏孝武帝之妹初封平原公主適開府張歡歡性貪殘遇后無禮又嘗殺后侍婢后怒訴之於帝帝乃執歡殺之改封后爲馮翊公主以配太祖生孝閔帝大統七年薨魏恭帝三年十二月合葬成陵孝閔帝踐祚追尊爲王后武成初又追尊爲皇后

文宣叱奴皇后代人也太祖爲丞相納后爲姬生高祖天和元年六月尊爲皇

太后建德二年三月癸酉崩四月丁巳葬固陵
孝閔帝元皇后名胡摩魏文帝第五女初封晉安公主帝之爲略陽公也尚焉
及踐祚立爲王后帝被廢后出俗爲尼建德初高祖誅晉國公護上帝尊號爲
孝閔帝以后爲孝閔皇后居崇義宮隋氏革命后出居里第大業十二年殂
明帝獨孤皇后太保衞國公信之長女帝之在藩也納爲夫人二年正月立爲
王后四月崩葬昭陵武成初追崇爲皇后世宗崩與后合葬
武帝阿史那皇后突厥木扞可汗俟斤之女突厥滅茹茹之後盡有塞表之地
控弦數十萬志陵中夏太祖方與齊人爭衡結以爲援俟斤初欲以女配帝既
而悔之高祖卽位前後累遣使要結乃許歸后於我保定五年二月詔陳國公
純許國公宇文貴神武公竇毅南陽公楊荐等奉備皇后文物及行殿幷六宮
以下百二十人至俟斤牙帳所迎后俟斤又許齊人以婚將有異志純等在彼
累載不得反命雖諭之以信義俟斤不從會大雷風起飄壞其穹廬等旬日不
止俟斤大懼以爲天譴乃備禮送后及純等設行殿列羽儀奉之以歸天和三

年三月后至高祖行親迎之禮后有姿貌善容止高祖深敬焉宣帝即位尊爲
皇太后大象元年二月改爲天元皇太后二年二月又尊爲天元上皇太后冊
曰天元皇帝臣贇奉璽綬冊謹上天元皇太后尊號曰天元上皇太后伏惟窮
神盡智含弘載物道洽萬邦儀刑四海聖慈訓誘恩深明德雖冊徽號未極尊
嚴是用增奉鴻名光縟常禮俾誠敬有展歡慰在茲福祉無疆億兆斯賴宣帝
崩靜帝尊爲太皇太后隋開皇二年殂年三十二隋文帝詔有司備禮冊祔葬
於孝陵
武帝李皇后名娥姿楚人也于謹平江陵后家被籍沒至長安太祖以后賜高
祖後稍得親幸大象元年二月改爲天元帝太后七月又尊爲天皇太后二年
尊爲天元聖皇太后冊曰天元皇帝臣贇奉璽綬冊謹上天皇太后尊號曰天
元聖皇太后伏惟月精効祉坤靈表貺瑞肇丹陵慶流華渚雖率由令典夙奉
徽號而因心盡敬未極尊名是用思弘稱首上昭聖德敢竭誠敬永綏福履顯
揚慈訓貽厥孫謀宣帝崩靜帝尊爲太帝太后隋開皇元年三月出俗爲尼改

名常悲八年殂年五十三以尼禮葬于京城南

宣帝楊皇后名麗華隋文帝長女帝在東宮高祖爲帝納后爲皇太子妃宣政元年閏六月立爲皇后帝後自稱天元皇帝號后爲天元皇后尋又立天皇后及左右皇后與后爲四皇后焉二年詔曰帝降二女后德所以儷君天列四星妃象於焉垂耀朕取法上玄稽諸令典爰命四后內正六宮庶弘贊柔德廣修粢盛比殊禮雖降稱謂曷宜其因天之象增錫嘉名於是后與三皇后並加太焉帝遣使持節冊后爲天元太皇后曰咨爾含章載德體順居貞肅恭享祀儀刑邦國是用嘉茲顯號式暢徽音爾其敬踐厥猷寅答靈命對揚休烈可不慎歟尋又立爲天中太皇后與后爲五皇后后性柔婉不妬忌四皇后及嬪御等咸愛而仰之帝後昏暴滋甚喜怒乖度嘗譴后欲加之罪后進止詳閑辭色不撓帝大怒遂賜后死逼令引訣后母獨孤氏聞之詣閤陳謝叩頭流血然後得免帝崩靜帝尊后爲皇太后居弘聖宮初宣帝不豫詔后父入禁中侍疾及大漸劉昉鄭譯等因矯詔以后父受遺輔政后初雖不預謀然以嗣主幼沖恐權

在他族不利於己聞昉譯已行此詔心甚悅之後知其父有異圖意頗不平形
於言色及行禪代憤惋逾甚隋文帝既不能譴責內甚愧之開皇六年封后爲
樂平公主後又議奪其志后誓不許乃止大業五年從煬帝幸張掖殂於河西
年四十九煬帝還京詔有司備禮祔葬后於定陵
宣帝朱皇后名滿月吳人也其家坐事沒入東宮帝之爲太子后被選掌帝衣
服帝年少召而幸之遂生靜帝大象元年立爲天元帝后尋改爲天皇后二年
又改爲天太皇后冊曰咨爾彌宣四德訓範六宮軒庭列序堯門表慶嘉稱既
降盛典宜膺爾其飾性履道無愆禮正永固休祉可不慎歟后本非良家子又
年長於帝十餘歲踈賤無寵以靜帝故特尊崇之班亞楊皇后焉宣帝崩靜帝
尊爲帝太皇后隋開皇元年出俗爲尼名法淨六年殂年四十以尼禮葬京城
宣帝陳皇后名月儀自云頴川人大將軍山提第八女也大象元年六月以選
入宮拜爲德妃月餘立爲天左皇后二年二月改天左大皇后冊曰咨爾儀範
柔閑操履凝潔淑問彰於遠近令則冠於宮闈是用申彼寵章加茲徽號爾其

復禮問詩披圖顧史永隆嘉命可不慎歟三月又詔曰正內之重風化之基嘉耦之制代多殊典軒轝繼軌次妃並四虞舜受命厥娶猶三禮非相襲隨時不無朕祗承寶圖載弘徽號自我改作超革先古曰天元居極五帝所以仰崇王者稱尊列后於焉上儷且坤儀比德土數惟五既縟恆典宜取斯儀四太皇后外可增置天中大皇后一人天中大皇后爰主粢盛徽音日躋肇建嘉名宜膺顯冊於是以后爲天中大皇后帝崩后出家爲尼改名華光后父山提本高氏之隸仕齊官至特進開府東兗州刺史謝陽王高祖平齊拜大將軍封浙陽郡公大象元年以后父超授上柱國進封鄖國公除大宗伯

宣帝元皇后名樂尚河南洛陽人也開府晟之第二女年十五被選入宮拜爲貴妃大象元年七月立爲天右皇后二年二月改爲天右太皇后冊曰咨爾資靈姜水載德塗山懿淑內融徽音潛暢是用加茲寵數式光踐禮爾其聿修儀範肅膺顯冊祗承休命可不慎歟帝崩后出俗爲尼改名華勝初后與陳后同時被選入宮俱拜爲妃及升后位又同日受冊帝寵遇二后禮數均等年齒復

同特相親愛及為尼後李朱及尉遲后等並相繼殂沒而二后于今尚存后父
晟少以元氏宗室拜開府大象末年七月以后父進位上柱國封翼國公
宣帝尉遲皇后名熾繁蜀國公迥之孫女有美色初適杞國公亮子西陽公溫
以宗婦例入朝帝逼而幸之及亮謀逆帝誅溫進后入宮拜為長貴妃大象二
年三月立為天左太皇后冊曰咨爾門膺積善躬表靈貺徽音茂德朕實嘉之
是用弘茲盛典申彼寵章爾其克慎厥猷寅荅景命永承休烈可不慎歟帝崩
后出俗為尼改名華首隋開皇十五年殂年三十
靜帝司馬皇后名令姬柱國滎陽公消難之女大象元年二月宣帝傳位於帝
七月為帝納為皇后冊曰坤道成形厚德於焉載物陰精迭運重光所以麗天
在昔皇王膺乾御曆內政為助昭被圖篆惟爾門積慶靈家韜休烈徽音令範
無背一時是用命爾作儷皇極爾其克勵婉心肅膺盛典追皇英之逸軌庶任
姒之芳塵褘翟有光粢盛無怠雖休勿休以隆嘉祚二年九月隋文帝以后父
擁眾奔陳廢后為庶人後嫁為隋司州刺史李丹妻于今尚存

史臣曰孔子稱夷狄之有君不如諸夏之亡也是以周納狄后富辰謂之禍階晉升戎女卜人以爲不吉斯固非謬焉自周氏受命逮乎高祖年踰三紀世歷四君業非草昧之辰事殊權宜之日乃弃同即異以夷亂華捐婚姻之彝序求豺狼之外利既而報者倦矣施者無厭向之所謂和親未幾已成讎敵奇正之道有異於斯于時高祖雖受制於人未親庶政而謀士韞奇直臣鉗口過矣哉歷觀前載以外戚而居宰輔者多矣申呂則曠代無聞呂霍則與時俱盛傾漢室者王族喪周祚者楊氏何滅亡之禍合若符契焉斯魏文所以發一概之詔也已

周書卷九

周書卷九考證

宣帝楊皇后傳尋又立爲天中太皇后○臣文淳按天中太皇后陳月儀也楊后本冊立爲天元太皇后未嘗改冊爲天中太皇后北史立下無爲字於文義爲協

宣帝陳皇后傳改名華光○此句下北史有永徽初終四字諸傳同此獨不載又父山提本高氏之隸北史作本尒朱兆之隸未知孰是

宣帝元皇后傳改爲天右太皇后○天右舊本俱訛作天元

靜帝司馬皇后傳後嫁爲隋司州刺史李丹妻○司州諸本俱訛爲司隸今據北史改正

周書卷九考證

# 周書卷十

唐　令　狐　德　棻　等　撰

## 列傳第二

邵惠公顥子什肥　導　護　什肥子胄　導子廣　亮　翼　椿　衆　杞簡公連

莒莊公洛生子菩提　虞國公仲子興　興子洛

邵惠公顥，太祖之長兄也。德皇帝娶樂浪王氏，是爲德皇后，生顥，次杞簡公連，次莒莊公洛生，次太祖。顥性至孝，德皇后崩，哀毀過禮，鄉黨咸敬異焉。德皇帝與衞可孤戰於武川南河，臨陣墜馬，顥與數騎奔救，擊殺數十人，賊衆披靡，德皇帝乃得上馬引去。俄而賊追騎大至，顥遂戰歿。保定初，追贈太師、柱國、大將軍、大冢宰、大都督、恆朔等十州諸軍事、恆州刺史，封邵國公，邑萬戶，謚曰惠。顥三子：什肥、導、護。護別有傳。

什肥年十五而惠公歿，自傷早孤，事母以孝聞。永安中，太祖入關，什肥不能離母，遂留晉陽。及太祖定秦隴，什肥爲齊神武所害。保定初，追贈大將軍、小冢宰、

大都督冀定等州諸軍事冀州刺史襲爵邵國公謚曰景子胄嗣
胄少而孤貧頗有幹略景公之見害也以年幼下蠶室保定初詔以晉公護子
會紹景公封天和中與齊通好胄始歸關中授大將軍開府儀同三司襲爵邵
公尋除宗師中大夫進位大將軍出爲原州刺史轉滎州刺史大象末隋文帝
輔政胄舉州兵應尉遲迥與清河公楊素戰敗遂走追獲於石濟遂斬之國除
胄子乾仁幼好學聰惠魏恭帝二年以護平江陵之功賜爵江陵縣公保定初
紹景公後拜驃騎大將軍開府儀同三司二年除蒲州潼關六防諸軍事蒲州
刺史胄至自齊改封譚國公尋進位柱國建德初與護同伏誅三年五月追贈
復封舊爵
導字菩薩少雄豪有仁惠太祖愛之初與諸父在葛榮軍中榮敗遷晉陽及太
祖隨賀拔岳入關導從而西常從征伐太祖封侯莫陳悅以導爲都督鎮原州
及悅敗北走出故塞導率騎追之至牽屯山及悅斬之傳首京師以功封饒陽
縣侯邑五百戶拜冠軍將軍加通直散騎常侍魏文帝即位以定策功進爵爲

公增邑五百戶拜使持節散騎常侍車騎大將軍左光祿大夫三年太祖東征導入宿衞拜領軍將軍大都督齊神武渡河侵馮翊太祖自弘農引軍入關導督左右禁旅會於沙苑與齊神武戰大破之進位儀同三司明年魏文帝東征留導爲華州刺史及趙青雀于伏德慕容思慶等作亂導自華州率所部兵擊之擒伏德斬思慶進屯渭橋會太祖軍事平進爵章武郡公增邑并前二千戶尋加侍中開府驃騎大將軍太子少保高仲密以北豫降太祖率諸將輔魏皇太子東征復以導爲大都督華東雍二州諸軍事行華州刺史導治兵訓卒得守捍之方及大軍不利東魏軍追至稠桑知關中有備乃退會侯景舉河南來附遣使請援朝議將應之乃徵爲隴右大都督秦南等十五州諸軍事秦州刺史及齊氏稱帝太祖發關中兵討之魏文帝遣齊王廓鎮隴右徵導還朝拜大將軍大都督三雍二華等二十三州諸軍事屯咸陽大軍還乃旋舊鎮導性寬明善於撫御凡所引接人皆盡誠臨事敬慎常若弗及太祖每出征討導恆居守深爲吏民所附朝廷亦以此重之魏恭帝元年十二月薨於上邽年四十四

魏帝遣侍中漁陽王緄監護喪事贈本官加尚書令秦州刺史謚曰孝朝議以導撫和西戎威恩顯著欲令世鎮隴右以彰厥德乃葬於上邽城西無疆原華戎會葬有萬餘人奠祭於路悲號滿野皆曰我君捨我乎大小相率負土成墳高五十餘尺周迴八十餘步爲官司所止然後泣辭而去其遺愛見思如此天和五年重贈太師柱國豳國公導五子廣亮翼椿衆亮椿並出後於杞

廣字乾歸少方嚴好文學初封永昌郡公孝閔帝踐阼改封天水郡公世宗即位授驃騎大將軍開府儀同三司出爲秦州刺史武成初進位大將軍遷梁州總管進封蔡國公增邑萬戸保定初入爲小司寇尋以本官鎮蒲州兼知潼關等六防諸軍事三年除秦州總管十三州諸軍事秦州刺史廣性明察善綏撫民庶畏而悅之時晉公護諸子及廣弟杞國公亮等服玩侈靡踰越制度廣獨率由禮則又折節待士朝野以是稱焉曾侍食於高祖所食瓜美持以奉進高祖悅之四年進位柱國廣以晉公護久擅威權勸令挹損護不能納天和三年除陝州總管以病免及孝公追封豳國公詔廣襲爵初廣母李氏以廣患彌年

憂而成疾因此致沒廣既居喪更加綿篤乃以毀薨世稱母爲廣病廣爲母亡慈孝之道極於一門高祖素服親臨百僚畢集其故吏儀同李充信等上表曰臣聞資孝成忠生民高義旌德樹善有國常規竊惟故豳國公臣廣懿親令望具瞻攸在道冠羣后功懋維城受脤建旆威行秦隴班條驅傳化溢崤函比腠理絣和奉詔還闕藥石所及沉痾漸愈而災釁仍集丁此窮憂至性過人遂增舊疾因茲毀頓以至薨殂尋繹貫切不能自已臣等接事每承餘論仰之平昔約己立身位極上公賦兼千乘所獲祿秩周贍無餘器用服玩取給而已每言及終始尤存簡素非秦政而褒吳禮譏石椁而美厚薪今卜兆有期先遠方及誠恐一從朝露此志莫伸伏惟陛下弘不世之慈垂霈然之澤留情既往降愍幽魂爰敕有司申其宿志窀穸之禮庶存儉約詔曰省充信等表但增哀悼豳國公廣藩屏令望宗室表儀言著身文行成士則方憑懿戚用匡朝政奄丁荼蓼便致毀滅啓手歸全無忘雅操言念既往震于厥心昔河間才藻追敘於中尉東海謙約見稱於身後可斟酌前典率由舊章使易簀之言得申遺志黜殯

之請無虧令終於是贈本官加太保葬於隴西所司一遵詔旨並存儉約子洽嗣大定中隋文輔政以宗室被害國除

亮字乾德武成初封永昌郡公後襲烈公爵除開府儀同三司梁州總管天和末拜宗師中大夫進位大將軍𨙸國公薨以亮爲秦州總管廣之所部悉以配焉亮在州甚無政績尋進位柱國晉公護誅後亮心不自安唯縱酒而已高祖手勑讓之建德中高祖東伐以亮爲右第二軍總管并州平進位上柱國仍從平鄴還大司徒宣帝卽位出爲安州總管大象初詔以亮爲行軍總管與元帥鄖國公韋孝寬等伐陳亮自安陸道攻拔黃城輒破江側民村掠其生口以賜士卒軍還至豫州亮密謂長史杜士峻曰主上淫縱滋甚社稷將危吾旣忝宗枝不忍坐見傾覆今若襲取鄖國公而幷其衆推諸父爲主鼓行而前誰敢不從遂夜將數百騎襲孝寬營會亮國官茹寬知其謀先以馳告孝寬乃設備亮不克遯走孝寬追斬之子明坐亮誅詔以亮弟椿爲烈公後

翼字乾宜武成初封西陽郡公早薨諡曰昭無子以杞國公亮子温爲嗣後坐

亮反誅國除

椿字乾壽初封永昌郡公保定中授開府儀同三司宗師中大夫建德初加大將軍尋除岐州刺史四年關中民饑椿表陳其狀璽書勞慰因令所在開倉賑卹四年高祖東伐椿與齊王憲攻拔武濟等五城五年高祖出晉州椿率衆屯樓雞原宣帝卽位拜大司寇亮誅後詔令紹烈公封尋進位上柱國轉大司徒大定初爲隋文帝所害幷其五子西陽公道宗本仁隣武子禮獻

衆字乾道保定初封天水郡公少而不惠語默不常人莫能測隋文帝踐極初欲封爲介公後復誅之幷二子仲和孰倫

杞簡公連幼而謹厚臨敵果毅隨德皇帝逼定州軍於唐河遂俱歿保定初追贈使持節太傅柱國大將軍大司徒大都督定冀等十州諸軍事定州刺史封杞國公邑五千戶謚曰簡子光寶爲齊神武所害保定初追贈大將軍小司徒都督幽燕等六州諸軍事幽州刺史襲爵杞國公謚曰烈以章武公導子亮嗣

莒莊公洛生少任俠尚武藝及壯有大度好施愛士北州賢俊皆與之遊而才

能多出其下及葛榮破鮮于修禮乃以洛生爲漁陽王仍領德皇帝餘衆時人
皆呼爲洛生王洛生善將士帳下多驍勇至於攻戰莫有當其鋒者是以克獲
常冠諸軍尒朱榮定山東收諸豪傑遷於晉陽洛生時在虜中榮雅聞其名心
憚之尋爲榮所害保定初追贈使持節太保柱國大將軍大冢宰大宗伯大都
督幷肆等十州諸軍事幷州刺史封莒國公邑五千戶謚曰莊
子菩提爲齊神武所害保定初追贈大將軍小宗伯大都督肆恆等六州諸軍
事肆州刺史襲爵莒國公謚曰穆以晉公護子至爲嗣
至字乾附初封崇業公後襲穆公爵建德初父護誅詔以衞王直子賓爲穆公
後三年追復至爵
賓字乾瑞尋坐直誅建德六年更以齊王憲子廣都公貞襲爵貞字乾禎宣帝
初被誅國除
虞國公仲德皇帝從父兄也卒于代保定初追贈使持節太傅柱國大將軍大
司徒大都督燕平等十州諸軍事燕州刺史封虞國公邑三千戶子興嗣

與生兵亂與仲相失年又沖幼莫知其戚屬遠近與太祖兄弟初不相識齊神武寇沙苑興預在行間軍敗被虜隨例散配諸軍興性弘厚有志度雖流離世故而風範可觀魏恭帝二年舉賢良除本郡丞徙長隰縣令保定二年詔仲子興始附屬籍高祖以興宗戚近屬尊禮之甚厚拜使持節驃騎大將軍開府儀同三司都督封大寧郡公尋除宗師中大夫四年出爲涇州刺史五年又徵拜宗師加大將軍襲爵虞國公天和二年薨高祖親臨慟焉詔大司空申國公李穆監護喪事贈使持節柱國大將軍大都督恆幽等六州諸軍事恆州刺史諡曰靖子洛嗣

洛字永洛九歲命爲虞國公世子天和四年詔襲興爵建德初拜使持節車騎大將軍儀同三司及靜帝崩隋文帝以洛爲介國公爲隋室賓云

史臣曰自古受命之君及守文之主非獨異姓之輔也亦有骨肉之助焉其茂親有魯衛梁楚其疎屬有凡蔣荊燕咸能飛聲騰實不泯於百代之後至若豳孝公之勳烈而加之以善政蔡文公之純孝而飾之以儉約峨峨焉足以轥轢

於前載矣當隋氏之起乘天威而服海內將相王侯莫不隳肝膽以効款援符命以頌德冑以葭莩之親據一州而叶義舉可謂忠而能勇功業不遂悲夫亮實庸才圖非常於巨逆古人稱不度德不量力者其斯之謂歟

周書卷十

周書卷十考證

邵惠公顥子導傳導治兵訓卒得守捍之方○舊本俱作定捍之方依北史改

晉公護子至傳建德初父護誅○北史作後坐父護誅此脫一坐字

周書卷十考證

周書卷十一

唐　令　狐　德　棻　等　撰

列傳第三

晉蕩公護　叱羅協　馮遷

晉蕩公護字薩保，太祖之兄邵惠公顥之少子也。幼方正有志度，特爲德皇帝所愛，異於諸兄。年十一，惠公薨，隨諸父在葛榮軍中。榮敗，遷晉陽。太祖之入關也，護以年小不從。普泰初，自晉陽至平涼，時年十七。太祖諸子並幼，遂委護以家務，內外不嚴而肅。太祖嘗歎曰：「此兒志度類我。」及出臨夏州，留護事賀拔岳。岳之被害，太祖至平涼，以護爲都督，從征侯莫陳悅，破之。後以迎魏帝功，封水池縣伯，邑五百戶。大統初，加通直散騎常侍、征虜將軍，以預定樂勳，進爵爲公，增邑通前一千戶。從太祖擒竇泰，復弘農，破沙苑，戰河橋，並有功，遷鎮東將軍、大都督。八年，進車騎大將軍、儀同三司。邙山之役，護率衆先鋒，爲敵人所圍，都督侯伏侯龍恩挺身扞禦，方得免。是時趙貴等軍亦退，太祖遂班師，護坐免官。

尋復本位十二年加驃騎大將軍開府儀同三司進封中山公增邑四百戶十五年出鎮河東還大將軍與于謹征江陵護率輕騎爲先鋒晝夜兼行乃遣裨將攻梁臨邊城鎮並拔之并擒其候騎進兵徑至江陵城下城中不意兵至惶窘失圖護又遣騎二千斷江津收舟艦以待大軍之至圍而克之以功封子會爲江陵公初襄陽蠻帥向天保等萬有餘落恃險作梗及師還護率軍討平之初行六官拜小司空太祖西巡至牽屯山遇疾馳驛召護護至涇州見太祖而太祖疾已綿篤謂護曰吾形容若此必是不濟諸子幼小寇賊未寧天下之事屬之於汝宜勉力以成吾志護涕泣奉命行至雲陽而太祖崩護祕之至長安乃發喪時嗣子沖弱彊寇在近人情不安護綱紀內外撫循文武於是衆心乃定先是太祖常云我得胡力當時莫曉其旨至是人以護字當之尋拜柱國太祖山陵畢護以天命有歸遣人諷魏帝遂行禪代之事孝閔帝踐阼拜大司馬封晉國公邑一萬戶趙貴獨孤信等謀襲護護因貴入朝遂執之黨與皆伏誅拜大冢宰時司會李植軍司馬孫恆等在太祖之朝允居權要見護執政恐不

見容乃密要宮伯乙弗鳳張光洛賀拔提元進等爲腹心說帝曰護誅朝貴以來威權日盛謀臣宿將爭往附之大小政事皆決於護以臣觀之將不守臣節恐其滋蔓願早圖之帝然其言鳳等又曰以先王之聖明猶委植恆以朝政今若左提右挈何向不成且晉公常云我今夾輔陛下欲行周公之事臣聞周公攝政七年然後復子明辟陛下今日豈能七年若此乎深願不疑帝愈信之數將武士於後園講習爲執縛之勢護微知之乃出植爲梁州刺史恆爲潼州刺史欲遏其謀後帝思植等每欲召之護諫曰天下至親不過兄弟若兄弟自搆嫌隙他人何易可親太祖以陛下富於春秋顧命託臣以後事臣既情兼家國實願竭其股肱若使陛下親覽萬機威加四海臣死之日猶生之年但恐除臣之後姦回得逞其欲非唯不利陛下亦恐社稷危亡臣所以勤勤懇懇干觸天威者但不負太祖之顧託保安國家之鼎祚耳不意陛下不照愚臣款誠忽生疑阻且臣既爲天子兄復爲國家宰輔知更何求而懷冀望伏願陛下有以明臣無惑讒人之口因泣涕久之乃止帝猶猜之鳳等益懼密謀滋甚遂克日將

召羣公入醮執護誅之光洛具以其前後謀告護護乃召柱國賀蘭祥小司馬尉遲綱等以鳳謀告之祥等並勸護廢帝時綱總領禁兵護乃遣綱入宮召鳳等議事及出以次執送護第因罷散宿衛兵遣祥逼帝幽於舊邸於是召諸公卿畢集護流涕謂曰先王起自布衣躬親行陣勤勞王業三十餘年寇賊未平奄棄萬國寡人地則猶子親受顧命以略陽公既居正嫡與公等立而奉之革魏興周爲四海主自卽位以來荒淫無度昵近羣小踈忌骨肉大臣重將咸欲誅夷若此謀遂行社稷必致傾覆寡人若死將何面目以見先王今日寧負略陽不負社稷爾寧都公年德兼茂仁孝聖慈四海歸心萬方注意今欲廢昏立明公等以爲如何羣臣咸曰此公之家事敢不惟命是聽於是斬鳳等於門外幷誅植恆等尋亦弒帝迎世宗於岐州而立之二年拜太師賜輅車冕服封子至爲崇業郡公初改雍州刺史爲牧以護爲之幷賜金石之樂武成元年護上表歸政帝許之軍國大事尚委於護帝性聰睿有識量護深憚之有李安者本以鼎組得寵於護稍被升擢位至膳部下大夫至是護乃密令安因進食於帝

加以毒藥帝遂寢疾而崩護立高祖百官總己以聽於護自太祖爲丞相立左右十二軍總屬相府太祖崩後皆受護處分凡所徵發非護書不行護第屯兵禁衛盛於宮闕事無巨細皆先斷後聞保定元年以護爲都督中外諸軍事令五府總於天官或有希護旨云周公德重魯立文王之廟以護功比周公宜用此禮於是詔於同州晉國第立德皇帝別廟使護祭焉三年詔曰大冢宰晉國公智周萬物道濟天下所以克成我帝業安養我蒼生況親則懿昆任當元輔而可同班羣品齊位衆臣自今詔誥及百司文書並不得稱公名以彰殊禮護抗表固讓初太祖創業即與突厥和親謀爲掎角共圖高氏是年乃遣柱國楊忠與突厥東伐破齊長城至并州而還期後年更舉南北相應齊主大懼先是護母閻姬與皇第四姑及諸戚屬並沒在齊皆被幽縶護居宰相之後每遣間使尋求莫知音息至是並許還朝且請和好四年皇姑先至齊主以護既當權重乃留其母以爲後圖仍令人爲閻作書報護曰天地隔塞子母異所三十餘年存亡斷絕肝腸之痛不能自勝想汝悲思之懷復何可處吾自念十九入汝

家今已八十矣既逢喪亂備嘗艱阻恆冀汝等長成得見一日安樂何期罪釁深重存沒分離吾凡生汝輩三男三女今日目下不覩一人與言及此悲纏肌骨賴皇齊恩卹差安衰暮又得汝楊氏姑及汝叔母紇干汝嫂劉新婦等同居頗亦自適但爲微有耳疾大語方聞行動飲食幸無多恙今大齊聖德遠被特降鴻慈既許歸吾於汝又聽先致音耗積稔長悲豁然獲展此乃仁侔造化將何報德汝與吾別之時年尚幼小以前家事或不委曲昔在武川鎮生汝兄弟大者屬鼠次者屬兔汝身屬蛇鮮于修禮起日吾之闔家大小先在博陵郡住相將欲向左入城行至唐河之北被定州官軍打敗汝祖及二叔時俱戰亡汝叔母賀拔及兒元寶汝叔母紇干及兒菩提并吾與汝六人同被擒捉入定州城未幾間將吾及汝送與元寶掌賀拔紇干各別分散寶掌見汝云我識其祖翁形狀相似時寶掌營在唐城內經停三日寶掌所掠得男夫婦女可六七十人悉送向京吾時與汝同被送限至定州城南夜宿同鄉人姬庫根家茹茹奴望見鮮于修禮營火語吾云我今走向本軍既至營遂告吾輩在此明旦日出

汝叔將兵邀截吾及汝等還得向營汝時年十二共吾並乘馬隨軍可不記此事緣由也於後吾共汝在受陽住時元寶菩提及汝姑兒賀蘭盛洛幷汝身四人同學博士姓成爲人嚴惡淩等四人謀欲加害吾共汝叔母等聞之各捉其兒打之唯盛洛無母獨不被打其後尒朱天柱亡歲賀拔阿斗泥在關西遣人迎家累時汝叔亦遣奴來富迎汝及盛洛等汝時著緋綾袍銀裝帶盛洛著紫織成纈通身袍黃綾裏並乘騾同去盛洛小於汝汝等三人並呼吾作阿摩敦如此之事當分明記之耳今又寄汝小時所著錦袍表一領至宜檢看知吾含悲戚多歷年祀屬千載之運逢大齊之德矜老開恩許得相見一聞此言死猶不朽況如今者勢必聚集禽獸草木母子相依吾有何罪與汝分離今復何福還望見汝言此悲喜死而更蘇世間所有求皆可得母子異國何處可求假汝貴極王公富過山海有一老母八十之年飄然千里死亡旦夕不得一朝暫見不得一日同處寒不得汝衣饑不得汝食汝雖窮榮極盛光耀世間汝何用爲於吾何益吾今日之前汝既不得申其供養事往何論今日以後吾之殘命唯

繫於汝爾戴天履地中有鬼神勿云冥昧而可欺負汝楊氏姑今雖炎暑猶能
先發關河阻遠隔絕多年書依常體慮汝致惑是以每存款質兼亦載吾姓名
當識此理不以爲怪護性至孝得書悲不自勝左右莫能仰視報書曰區宇分
崩遭遇災禍違離膝下三十五年受形稟氣皆知母子誰同薩保如此不孝宿
殃積戾唯應賜鍾豈悟網羅上嬰慈母但立身立行不負一物明神有識宜見
哀憐而子爲公侯母爲俘隸熱不見母熱寒不見母寒衣不知有無食不知饑
飽泯如天地之外無由暫聞晝夜悲號繼之以血分懷寃酷終此一生死若有
知冀奉見於泉下爾不謂齊朝解網惠以德音摩敦四姑並許矜放初聞此旨
魂爽飛越號天叩地不能自勝四姑即蒙禮送平安入境以今月十八日於河
東拜見遙奉顏色崩動肝腸但離絕多年存亡阻隔相見之始口未忍言唯敘
齊朝寛弘每存大德云與摩敦雖處宮禁常蒙優禮今者來鄴恩遇彌隆矜哀
聽許摩敦垂敕曲盡悲酷備述家事伏讀未周五情屠割書中所道無事敢忘
摩敦年尊又加憂苦常謂寢膳貶損或多遺漏伏奉論述次第分明一則以悲

一則以喜當鄉里破敗之日薩保年已十餘歲隣曲舊事猶自記憶況家門禍難親戚流離奉辭時節先後慈訓刻肌刻骨常纏心腑天長喪亂四海橫流太祖乘時齊朝撫運兩河三輔各值神機原其事跡非相負背太祖升遐未定天保薩保屬當猶子之長親受顧命雖身居重任職當憂責至於歲時稱慶子孫在庭顧視悲摧心情斷絕胡顏履戴負媿神明霈然之恩既以霑洽愛敬之至施及傍人草木有心禽魚感澤況在人倫而不銘戴有家有國信義爲本伏度來期已應有日一得奉見慈顏永畢生願生死肉骨豈過今恩負山戴岳未足勝荷二國分隔理無書信主上以彼朝不絕子母之恩亦賜許奉答不期今日得通家問伏紙嗚咽言不宣心蒙寄薩保別時所留錦袍表年歲雖久宛然猶識抱此悲泣至于拜見事歸忍死知復何心齊朝不卽發遣更令與護書要護重報往返再三而母竟不至朝議以其失信令有司移齊曰夫有義則存無信不立山岳猶輕兵食非重故言誓弗違重耳所以享國祝史無媿隨會所以爲盟未有司牧生民君臨有國可以忘義而多食言者也自數屬屯夷時鍾圮隔

皇家親戚淪陷三紀仁姑世母望絕生還彼朝以去夏之初德音爰發已送仁姑許歸世母乃稱煩暑指剋來秋謂其信必由衷嘉言無爽今落木戒候冰霜行及方爲世母虛設詭詞未議言歸更徵酬答子女玉帛既非所須保境寧民又云匪報詳觀此意全乖本圖愛人以禮豈爲姑息要子責誠質親求報實傷和氣有悖天經我之周室太祖之天下也焉可捐國顧家殉名虧實不害所養斯曰仁人臥鼓潛鋒孰非深計若令迭爭尺寸兩競錐刀瓦震長平則趙分爲二兵出函谷則韓裂爲三安得猶全謂無損益大冢宰位隆將相情兼家國銜悲茹血分畢寃魂豈意噬指可尋倚門應至徒聞善始卒無令終百辟震驚三軍憤惋不爲孝子當作忠臣去歲北軍深入數俘城下雖曰班師餘功未遂今茲馬首南向更期重入晉人角之我之職矣聞諸道路早已戒嚴非直北拒又將南略儻欲自送此之願也如或嬰城未能求敵詰朝請見與君周旋爲惠不終祗增深怨愛親無慢垂訓尼父矜卹窮老貽則周文環玦之義事不由此自應內省豈宜有間移書未送而母至舉朝慶悅大赦天下護與母睽隔多年一

旦聚集凡所資奉窮極華盛每四時伏臘高祖率諸親戚行家人之禮稱觴上壽榮貴之極振古未聞是年也突厥復率衆赴期護以齊氏初送國親未欲即事征討復慮失信蕃夷更生邊患不得已遂請東征九月詔曰神若軒皇尚云三戰聖如姬武且曰一戎弧矢之威干戈之用帝王大器誰能去兵太祖丕受天明造我周室日月所照罔不率從高氏乘釁跋扈竊有并冀世濟其惡腥穢彰聞皇天震怒假手突厥驅略汾晉掃地無遺季孟勢窮伯珪日蹙坐待滅亡鑒之愚智故突厥班師仍屯彼境更集諸部傾國齊至星流電擊數道俱進期在仲冬同會并鄴大冢宰晉公朕之懿昆任隆伊呂平一宇宙惟公是屬朕當親執斧鉞廟庭祗受有司宜勒衆軍量程赴集進止遲速委公處分於是徵二十四軍及左右廂散隸及秦隴巴蜀之兵諸蕃國之衆二十萬人十月帝於廟庭授護斧鉞出軍至潼關乃遣柱國尉遲迥率精兵十萬爲前鋒大將軍權景宣率山南之兵出豫州少師楊檦出軹關護連營漸進屯軍弘農迥攻圍洛陽柱國齊公憲鄭國公達奚武等營於邙山護性無戎略且此行也又非其本心

故師出雖久無所克獲護本令壍斷河陽之路遏其救兵然後同攻洛陽使其內外隔絕諸將以爲齊兵必不敢出唯斥候而已值連日陰霧齊騎直前圍洛之軍一時潰散唯尉遲迥率數十騎扞敵齊公憲又督邙山諸將拒之乃得全軍而返權景宣攻克豫州尋以洛陽圍解亦引軍退楊檦於軹關戰沒護於是班師以無功與諸將稽首請罪帝弗之責也天和二年護母薨尋有詔起令視事四年護巡歷北邊城鎮至靈州而還五年又詔曰光宅曲阜魯用郊天之樂地處參墟晉有大蒐之禮所以言時計功昭德紀行使持節太師都督中外諸軍事柱國大將軍大冢宰晉國公體道居貞含和誕德地居戚右才表棟隆國步艱難寄深夷險皇綱締構事均休戚故以迹冥殆庶理契如仁今文軌尚隔方隅猶阻典策未備聲名多闕宜賜軒懸之樂六佾之舞護性甚寬和然暗於大體自恃建立之功久當權軸凡所委任皆非其人兼諸子貪殘僚屬縱逸恃護威勢莫不蠹政害民上下相蒙曾無疑慮高祖以其暴慢密與衛王直圖之七年三月十八日護自同州還帝御文安殿見護訖引護入含仁殿朝皇太后

先是帝於禁中見護常行家人之禮護謁太后太后必賜之坐帝立侍焉至是護將入帝謂之曰太后春秋既尊頗好飲酒不親朝謁或廢引進喜怒之間時有乖爽比雖犯顏屢諫未蒙垂納兄今既朝拜願更啓請因出懷中酒誥以授護曰以此諫太后護既入如帝所戒讀示太后未訖帝以玉珽自後擊之護踣於地又令宦者何泉以御刀斫之泉惶懼斫不能傷時衛王直先匿於戶內乃出斬之初帝欲圖護王軌宇文神舉宇文孝伯頗豫其謀是日軌等並在外更無知者殺護訖乃召宮伯長孫覽等告之卽令收護子柱國譚國公會大將軍莒國公至崇業公靜正平公乾嘉及乾基乾光乾蔚乾祖乾威等幷柱國侯伏侯龍恩龍恩弟大將軍萬壽大將軍劉勇中外府司錄尹公正袁傑膳部下大夫李安等於殿中殺之齊王憲白帝曰李安出自皁隸所典唯庖廚而已既不預時政未足加戮高祖曰公不知耳世宗之崩安所爲也十九日詔曰君親無將將而必誅太師大冢宰晉公護地寔宗親義兼家國爰初草創同濟艱難遂任總朝權寄深國命不能竭其誠効罄以心力盡事君之節申送往之情朕兄

故略陽公英風秀遠神機穎悟地居聖胤禮歸當璧遺訓在耳忍害先加永尋摧割貫切骨髓世宗明皇帝聰明神武（缺二字）藏智護內懷凶悖外託尊崇凡厥臣民誰亡怨憤朕纂承洪基十有三載委政師輔責成宰司護志在無君義違臣節懷茲蠆毒逞彼狼心任情誅暴肆行威福朋黨相扇賄貨公行所好加羽毛所惡生瘡痏朕約己菲躬情存庶政每思施寬惠下輒抑而不行遂使戶口凋殘征賦勞劇家無日給民不聊生且三方未定邊隅尙阻疆埸待戎旗之備武夫資扞城之力侯伏龍恩萬壽劉勇等未効庸勳先居上將高門峻宇甲第彫牆寔繁有徒同惡相濟民不見德唯利是眎百姓嗷嗷道路以目含生業業相顧鉗口常恐七百之基忽焉顚墜億兆之命一旦阽危上累祖宗之靈下負蒼生之責今肅正典刑護已即罪其餘凶黨咸亦伏誅氛霧既清遐邇同慶朝政惟新兆民更始可大赦天下改天和七年爲建德元年護世子訓爲蒲州刺史其夜遣柱國越國公盛乘傳往蒲州徵訓赴京師至同州賜死護長史代郡叱羅協司錄弘農馮遷及所親任者皆除名護子昌城公深使突厥遣開府宇

文德齎璽書就殺之三年詔復護及諸子先封謚護曰蕩並改葬之
叱羅協本名與高祖諱同後改焉少寒微嘗爲州小吏以恭謹見知恆州刺史楊鈞擢爲從事及魏末六鎮搔擾客於冀州冀州爲葛榮所圍刺史以協爲統軍委以守禦俄而城陷協沒於榮榮敗事汾州刺史尒朱兆頗被親遇補錄事參軍兆爲天柱大將軍轉司馬兆與齊神武初戰不利還上黨令協在建州督軍糧後使協至洛陽與其諸叔計事謀討齊神武兆等軍敗還并州令協治肆州刺史兆死遂事竇泰泰甚禮之泰爲御史中尉以協爲治書侍御史泰向潼關協爲監軍泰死協亦見獲太祖以其在關歲久授大丞相府東閤祭酒撫軍將軍銀青光祿大夫轉錄事參軍還主簿加通直散騎常侍攝大行臺郎中累還相府屬從事中郎協歷仕二京詳練故事又深自克勵太祖頗委任之然猶以其家屬在東疑其有戀本之望及河橋戰不利協隨軍而還太祖知協不貳封冠軍縣男邑二百戶尋加車騎將軍左光祿大夫九年除直閤將軍恆州大中正加都督進爵爲伯增邑八百戶尋還大都督儀同三司初太祖欲經略漢

中令協行南岐州刺史幷節度東益州戎馬事魏廢帝元年即授南岐州刺史
時東益州刺史楊辟邪據州反二年協率所部兵討之軍次涪水會有氐賊一
千人斷道破橋協遣儀同仇買等行前擊之賊開路協乃領所部漸進又有氐
賊一千人邀協協乃將兵四百人守硤道與賊短兵接戰賊乃退避辟邪棄城
走協追斬之羣氐皆伏以功授開府仍爲大將軍尉遲迥長史率兵伐蜀既入
劍閣迥令協行潼州事時有五城郡氐酋趙雄傑等扇動新潼始三州民反叛
聚結二萬餘人在州南三里隔涪水據槐林山置柵拒守梓潼郡民鄧朏王令
公等招誘鄉邑萬餘人復在州東十里涪水北置柵以應之同逼州城城中糧
少軍人乏食協撫安內外咸無異心遣儀同伊婁訓大都督司馬裔等將步騎
千餘人夜渡涪水擊雄傑一戰破之令公以雄傑敗亦棄柵走還本郡復與鄧
朏等更率萬餘人於郡東南隔水置柵斷絶驛路協遣儀同楊長樂與司馬裔
等率師討之復遣大都督裴孟嘗領百姓繼進爲其聲勢孟嘗既至梓潼值水
漲不得即渡而王令公鄧朏見孟嘗騎少乃將三千餘人圍之數重孟嘗以衆

寡不敵各棄馬短兵接戰從辰至午於陣斬令公及朏等賊徒既失渠帥遂即散走其徒黨仍據舊柵而孟嘗方得渡水與長樂合即勒兵攻柵經三日賊乃請降此後數有反叛協輒遣兵討平之魏恭帝三年太祖徵協入朝論蜀中事乃賜姓宇文氏增邑通前一千五百戶晉公護既殺孫恆李植等欲委腹心於司會柳慶司憲令狐整等慶整並辭不堪俱薦協語在慶整傳護遂徵協入朝既至護引與同宿深寄託之協欣然承奉誓以軀命自効護大悅以爲得協之晚即授軍司馬委以兵事尋轉治御正又授護府長史進爵爲公增邑一千戶常在護側陳說時事多被納用世宗知其材識庸淺每折之數謂之曰汝何知也猶以護所親任難即屏黜每含容之及世宗崩便授協司會中大夫中外府長史協形貌瘦小舉措褊急既以得志每自矜高朝士有來請事者輒云汝不解吾今教汝及其所言多乖事衷當時莫不笑之保安二年追論平蜀功別封一子縣侯又於蜀中食邑一千戶入其租賦之半晉公護以協竭忠於己每提獎之頻考上中賞以粟帛遷少保轉少傅進位大將軍爵南陽郡公兼營作副

監宮室旣成以功賜爵洛邑縣公回授一子協旣受護重委冀得婚連帝室乃求復舊姓叱羅氏護爲奏請高祖許之又進位柱國護以協年老許其致仕而協貪榮未肯告退護誅協除名建德三年高祖以協宿齒授儀同三司賜爵南陽郡公時與論說舊事是歲卒年七十六子金嗣

馮遷字羽化父漳州從事及遷官達追贈儀同三司陝州刺史遷少修謹有幹能州辟從事魏神龜中刺史楊鈞引爲中兵參軍事轉定襄令尋爲幷州水曹參軍所歷之職咸以勤恪著稱及魏孝武西遷乃棄官與直閤將軍馮靈豫入關卽從魏孝武復潼關定回洛除給事中後從太祖擒竇泰復弘農戰沙苑皆有功授都督龍驤將軍羽林監封獨顯縣伯邑六百戶及洛陽之戰還先登陷陣遂中重瘡僅得不死以功加輔國將軍軍師都督進爵爲侯久之出爲廣漢郡守時蜀土初平人情擾動遷政存簡恕夷俗頗安之魏恭帝二年就加車騎將軍大都督通直散騎常侍鎭樊城尋拜漢東郡守孝閔帝踐阼入爲晉公護府掾加車騎大將軍儀同三司進爵臨高縣公尋遷護府司錄進授驃騎大將

軍開府儀同三司遷性質直小心畏慎雖居樞要不以勢位加人兼明練時事善於斷決每校閱文簿孜孜不倦從辰逮夕未嘗休止以此甚爲護所委任後以其朝之舊齒欲以衣錦榮之乃授陝州刺史進爵隆山郡公增邑幷前二千戶還本寒微不爲時輩所重一旦刺舉本州唯以謙恭接待鄉邑人無怨者復入爲司錄轉工部中大夫歷軍司馬遷小司空自天和已後還以年老委任稍衰及護誅猶除名建德末卒於家時年七十八子恕位至儀同三司伏夷鎮將平寇縣伯護所委信者又有朔方邊平位至大將軍軍司馬護府司馬護敗亦除名

史臣曰仲尼有言可與適道未可與權夫道者率禮之謂也權者反經之謂也率禮由乎正理易以成佐世之功反經繫乎非常難以定匡時之業故得其人則治伊尹放太甲周旦相孺子是也不得其人則亂新都還漢鼎晉氏傾魏族是也是以先王明上下之序聖人重君臣之分委質同於股肱受爵均其休戚當其親受顧託位居宰衡雖復承利劍臨沸鼎不足以讋其慮據帝圖君海內

不足以回其心若斯人者固以功與山嶽爭其高名與穹壤齊其久矣有周受
命之始宇文護寔預艱難及太祖崩殂諸子沖幼羣公懷等夷之志天下有去
就之心卒能變魏為周俾危獲乂者護之力也向使加之以禮讓繼之以忠貞
桐宮有悔過之期未央終天年之數則前史所載焉足以道哉然護寡於學術
昵近羣小威福在己征伐自出有人臣無君之心為人主不堪之事忠孝大節
也違之而不疑廢弒至逆也行之而無悔終於身首橫分妻孥為戮不亦宜乎

周書卷十一

周書卷十一考證

晉蕩公護傳侯伏龍恩萬壽劉勇等○上文云幷柱國侯伏侯龍恩此疑脫一

侯字

周書卷十一考證

# 周書卷十二

唐　令　狐　德　棻　等　撰

## 列傳第四

齊煬王憲　子貴　質

齊煬王憲字毗賀突太祖第五子也性通敏有度量雖在童齔而神彩嶷然初封涪城縣公少與高祖俱受詩傳咸綜機要得其指歸太祖嘗賜諸子良馬惟其所擇憲獨取駁馬太祖問之對曰此馬色類既殊或多駿逸若從軍征伐牧圉易分太祖喜曰此兒智識不凡當成重器後從獵隴上經官馬牧太祖每見駁馬輒曰此我兒馬也命左右取以賜之魏恭帝元年進封安城郡公孝閔帝踐阼拜驃騎大將軍開府儀同三司世宗即位授大將軍武成初除益州總管益寧巴盧等二十四州諸軍事益州刺史進封齊國公邑萬戶初平蜀之後太祖以其形勝之地不欲使宿將居之諸子之中欲有推擇偏問高祖已下誰能此行並未及對而憲先請太祖曰刺史當撫眾治民非爾所及以年授者當歸

爾兄憲曰才用有殊不關大小試而無効甘受面欺太祖大悅以憲年尚幼未之遺也世宗追遵先旨故有此授憲時年十六善於撫綏留心政術辭訟輻湊聽受不疲蜀人懷之共立碑頌德尋進位柱國保定中徵還京拜雍州牧及晉公護東伐以尉遲迥爲先鋒圍洛陽憲與達奚武王雄等軍於邙山自餘諸軍各分守險要齊兵數萬奄出軍後諸軍恇駭並各退散唯憲與王雄達奚武率衆拒之而雄爲齊人所斃三軍震懼憲親自督勵衆心乃安時晉公護執政雅相親委賞罰之際皆得預焉天和三年以憲爲大司馬治小冢宰雍州牧如故四年齊將獨孤永業來寇盜殺孔城防主能奔達以城應之詔憲與柱國李穆將兵出宜陽築崇德等五城絕其糧道齊將斛律明月率衆四萬築壘洛南五年憲涉洛邀之明月遁走憲追之及于安業屢戰而還是歲明月又率大衆於汾北築城西至龍門晉公護謂憲曰寇賊充斥戎馬交馳遂使疆埸之間生民委弊豈得坐觀屠滅而不思救之汝謂計將安出曰如憲所見兄宜暫出同州以爲威勢憲請以精兵居前隨機攻取非惟邊境清寧亦當別有克獲護然之

六年乃遣憲率衆二萬出自龍門齊將新蔡王王康德以憲兵至潛軍宵遯憲乃西歸仍掘移汾水水南堡壁復入於齊齊人謂略不及遠遂弛邊備憲乃渡河攻其伏龍等四城二日盡拔又進攻張壁克之獲其軍實夷其城壘斛律明月時在華谷弗能救也北攻姚襄城陷之時汾州又見圍日久糧援路絕憲遣柱國宇文盛運粟以饋之憲自入兩乳谷襲克齊柏社城進軍姚襄齊人嬰城固守憲使柱國譚公會築石殿城以爲汾州之援齊平原王段孝先蘭陵王高長恭引兵大至憲命將士陣而待之大將軍韓歡爲齊人所乘遂以奔退憲身自督戰齊衆稍却會日暮乃各收軍及晉公護誅高祖召憲入憲免冠拜謝帝謂之曰天下者太祖之天下吾嗣守鴻基常恐失墜冢宰無君凌上將圖不軌吾所以誅之以安社稷汝親則同氣休戚共之事不相涉何煩致謝乃詔憲往護第收兵符及諸簿書等尋以憲爲大冢宰時高祖既誅宰臣親覽朝政方欲導之以政齊之以刑爰及親親亦爲刻薄憲既爲護所委任自天和之後威勢漸隆護欲有所陳多令憲聞奏其閒或有可不憲慮主相嫌隙每曲而暢之高

祖亦悉其心故得無患然猶以威名過重終不能平雖遙授冢宰寔奪其權也
開府裴文舉憲之侍讀高祖常御內殿引見之謂曰晉公不臣之迹朝野所知
朕所以泣而誅者安國家利百姓耳昔魏末不綱太祖匡輔元氏有周受命晉
公復執威權積習生常便謂法應須爾豈有三十歲天子而可爲人所制乎且
近代以來又有一弊暫經隸屬便卽禮若君臣此乃亂代之權宜非經國之治
術詩云夙夜匪解以事一人一人者止據天子耳雖陪侍齊公不得卽同臣主
且太祖十兒寧可悉爲天子卿宜規以正道勸以義方輯睦我君臣協和我骨
肉無令兄弟自致嫌疑文舉拜謝而出歸以白憲憲指心撫几曰吾之夙心公
寧不悉但當盡忠竭節耳知復何言建德二年進爵爲王憲友劉休徵獻王箴
一首憲美之休徵後又以此箴上高祖高祖方翦削諸弟甚悅其文憲常以兵
書繁廣難求指要乃自刊定爲要略五篇至是表陳之高祖覽而稱善其秋高
祖幸雲陽宮遂寢疾衞王直於京師舉兵反高祖召憲謂曰衞王構逆汝知之
乎憲曰臣初不知今始奉詔直若逆天犯順此則自取滅亡高祖曰汝卽爲前

軍吾亦續發直尋敗走高祖至京師憲與趙王招俱入拜謝高祖曰管蔡爲戮周公作輔人心不同有如其面但愧兄弟親尋干戈於我爲不足耳初直內深忌憲憲隱而容之且以帝之母弟每加友敬晉公護之誅也直固請及憲高祖曰齊公心迹吾自悉之不得更有所疑也及文宣皇后崩直又密啓云憲飲酒食肉與平日不異高祖曰吾與齊王異生俱非正嫡特爲吾意今袒括是同汝當愧之何論得失汝親太后之子偏荷慈愛今但須自勗無假說人直乃止四年高祖將欲東討獨與內史王誼謀之餘人莫得知也後以諸弟才略無出於憲右遂告之憲卽贊成其事及大軍將出憲表上私財以助軍費曰臣聞撫機適運理藉時來兼弱攻昧事資權道伏惟陛下繼明作聖闡業弘風思順天心用恢武略方使長虵外翦宇宙大同軍民內向車書混一竊以龍旗雷動天網雲布芻粟糧餼或須周給昔邊隅未靜卜式願上家財江海不澄衞茲請獻私粟臣雖不敏敢忘景行謹上金寶等一十六件少助軍資詔不納而以憲表示公卿曰人臣當如此朕貴其心耳寧須物乎乃詔憲率衆二萬爲前軍趣黎陽

高祖親圍河陰未克憲攻拔武濟進圍洛口收其東西二城以高祖疾班師是歲初置上柱國官以憲爲之五年大舉東討憲率精騎二萬復爲前鋒守雀鼠谷高祖親圍晉州憲進兵克洪同永安二城更圖進取齊人焚橋守險軍不得進遂屯於永安齊主聞晉州見圍乃將兵十萬自來援之時柱國陳王純頓軍千里徑大將軍永昌公椿屯雞棲原大將軍宇文盛守汾水關並受憲節度憲密謂椿曰兵者詭道去留不定見機而作不得遵常汝今爲營不須張幕可伐柏爲菴示有形勢令兵去之後賊猶致疑也時齊主分軍萬人向千里徑又令其衆出汾水關自率大兵與椿對陣宇文盛馳騎告急憲自以千騎救之齊人望谷中塵起相率遽退盛與柱國侯莫陳芮涉汾逐之多有斬獲俄而椿告齊衆稍逼憲又回軍赴之會椿被勑追還率兵夜返齊人果謂柏菴爲帳幕也不疑軍退翌日始悟時高祖已去晉州留憲爲後拒齊主自率衆來追至於高梁橋憲以精騎二千阻水爲陣齊領軍段暢直進至橋憲隔水招暢與語語畢憲問暢曰若何姓名暢曰領軍段暢也公復爲誰憲曰我虞侯大都督耳暢曰觀

公言語不是凡人今日相見何用隱其名位陳王純梁公侯莫陳芮內史王誼等並在憲側暢固問不已憲乃曰我天子太弟齊王也指陳王以下並以名位告之暢鞭馬而去憲卽命旋軍而齊人遽追之戈甲甚銳憲與開府宇文忻各統精卒百騎爲殿以拒之斬其驍將賀蘭豹子山褥瓌等百餘人齊衆乃退憲渡汾而及高祖於玉壁高祖又令憲率兵六萬還援晉州憲遂進軍營于涑水齊主攻圍晉州晝夜不息間諜還者或云已陷憲乃遣柱國越王盛大將軍尉遲迥開府宇文神舉等輕騎一萬夜至晉州憲進軍據蒙坑爲其後援知城未陷乃歸涑川尋而高祖東轅次于高顯憲率所部先向晉州明日諸軍總集稍逼城下齊人亦大出兵陣於營南高祖召憲馳往觀之憲返命曰是易與耳請破之而後食帝悅曰如汝所言吾無憂矣憲退內史柳蚪私謂憲曰賊亦不少王安得輕之憲曰憲受委前鋒情兼家國掃此逋寇事等摧枯商周之事公所知也賊兵雖衆其如我何既而諸軍俱進應時大潰其夜齊主遁走憲輕騎追之既及永安高祖續至齊人收其餘衆復據高壁及洛女砦高祖命憲攻洛女

破之明日與大軍會於介休時齊主已走鄴留其從兄安德王延宗據幷州延宗因僭僞號出兵拒戰高祖進圍其城憲攻其西面克之延宗遁走追而獲之以功進封第二子安城公質爲河間王拜第三子賓爲大將軍仍詔憲先驅趣鄴明年進克鄴城齊任城王湝廣寧王孝珩等據守信都有衆數萬高祖復詔憲討之仍令齊主手書與湝曰朝廷遇緯甚厚諸王無恙叔若釋甲則無不優待湝不納乃大開賞募多出金帛沙門求爲戰士者亦數千人憲軍過趙州湝令間諜二人覘窺形勢候騎執以白憲憲乃集齊之舊將遍示之又謂之曰吾所爭者大不在汝等今放汝還可即充我使乃與湝書曰山川有間每深勞佇仲春戒節納履惟宜承始届兩河仍圖三位二者交戰想無虧德音魏曆云季海內橫流我太祖撫運乘時大庇黔首皇上嗣膺下武式隆景業與稽山之會總盟津之師雷駭唐郊則野無橫陣雲騰晉水則地靡嚴城襲僞之酋既奔竄於草澤竊號之長亦委命於旌門德義振於無垠威風被於有截彼朝宿將舊臣良家戚里俱升榮寵皆縻好爵是使臨漳之下効死爭驅營丘之前奮身畢

命此豈唯人事抑亦天時宜訪之道路無俟傍說吾以不武任總元戎受命安邊路指幽冀列邑名藩莫不屈膝宣風導禮皆荷來蘇足下高氏令王英風夙著古今成敗備諸懷抱豈不知一木不維大廈三諫可以逃身哉且殷微去商侯服周代項伯背楚賜姓漢朝去此弗圖苟徇亡轍家破身殞爲天下笑又足下諜者爲候騎所拘軍中情實具諸執事知以弱卒瑣甲欲抗堂堂之師縈帶汚城冀保區區之命戰非上計無待卜疑守乃下策或未相許已勒諸軍分道並進相望非遠憑軾有期兵交命使古今通典不俟終日所望知幾也憲至信都湝陣於城南憲登張耳冢以望之俄而湝所署領軍尉相願僞出略陣遂以衆降相願湝心腹也衆甚駭懼湝大怒殺其妻子明日復戰遂破之俘斬三萬人擒湝及孝珩等憲謂湝曰任城王何苦至此湝曰下官神武帝子兄弟十五人幸而獨存逢宗社顛覆今日得死無愧墳陵憲壯之命歸其妻子厚加資給又問孝珩孝珩布陳國難辭淚俱下俯仰有節憲亦爲之改容憲素善謀多算略尤長於撫御達於任使摧鋒陷陣爲士卒先羣下感悅咸爲之用齊人夙聞

威聲無不憚其勇略及幷州之捷長驅敵境蒭牧不擾軍無私焉先是稽胡劉沒鐸自稱皇帝又詔憲督趙王招等討平之語在稽胡傳憲自以威名日重潛思屏退及高祖欲親征北蕃乃辭以疾高祖變色曰汝若憚行誰爲吾使憲懼曰臣陪奉鑾輿誠爲本願但身嬰疹疾不堪領兵帝許之尋而高祖崩宣帝嗣位以憲屬尊望重深忌憚之時高祖未葬諸王在內治服司衛長孫覽總兵輔政恐諸王有異志奏令開府于智察其動靜及高祖山陵還諸王歸第帝又命智就宅候憲因是告憲有謀帝乃遣小冢宰宇文孝伯謂憲曰三公之位宜屬親賢今欲以叔爲太師九叔爲太傅十一叔爲太保叔以爲何如憲曰臣才輕位重滿盈是懼三師之任非所敢當且太祖勳臣宜膺此舉若專用臣兄弟恐乖物議孝伯反命尋而復來曰詔王晚共諸王俱至殿門憲獨被引進帝先伏壯士於別室至卽執之憲辭色不撓固自陳說帝使于智對憲憲目光如炬與智相質或謂憲曰以王今日事勢何用多言憲曰我位重屬尊一旦至此死生有命寧復圖存但以老母在堂恐留茲恨耳因擲笏於地乃縊之時年三十五

以于智爲柱國封齊國公又殺上大將軍安邑公王興上開府獨孤熊開府豆盧紹等皆以昵於憲也帝既誅憲無以爲辭故託興等與憲結謀遂加其戮時人知其冤酷咸云伴憲死也憲所生母達步干氏茹茹人也建德三年冊爲齊國太妃憲有至性事母以孝聞太妃舊患風熱屢經發動憲衣不解帶扶侍左右憲或東西從役每心驚其母必有疾乃馳使參問果如所慮憲六子貴質賓貢乾禧乾洽

貴字乾福少聰敏涉獵經史尤便騎射始讀孝經便謂人曰讀此一經足爲立身之本天和四年始十歲封安定郡公邑一千五百戶太祖之初爲丞相也始封此郡未嘗假人至是封貴焉年十一從憲獵於鹽州一圍之中手射野馬及鹿十有五頭建德二年冊拜齊國世子四年授車騎大將軍儀同三司尋出爲豳州刺史貴雖出自深宮而留心庶政性聰敏過目輒記嘗道逢二人謂其左右曰此人是縣黨何因輒行左右不識貴便說其姓名莫不嗟伏白獸烽經爲商人所燒烽帥納貨不言其罪他日此帥隨例來參貴乃問云商人燒烽何因

私放烽帥愕然遂卽首服其明察如此五年四月卒年十七高祖甚痛惜之
質字乾祐初封安城公後以憲勳進封河閒郡王賓字乾禮大將軍中壩公貢
出後莒莊公乾禧安城公乾洽龍涸公並與憲俱被誅
史臣曰自兩漢逮乎魏晉其帝弟帝子衆矣唯楚元河閒東平陳思之徒以文
儒播美任城琅邪以武功馳譽何則體自尊極長於宮闈佚樂侈其心驕貴蕩
其志故使奇才高行終鮮於天下之士焉齊王奇姿傑出獨牢籠於前載以介
弟之地居上將之重智勇冠世攻戰如神敵國繫以存亡鼎命由其輕重比之
異姓則方召韓白何以加茲挾震主之威屬道消之日斯人而嬰斯戮君子是
以知周祚之不永也昔張耳陳餘賓客廝役所居皆取卿相而齊之文武僚吏
其後亦多至台牧異世同符可謂賢矣

周書卷十二

周書卷十二考證

齊煬王憲傳雖陪侍齊公〇北史云爾雖陪侍齊公此似脫一爾字

時年三十五〇北史云時年四十

周書卷十二考證

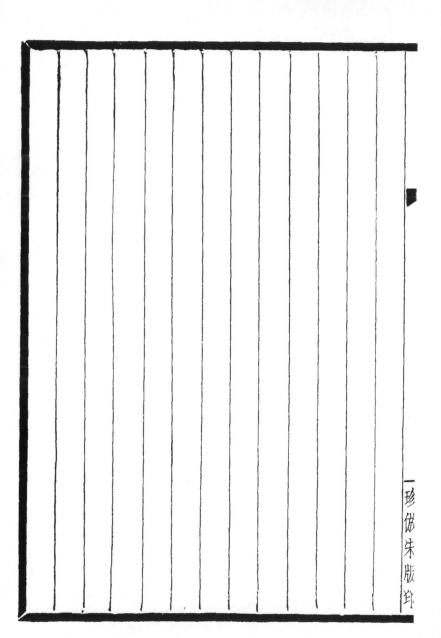

周書卷十三

唐　令　狐　德　棻　等　撰

列傳第五

文閔明武宣諸子

文帝十三子姚夫人生世宗後宮生宋獻公震文元皇后生孝閔皇帝文宣皇后叱奴氏生高祖衞剌王直達步干妃生齊王憲王姬生趙僭王招後宮生譙孝王儉陳惑王純越野王盛代奰王達冀康公通滕聞王逌齊煬王別有傳

宋獻公震字彌俄突幼而敏達年十歲誦孝經論語毛詩後與世宗俱受禮記尚書於盧誕大統十六年封武邑公二千戶尚魏文帝女其年薨保定元年追贈使持節柱國大將軍少師大司馬大都督青徐等十州諸軍事青州刺史進封宋國公增邑幷前一萬戶無子以世宗第三子寔爲嗣寔字乾辯建德三年進爵爲王大象中爲大前疑尋爲隋文帝所害國除

衞剌王直字豆羅突魏恭帝三年封秦郡公邑一千戶武成初出鎭蒲州拜大

將軍進衛國公邑萬戶保定初爲雍州牧尋進位柱國轉大司空出爲梁州總管天和中陳湘州刺史華皎舉州來附詔直督綏德公陸通大將軍田弘權景宣元定等兵赴援與陳將淳于量吳明徹等戰於沌口直軍不利元定遂投江南直坐免官直高祖母弟性浮詭貪很無賴以晉公護執政遂貳於帝而昵護及沌口還慍於免黜又請帝除之冀得其位帝夙有誅護之意遂與直謀之及護誅帝乃以齊王憲爲大冢宰直既乖本望又請爲大司馬意欲總知戎馬得擅威權帝揣知其意謂之曰汝兄弟長幼有序寧可反居下列也乃以直爲大司徒建德三年進爵爲王初高祖以直第爲東宮更使直自擇所居直歷觀府署無稱意者至廢陟岵佛寺欲居之齊王憲謂直曰弟兒女成長理須寬博此寺褊小詎是所宜直曰一身尚不自容何論兒女憲怪而疑之直嘗從帝校獵而亂行帝怒對衆撻之自是憤怨滋甚及帝幸雲陽宮直在京師舉兵反攻肅章門司武尉遲運閉門拒守直不得入語在運傳直遂遁走追至荊州獲之免爲庶人囚於別宮尋而更有異志遂誅之及其子賀貢塞響賈祕津乾理乾璪

乾悰等十人國除

趙僭王招字豆盧突幼聰穎博涉羣書好屬文學庾信體詞多輕豔魏恭帝三年封正平郡公邑一千戶武成初進封趙國公邑萬戶保定中拜爲柱國出爲益州總管建德元年授大司空轉大司馬三年進爵爲王除雍州牧四年大軍東討招爲後三軍總管五年又從高祖東伐率步騎一萬出華谷攻齊汾州及幷州平進位上柱國東夏底定又爲行軍總管與齊王討稽胡招擒賊帥劉沒鐸斬之胡寇平宣政中拜太師大象元年五月詔以洛州襄國郡邑萬戶爲趙招出就國二年宣帝不豫徵招及陳越代滕五王赴闕比招等至而帝已崩隋文帝輔政加招等殊禮入朝不趨劍履上殿隋文帝將遷周鼎招密欲圖之以匡社稷乃邀隋文帝至第飲於寢室招子員貫及妃弟魯封所親人史冑皆先在左右佩刀而立又藏兵刃於帷席之間後院亦伏壯士隋文帝從者多在閤外唯楊弘元冑冑弟威及陶徹坐於戶側招屢以佩刀割瓜啖隋文帝隋文帝未之疑也元冑覺變扣刀而入招乃以大觴親飲冑酒又命冑向廚中取漿冑

不爲之動滕王逌後至隋文帝降階迎之元胄因得耳語曰形勢大異公宜速
出隋文帝共逌等就坐須臾辭出後事覺陷以謀反其年秋誅招及其子德廣
公員永康公貫越攜公乾銑弟乾鈴乾鏗等國除招所著文集十卷行於世
譙孝王儉字侯幼突武成初封譙國公邑萬戶天和中拜大將軍尋遷柱國出
爲益州總管建德三年進爵爲王五年東伐以本官爲左一軍總管攻永固城
拔之進平幷鄴拜大冢宰是歲稽胡反詔儉爲行軍總管與齊王憲討之有胡
帥自號天柱者據守河東儉攻破之斬首三千級宣政元年二月薨子乾惲嗣
大定中爲隋文帝所害國除
陳惑王純字堙智突武成初封陳國公邑萬戶保定中除岐州刺史加開府儀
同三司使於突厥迎皇后拜大將軍尋進位柱國出爲秦州總管轉陝州總管
督鴈門公田弘拔齊宜陽等九城建德三年進爵爲王四年大軍東伐純爲前
一軍總管以帝寢疾班師五年大軍復東討詔純爲前一軍率步軍二萬守千
里徑幷州平進位上柱國即拜幷州總管宣政中除雍州牧遷太傅大象元年

五月以濟南郡邑萬戶爲陳純出就國二年朝京師時隋文帝專政翦落宗枝遂害純幷世子謙及弟扈公讓讓弟議等國除

越野王盛字立久突武成初封越國公邑萬戶天和中進爵爲王四年大軍伐齊盛爲後一軍總管五年大軍又東討盛率所領拔齊高顯等數城幷州平進位上柱國從平鄴拜相州總管宣政元年入爲大冢宰汾州稽胡帥劉受邏千反詔盛率諸軍討平之大象元年遷大前疑轉太保其年詔以豐州武當安富二郡邑萬戶爲越盛出就國二年朝京師其秋爲隋文帝所害幷其子忱悰恢憒忻等五人國除

代奰王達字度斤突性果決善騎射武成初封代國公邑萬戶天和元年拜大將軍右宮伯拜左宗衞建德初進位柱國出爲荆淮等十四州十防諸軍事荆州刺史在州有政績高祖手勑褒美之所管灃州刺史蔡澤黷貨被訟贓狀分明以其世著勳庸不可加戮若曲法貸之又非奉上之體乃令所司精加按劾密表奏之事竟得釋終亦不言其處事周愼如此達雅好節儉食無兼膳侍姬

不過數人皆衣綈衣又不營資產國無儲積左右嘗以爲言達從容應之曰君子憂道不憂貧何煩於此三年進爵爲王出爲益州總管高祖東伐以爲右一軍總管齊淑妃馮氏尤爲齊後主所幸齊平見獲帝以達不邇聲色特以馮氏賜之宣帝卽位進位上柱國大象元年拜大右弼其年詔以潞州上黨郡邑萬戶爲代達出就國二年朝京其年冬爲隋文帝所害及其世子執弟蕃國公轉等國除

冀康公通字屈率突武成初封冀國公邑萬戶天和六年十月薨子絢嗣建德三年進爵爲王大象中爲隋文帝所害國除

滕聞王逌字爾固突少好經史解屬文武成初封滕國公邑萬戶天和末拜大將軍建德初進位柱國三年進爵爲王六年爲行軍總管與齊王憲征稽胡逌破其渠帥穆友等斬首八千級還除河陽總管宣政元年進位上柱國其年伐陳詔逌爲元帥節度諸軍事大象元年五月詔以荆州新野郡邑萬戶爲滕逌出就國二年朝京其年冬爲隋文帝所害幷子懷德公祐祐弟簨國公裕弟禮

禧等國除逌所著文章頗行於世

孝閔帝一男陸夫人生紀厲王康

紀厲王康字乾定保定初封紀國公邑萬戶建德三年進爵爲王仍出爲總管利始等五州大小劍二防諸軍事利州刺史康驕矜無軌度信任僚佐盧奕等遂繕脩戎器陰有異謀司錄裴融諫止之康不聽乃殺融五年詔賜康死子湜嗣大定中爲隋文帝所害國除

明帝三男徐妃生畢剌王賢後宮生酆王貞宋王寔

畢剌王賢字乾陽保定四年封畢國公建德三年進爵爲王出爲華州刺史遷荊州總管進位柱國宣政中入爲大司空大象初進位上柱國雍州牧太師明年宣帝崩賢性強濟有威略慮隋文帝傾覆宗社言頗泄漏尋爲所害幷其子弘義恭道樹孃等國除

酆王貞字乾雅初封酆國公建德三年進爵爲王大象初爲大冢宰後爲隋文帝所害幷子濟陰郡公德文國除

武帝生七男李皇后生宣帝漢王贊庫汗姬生秦王贄曹王允馮姬生道王充
薛世婦生蔡王兌鄭姬生荆王元
漢王贊字乾依初封漢國公建德三年進爵爲王仍柱國大象末隋文帝輔政
欲順物情乃進上柱國右大丞相外示尊崇寔無綜理及諸方略定又轉太師
尋爲隋文帝所害幷其子淮陽公道德弟道智道義等國除
秦王贄字乾信初封秦國公建德三年進爵爲王上柱國大冢宰大右弼尋爲
隋文帝所害幷其子忠誠公靖智弟靖仁等國除
曹王允字乾仕初封曹國公建德三年進爵爲王
道王充字乾仁建德六年封王
蔡王兌字乾俊建德六年封王
荆王元字乾儀宣政元年封王元及兌充允等並爲隋文帝所害國除
宣帝三子朱皇后生靜皇帝王姬生鄴王衍皇甫姬生郢王術
鄴王衍大象二年封王

郢王衎大象二年封王與衎並爲隋文帝所害國除

史臣曰昔賢之議者咸云以周建五等歷載八百秦立郡縣二世而亡雖得失之迹可尋是非之理互起而因循莫變復古未聞良由著論者溺於貴達司契者難於易業詳求適變之道未窮於至當也嘗試論之夫皇王迭興爲國之道匪一賢聖間出立德之指殊塗斯豈故爲相反哉亦云治而已矣何則五等之制行於商周之前郡縣之設始於秦漢之後論時則澆淳理隔易地則用捨或殊譬猶干戈日用難以成垓下之業稷嗣所述不可施成周之朝是知因時制宜者爲政之上務也觀民立教者經國之長策也且夫列封疆建侯伯擇賢能置牧守循名雖曰異軌責實抑亦同歸盛則與之共安衰則與之共患共安繫乎善惡非禮義無以敦風共患寄以存亡非甲兵不能靖亂是以齊晉帥禮鼎業傾而復振溫陶釋位王綱弛而更張然則周之列國非一姓也晉之羣臣非一族也豈齊晉強於列國溫陶賢於羣臣者哉蓋勢重者易以立功權輕者難以盡節故也由此言之建侯置守乃古今之異術兵權勢位蓋安危之所階乎

太祖之定關右日不暇給既以人臣禮終未遑藩屏之事晉蕩輔政爰樹其黨宗室長幼並據勢位握兵權雖海內謝隆平之風而國家有盤石之固矣高祖克翦芒刺思弘政術懲專朝之爲患忘維城之遠圖外崇寵位內結猜阻自是配天之基潛有朽壤之墟矣宣皇嗣位凶暴是聞芟刈先其本枝削黜遍於公族雖復地惟叔父親則同生文能附衆武能威敵莫不謝鄉士於當年從侯服於下國號爲千乘勢侔匹夫是以權臣乘其機謀士因其隙遷龜鼎速於俯拾殲王侯烈於燎原悠悠邃古未聞斯酷豈非摧枯振朽易爲力乎向使宣皇采姬劉之制覽聖哲之術分命賢戚布於內外料其輕重間以親疏首尾相持遠近爲用使其勢位也足以扶危其權力也不能爲亂事業既定僥倖自息雖使臥赤子朝委裘社稷固以久安億兆可以無患矣何后族之地而勢能窺其神器哉

周書卷十三考證

趙僭王招傳越攜公乾銑○北史無攜字

紀厲王康傳溓字乾定○北史作乾安

宋王寔○各本皆注寔傳缺 臣文淳按宋獻公震傳云無子以世宗第三子寔為嗣寔字乾辦是寔傳已附於前矣

宣帝三子傳王姬生鄴王衍○此與下文鄴王衍大象二年封王二衍字據本紀皆當作衎

史臣論咸云以周建五等○北史無云字

何后族之地而勢能窺其神器哉○北史無勢字

周書卷十三考證

周書卷十四

唐 令狐德棻等撰

列傳第六

賀拔勝弟岳 兄允 念賢

賀拔勝字破胡神武尖山人也其先與魏氏同出陰山有如回者魏初爲大莫弗祖爾頭驍勇絶倫以良家子鎮武川因家焉獻文時茹茹數爲寇北邊患之爾頭將遊騎深入覘候前後以八十數悉知虜之倚伏後雖有寇至不能爲害以功賜爵龍城侯父度拔性果毅爲武川軍主魏正光末沃野鎮人破六汗拔陵反南侵城邑懷朔鎮將楊鈞聞度拔名召補統軍配以一旅其賊僞署王衞可孤徒黨尤盛旣圍武川又攻懷朔勝少有志操善騎射北邊莫不推其膽略時亦爲軍主從度拔鎮守旣圍經年而外援不至勝乃慷慨白楊鈞曰城圍壓迫事等倒懸請告急於大軍乞師爲援鈞許之乃募勇敢少年十餘騎夜伺隙潰圍而出賊追及之勝曰我賀拔破胡也賊不敢逼至朔州白臨淮王元彧曰

懷朔被圍旦夕淪陷士女延首企望官軍大王帝室藩維與國休戚受任征討
理宜唯敵是求今乃頓兵不進猶豫不決懷朔若陷則武川隨亦危矣逆賊因
茲銳氣百倍雖有韓白之勇良平之謀亦不能爲大王用也或以勝辭義懇至
許以出師還令報命勝復突圍而入賊追之射殺數人至城下大呼曰賀拔破
胡與官軍至矣城中乃開門納之鈞復遣勝出覘武川而武川已陷勝乃馳還
懷朔亦潰勝父子遂爲賊所虜後隨度拔與德皇帝合謀率州里豪傑與珍念
賢乙弗庫根尉遲真檀等招集義勇襲殺可孤朝廷嘉之未及封賞會度拔與
鐵勒戰沒孝昌中追贈安遠將軍肆州刺史初度拔殺可孤之後令勝馳告朔
州未反而度拔已卒刺史費穆奇勝才略厚禮留之遂委其事常爲遊騎于時
廣陽王元深在五原爲破六汗賊所圍晝夜攻戰召勝爲軍主勝乃率募二百
人開東城門出戰斬首百餘級賊遂退軍數十里廣陽以賊稍却因拔軍向朔
州勝常爲殿以功拜統軍加伏波將軍又隸僕射元纂鎮恆州時有鮮于阿胡
擁朔州流民南下爲寇恆州城中人乃潛與謀以城應之勝與兄允弟岳相失

南投肆州允岳投尒朱榮榮與肆州刺史尉慶賓搆隙引兵攻肆州肆州陷榮得勝大悅曰吾得卿兄弟天下不足平也勝委質事榮時杜洛周阻兵幽定葛榮據有冀瀛榮謂勝曰井陘險要我之東門意欲屈君鎮之未知君意如何勝曰少逢兵亂險阻備嘗每思効力以報己知今蒙驅使實所願也榮乃表勝爲鎮遠將軍別將領步騎五千鎮井陘孝昌末從榮入洛以定策立孝莊帝功封易陽縣伯邑四百戶累遷直閤將軍通直散騎常侍平南將軍光祿大夫撫軍將軍從太宰元穆北征葛榮爲前鋒大都督戰於滏口大破之虜獲數千人時洛周餘燼韓婁在薊城結聚爲遠近之害復以勝爲大都督鎮中山婁素聞勝威名竟不敢南寇元顥入洛陽孝莊帝出居河內榮徵勝爲前軍大都督領千騎與尒朱兆自硤石度大破顥軍擒其子領軍將軍冠受及梁將陳思保等遂前驅入洛拜武衞將軍金紫光祿大夫增邑六百戶進爵真定縣公還武衞將軍加散騎常侍及榮被誅事起倉卒勝復隨世隆至于河橋勝以爲臣無讎君之義遂勒所部還都謁帝大悅以本官假驃騎大將軍東征都督率騎一千會

鄭先護討尒朱仲遠爲先護所疑置之營外人馬未得休息俄而仲遠兵至與
戰不利乃降之復與尒朱氏同謀立節閔帝以功拜右衛將軍進車騎大將軍
儀同三司左光祿大夫齊神武懷貳尒朱氏將討之度律自洛陽引兵北起并
州仲遠從滑臺三帥會於鄴東時勝從度律度律與兆不平勝以臨敵構嫌取
敗之道乃與斛斯椿詣兆營和解之反爲兆所執度律大懼遂引軍還兆將斬
勝數之曰爾殺可孤罪一也天柱薨後復不與世隆等俱來而東征仲遠罪二
也我欲殺爾久矣今復何言勝曰可孤作逆爲國巨患勝父子誅之其功不小
反以爲罪天下未聞天柱被戮以君誅臣勝寧負朝廷今日之事生死在王但
去賊密邇骨肉構隙自古迄今未有不破亡者勝不憚死恐王失策兆乃捨之
勝既得免行百餘里方追及度律軍齊神武既克相州兵威漸盛於是尒朱兆
及天光仲遠度律等衆十餘萬陣於韓陵兆率鐵騎陷陣出齊神武之後將乘
其背而擊之度律惡兆之驕悍懼其陵己勒兵不肯進勝以其攜貳遂率麾下
降于齊神武度律軍以此先退遂大敗太昌初以勝爲領軍將軍尋除侍中孝

武帝將圖齊神武以勝弟岳擁衆關西欲廣其勢援乃拜勝爲都督三荊二郢南襄南雍七州諸軍事進位驃騎大將軍開府儀同三司荊州刺史加授南道大行臺尙書左僕射勝攻梁下溠戍擒其戍主尹道珍等又使人誘動蠻王文道期率其種落歸款梁雍州刺史蕭續擊道期不利漢南大駭勝遣大都督獨孤信軍司史寧歐陽酇城南雍州刺史長孫亮南荊州刺史李魔憐大都督王元軌取久山白泊都督拔略郍史仵龍取義城均口擒梁將莊思延獲甲卒數千人攻馮翊安定馮陽並平之勝軍於樊鄧之閒梁武勅續曰賀拔勝北間驍將爾宜愼之續遂城守不敢出尋進位中書令增邑二千戶進爵琅邪郡公續遣柳仲禮守穀城勝攻之未拔屬齊神武與帝有隙詔勝引兵赴洛至廣州猶豫未進而帝已西遷勝還軍南陽遣右丞楊休之奉表入關又令府長史元穎行州事勝自率所部將西赴關中進至淅陽詔封勝太保錄尙書事時齊神武已陷潼關屯軍華陰勝乃還荊州州民鄧誕執元穎北引侯景勝至景逆擊之勝軍不利率麾下數百騎南奔梁在江表三年梁武帝遇之甚厚勝常乞師北

討齊神武既不果乃求還梁武帝許之親餞於南苑勝自是之後每行執弓矢見鳥獸南向者皆不射之以申懷德之志也既至長安詣闕謝罪朝廷嘉其還乃授太師後從太祖擒竇泰於小關加授中軍大都督又從太祖攻弘農勝自陝津先渡河東魏將高干遁勝追獲囚之下河北擒郡守孫晏崔乂從破東魏軍於沙苑追奔至河上仍與李弼別攻河東略定汾絳增邑并前五千戶河橋之役勝大破東魏軍太祖命勝收其降卒而還及齊神武悉衆攻玉壁勝以前軍大都督從太祖追之於汾北又從戰邙山時太祖見齊神武旗鼓識之乃募敢勇三千人配勝以犯其軍勝適與齊神武相遇因告之曰賀六渾賀拔破胡必殺汝也時募士皆用短兵接戰勝持矟追齊神武數里刃垂及之會勝馬爲流矢所中死比副騎至齊神武已逸去勝歎曰今日之事吾不執弓矢者天也是歲勝諸子在東者皆爲齊神武所害勝憤恨因動氣疾大統十年薨于位臨終手書與太祖曰勝萬里杖策歸身闕庭冀望與公掃除逋寇不幸殞斃微志不申願公內先協和順時而動若死而有知猶望魂飛賊庭以報恩遇耳太祖

覽書流涕久之勝長於喪亂之中尤工武藝走馬射飛鳥十中其五六太祖每云諸將對敵神色皆動唯賀拔公臨陣如平常真大勇也自居重位始愛墳籍乃招引文儒討論義理性又通率重義輕財身死之日唯有隨身兵仗及書千餘卷而已初勝至關中自以年位素重見太祖不拜尋而自悔太祖亦有望焉後從太祖宴于昆明池時有雙鳧游於池上太祖乃授弓矢於勝曰不見公射久矣請以爲歡勝射之一發俱中因拜太祖曰使勝得奉神武以討不庭皆如此也太祖大悅自是恩禮日重勝亦盡誠推奉焉贈定冀等十州諸軍事定州刺史太宰錄尚書事謚曰貞獻明帝二年以勝配享太祖廟庭勝無子以弟岳子仲華嗣大統三年賜爵樊城公魏廢帝時爲通直郎散騎常侍遷黃門郎加車騎大將軍儀同三司驃騎大將軍開府儀同三司六官建拜守廟下大夫孝閔帝踐阼襲爵琅邪公除利州刺史大象末位至江陵總管勝兄弟三人並以豪俠知名兄允字阿泥魏孝武時位至太尉封燕郡王爲神武所害

岳字阿斗泥少有大志愛施好士初爲太學生及長能左右馳射驍果絕人不

讀兵書而暗與之合識者咸異之與父兄誅衞可孤之後廣陽王元深以岳爲帳內軍主又表爲彊弩將軍後與兄勝俱鎮恆州州陷投尒朱榮榮待之甚厚以爲別將尋爲都督每居帳下與計事多與榮意合益重之榮士馬既衆遂與元天穆謀入匡朝廷謂岳曰今女主臨朝政歸近習盜賊蜂起海內沸騰王師屢出覆亡相繼吾累世受恩義同休戚今欲親率士馬電赴京師內除君側外清逆亂取勝之道計將安出岳對曰夫立非常之事必俟非常之人將軍士馬精彊位任隆重若首舉義旗伐叛匡主何往而不尅何向而不摧古人云朝謀不及夕言發不俟駕此之謂矣榮與天穆相顧良久曰卿此言真丈夫之志也未幾而魏孝明帝暴崩榮疑有故乃舉兵赴洛配岳甲卒二千爲先驅至河陰榮既殺害朝士時齊神武爲榮軍都督勸榮稱帝左右多欲同之榮疑未決岳乃從容進而言曰將軍首舉義兵共除姦逆功勤未立逆有此謀可謂速禍未見其福榮尋亦自悟乃尊立孝莊岳又勸榮誅齊神武以謝天下左右咸言高歡雖復庸疎言不思難今四方尚梗事藉武臣請捨之收其後効榮乃止以定

策功授前將軍太中大夫賜爵樊城郡男復爲榮前軍都督破葛榮於滏口還平東將軍金紫光祿大夫坐事免詔尋復之從平元顥轉左光祿大夫武衞將軍時万俟醜奴僭稱大號關中騷動朝廷深以爲憂榮將遣岳討之岳私謂其兄勝曰醜奴擁秦隴之兵足爲勍敵若岳往而無功罪責立至假令尅定恐讒愬生焉勝曰汝欲何計自安岳曰請尒朱氏一人爲元帥岳副貳之則可矣勝然之乃請於榮榮大悅乃以天光爲使持節督二雍二岐諸軍事驃騎大將軍雍州刺史以岳爲持節假衞將軍左大都督又以征西將軍代郡侯莫陳悅爲右都督並爲天光之副以討之時赤水蜀賊阻兵斷路天光之衆不滿二千及軍次潼關天光有難色岳曰蜀賊草竊而已公尚遲疑若遇大敵將何以戰天光曰今日之事一以相委公宜爲吾制之於是進軍賊拒戰於渭北破之獲馬二千疋軍威大振天光與岳進至雍州榮又續遣兵至時醜奴自率大衆圍岐州遣其大行臺尉遲菩薩僕射万俟仵同向武功南渡渭水援菩薩攻栅已尅還岐州岳以輕騎八百北渡渭擒其縣令二人獲甲首四百殺掠其民以挑菩

薩率步騎二萬至渭北岳以輕騎數十與菩薩隔水交言岳稱揚國威菩薩自言彊盛往復數反菩薩乃自驕踞令省事傳語岳岳怒曰我與菩薩言卿是何人與我對語省事恃隔水應答不遜岳舉弓射之應弦而倒時已逼暮於是各還岳密於渭南傍水分精騎數十爲一處隨地形便置之明日自將百餘騎隔水與賊相見岳漸前進先所置騎隨岳而進騎既漸增賊不復測其多少行二十里許至水淺可濟之處岳便馳馬東出以示奔遁賊謂岳走乃棄步兵南渡渭水輕騎追岳岳東行十餘里依橫岡設伏兵以待之賊以路險不得齊進前後繼至半度岡東岳乃回與賊戰身先士卒急擊之賊便退走岳號令所部賊下馬者皆不聽殺賊顧見之便悉投馬俄而虜獲三千人馬亦無遺遂擒菩薩仍渡渭北降步卒萬餘並收其輜重醜奴尋棄岐州北走安定置柵於平亭天光方自雍至岐與兵合勢軍至汧渭之閒宣言遠近曰今氣候漸熱非征討之時待秋涼更圖進取醜奴聞之遂以爲實分遣諸軍散營農於岐州之北百里細川使其太尉侯元進領兵五千據險立柵其千人以下爲柵者有數處且戰

且守岳知其勢分乃密與天光嚴備晡時潛遣輕騎先行路於後諸軍盡發昧旦攻圍元進柵拔之卽擒元進諸所俘執皆放之自餘諸柵悉降岳星言徑趣涇州其刺史侯幾長貴以城降醜奴乃棄平亭而走欲向高平岳輕騎急追明日及醜奴於平涼之長坑一戰擒之高平城中又執蕭寶寅以歸賊行臺万俟道洛率衆六千退保牽屯山岳攻之道洛敗率千騎而走追之不及遂得入隴投略陽賊帥王慶雲慶雲以道洛驍果絕倫得之甚喜以爲大將軍天光又與岳度隴至慶雲所居水洛城慶雲道洛頻出城拒戰並擒之餘衆皆降悉坑之死者萬七千人三秦河渭瓜涼鄯州咸來歸款賊帥夏州人宿勤明達降於平涼後復叛岳又討擒之天光雖爲元帥而岳功效居多加散騎將軍進爵爲伯邑二千戶尋授都督涇北豳二夏四州諸軍事涇州刺史進爵爲公天光入洛使岳行雍州刺史建明中拜驃騎大將軍增邑五百戶普泰初除都督二岐東秦三州諸軍事儀同三司岐州刺史進封清水郡公增邑通前三千戶尋加侍中給後部鼓吹進位開府儀同三司兼尚書左僕射隴右行臺仍停高平二年

加都督三雍三秦二岐二華諸軍事雍州刺史天光將率衆拒齊神武遣問計於岳岳報曰王家跨據三方士馬殷盛高歡烏合之衆豈能爲敵然師克在和但願同心戮力耳若骨肉離隔自相猜貳則圖存不暇安能制人如下官所見莫若且鎮關中以固根本分遣鋭師與衆軍合勢進可以克敵退可以克全天光不從果敗岳率軍下隴赴雍擒天光弟顯壽以應齊神武魏孝武即位加關中大行臺增邑千戸永熙二年孝武密令岳圖齊神武遂刺心血持以寄岳詔岳都督二雍二華二岐豳四梁三益巴二夏蔚寧涇二十州諸軍事大都督齊神武既忌岳兄弟功名岳懼乃與太祖協契語在太祖本紀岳自詣北境安置邊防率衆趣平涼西界布營數十里託以牧馬於原州爲自安之計先是費也頭万俟受洛干鐵勒斛律沙門斛拔彌俄突紇豆陵伊利等並擁衆自守至是皆款附秦南秦河渭四州刺史又會平涼受岳節度唯靈州刺史曹泥不應召乃通使於齊神武三年岳召侯莫陳悅於高平將討之令悅爲前驅而悅受齊神武密旨圖岳弗之知也而先又輕悅悅乃誘岳入營共論兵事令其壻元洪

景斬岳於幕中朝野莫不痛惜之贈侍中太傅錄尚書都督關中三十州諸軍事大將軍雍州刺史謚曰武壯葬以王禮子緯嗣拜開府儀同三司保定中錄岳舊德進緯爵霍國公尚太祖女侯莫陳悅少隨父爲馳牛都尉長於西好田獵便騎射會牧子作亂遂歸尒朱榮榮引爲府長流參軍稍遷大都督魏孝莊帝初除征西將軍金紫光祿大夫封柏人縣侯邑五百戶尒朱天光西討榮以悅爲天光右都督本官如故西伐克獲功亞於賀拔岳以本將軍除鄯州刺史建明中拜車騎大將軍渭州刺史進爵白水郡公增邑五百戶普泰中除驃騎大將軍儀同三司秦州刺史及天光赴洛悅與岳俱下隴趣雍州擒天光弟顯壽魏孝武初加開府儀同三司都督隴右諸軍事仍加秦州刺史及悅殺岳岳衆莫不服從悅猶豫不卽撫納乃還隴右太祖勒衆討之悅遂亡敗語在太祖本紀悅子弟及同謀殺岳者八九人並伏誅唯中兵參軍豆盧光走至靈州後奔晉陽悅自殺岳後神情恍忽不復如常恆言我纔睡卽夢見岳云兄欲何處去隨逐我不相置因此彌不自安而致破滅

念賢字蓋盧美容質頗涉書史爲兒童時在學中讀書有善相者過學諸生競詣之賢獨不往笑謂諸生曰男兒死生富貴在天也何遽相乎少遭父憂居喪有孝稱後以破衞可孤功除別將尋招慰雲州高車鮮卑等皆降下之除假節平東將軍封屯留縣伯邑五百戶建義初爲大都督鎭井陘加撫軍將軍黎陽郡守介朱榮入洛拜車騎將軍右光祿大夫太僕卿兼尙書右僕射東行臺進爵平恩縣公增邑五百戶普泰初除使持節瀛州諸軍事驃騎將軍瀛州刺史永熙中拜第一領民酋長加散騎常侍行南兗州事尋進號驃騎大將軍入爲殿中尙書加儀同三司魏孝武欲討齊神武以賢爲中軍北面大都督進爵安定郡公增邑一千戶加侍中開府儀同三司大統初拜太尉出爲秦州刺史加太傅給後部鼓吹三年轉太師都督河涼瓜鄯渭洮沙七州諸軍事大將軍河州刺史久之還朝兼錄尙書事河橋之役賢不力戰乃先還自是名譽頗減五年除都督秦渭原涇四州諸軍事秦州刺史薨於州謚曰昭定賢於諸公皆爲父黨自太祖以下咸拜敬之子華性和厚有長者風官至開府儀同三司合州

刺史

史臣曰勝岳昆季以勇略之姿當馳競之際並邀時投隙展効立功始則委質介朱中乃結款高氏太昌之後即帝圖高祭其所由固非守節之士及勝垂翅江左憂魏室之危亡奮翼關西感梁朝之顧遇有長者之風矣終能保其榮寵良有以焉岳以二千之羸兵抗三秦之勍敵奮其智勇克翦凶渠雜種畏威遐方慕義斯亦一時之盛也卒以勳高速禍無備嬰戮惜哉陳涉首事不終有漢因而創業賀拔元功夙殞太祖藉以開基不有所廢君何以興信乎其然矣

周書卷十四

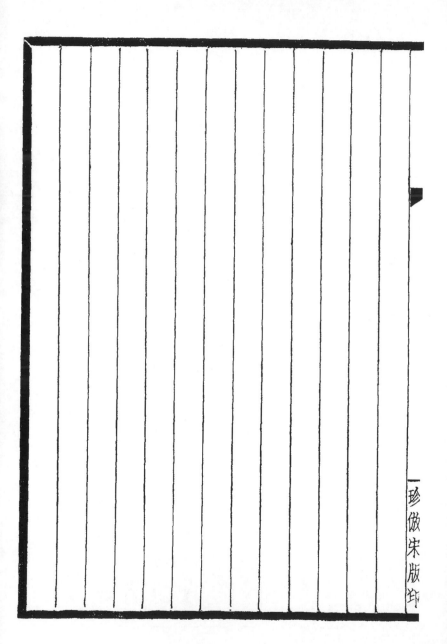

周書卷十四考證

賀拔勝傳以功賜爵龍城侯○侯北史作男

遂委其事○北史作遂委以兵事文義較顯

勝寧負朝廷○北史及通鑑俱云勝寧負王不負朝廷本書脫去四字

賀拔岳傳遣其大行臺尉遲菩薩僕射万俟仵同向武功○万俟仵同北史作

万俟行醜

又執蕭寶寅以歸○歸舊本俱作降今依北史改正

念賢傳念賢字蓋盧○此句下北史有金城枹罕人也六字此傳法載

周書卷十四考證

唐　令狐德棻等撰

## 列傳第七

寇洛　李弼弟檦　于謹子寔

寇洛上谷昌平人也累世爲將吏父延壽和平中以良家子鎭武川因家焉洛性明辨不拘小節正光末以北邊賊起遂率鄉親避地於并肆因從尒朱榮征討及賀拔岳西征洛與之鄉里乃募從入關破赤水蜀以功拜中堅將軍屯騎校尉別將封臨邑縣男邑二百戶又從岳獲賊帥尉遲菩薩於渭水破侯伏侯元進於百里細川擒万俟醜奴於長坑洛每力戰並有功加龍驤將軍都督進爵安鄉縣子累遷征北將軍衞將軍於平涼以洛爲右都督侯莫陳悅既害岳欲并其衆時初喪元帥軍中惶擾洛於諸將之中最爲舊齒素爲衆所信乃收集將士志在復讐共相糾合遂全衆而反既至原州衆咸推洛爲盟主統岳之衆洛復自以非才乃固辭與趙貴等議迎太祖魏帝以洛有全師之功除武衞

將軍太祖至平涼以洛爲右大都督從討侯莫陳悅平之拜涇州刺史魏孝武西遷進爵臨邑縣伯邑五百戶尋進位驃騎大將軍儀同三司進爵爲公增邑五百戶大統初魏文帝詔曰往者侯莫陳悅遠同逆賊潛害故清水公岳志在兼幷當時造次物情驚駭使持節驃騎大將軍儀同三司前涇州刺史大都督臨邑縣開國公寇洛忠款自心勳誠早立遂能糾合義軍以待大丞相見危授命推賢而奉此而不賞何以勸勵將來可加開府進爵京兆郡公封洛母宋氏爲襄城郡君又轉領軍將軍三年出爲華州刺史加侍中與獨孤信復洛陽移鎮弘農四年從太祖與東魏戰於河橋軍還洛率所部鎮東雍五年卒於鎮時年五十三贈使持節侍中都督雍華豳涇原三秦二岐十州諸軍事太尉尚書令驃騎大將軍雍州刺史諡曰武子和嗣世宗二年錄勳舊以洛配享太祖廟庭賜和姓若口引氏改封松陽郡公後至開府儀同三司賓部中大夫洛弟紹位至上柱國北平郡公

李弼字景和遼東襄平人也六世祖根慕容垂黃門侍郎祖貴醜平州刺史父

永太中大夫贈涼州刺史弼少有大志膂力過人屬魏室喪亂語所親曰丈夫生世會須履鋒刃平寇難安社稷以取功名安能碌碌依階資以求榮位乎魏永安元年尒朱天光辟爲別將從天光西討破赤水蜀以功拜征虜將軍封石門縣伯邑五百戶又與賀拔岳討万俟醜奴万俟道洛王慶雲皆破之弼恆先鋒陷陣所向披靡賊咸畏之曰莫當李將軍前也天光赴洛弼因隸侯莫陳悅爲大都督加通直散騎常侍太昌初授清水郡守恆州大中正尋除南秦州刺史隨悅征討屢有剋捷及悅害賀拔岳軍停隴上太祖自平涼進軍討悅弼諫悅曰岳既無罪而公害之又不能撫納其衆使無所歸宇文夏州收而用之得其死力咸云爲主將報讎其意固不小也今宜解兵謝之不然恐必受禍悅惶惑計無所出弼知悅必敗乃謂所親曰宇文夏州才略冠世德義可宗侯莫陳公智小謀大豈能自保吾等若不爲計恐與之同至族滅會太祖軍至悅乃棄秦州南出據險以自固翌日弼密通使太祖許背悅來降夜弼乃勒所部云侯莫陳公欲還秦州汝等何不束裝弼妻悅之姨也特爲悅所親委衆咸信之人

情驚擾不可復定皆散走爭趣秦州弼乃先馳據城門以慰輯之遂擁衆以歸
太祖悅由此遂敗太祖謂弼曰公與吾同心天下不足平也破悅得金寶奴婢
悉以好者賜之仍令弼以本官鎮原州尋拜秦州刺史太祖率兵東下徵弼爲
大都督領右軍攻潼關及迴洛城尅之大統初進位儀同三司雍州刺史尋又
進位驃騎大將軍開府儀同三司從平竇泰先鋒陷敵斬獲居多太祖以所乘
騅馬及竇泰所著牟甲賜弼又從平弘農與齊神武戰於沙苑弼率軍居右而
左軍爲敵所乘弼呼其麾下六十騎身先士卒橫截之賊遂爲三因大破以功
拜特進爵趙郡公增邑一千戶又與賀拔勝攻尅河東略定汾絳四年從太祖
東討洛陽弼爲前驅東魏將莫多婁貸文率衆數千奄至穀城弼倍道而前遣
軍士鼓噪曳柴揚塵貸文以爲大軍至遂遁走弼追躡之虜其衆斬貸文傳首
大軍所翌日又從太祖與齊神武戰於河橋每入深陷陣身被七創遂爲所獲
圍守數重弼佯若創重殞絕於地守者稍懈弼睨其旁有馬因躍上西馳得免
五年遷司空六年侯景據荆州弼與獨孤信禦之景乃退走九年從戰邙山轉

太尉十三年侯景率河南六州來附東魏遣其將韓軌圍景於潁川太祖遣弼率軍援景諸將咸受弼節度弼至軌退王思政又進據潁川弼乃引還十四年北稽胡反弼討平之遷太保加柱國大將軍魏廢帝元年賜姓徒河氏太祖西巡令弼居守後事皆諮稟焉六官建拜太傅大司徒屬茹茹爲突厥所逼舉國請降弼率前軍迎之給前後部羽葆鼓吹賜雜綵六千段及晉公護執政朝之大事皆與于謹及弼等參議孝閔帝踐阼除太師進封趙國公邑萬戶前後賞賜累巨萬弼每率兵征討朝受令夕便引路不問私事亦未嘗宿於家其憂國忘身類皆如此兼復性沉雄有深識故能以功名終元年十月薨於位年六十四世宗即日舉哀比葬三臨其喪發卒穿冢給大輅龍旂陳軍至于墓所謚曰武尋追封魏國公配食太祖廟庭子輝次子耀尚太祖女義安長公主遂以爲嗣輝大統中起家員外散騎侍郎賜爵義城郡公歷撫軍將軍大都督鎮南將軍散騎常侍輝常臥疾朞年太祖憂之日賜錢一千供其藥石之費及魏廢帝有異謀太祖乃授輝武衞將軍總宿衞事尋而帝廢除車騎大將軍儀同三司

魏恭帝二年加驃騎大將軍儀同三司出爲岐州刺史從太祖西巡率公卿子弟別爲一軍孝閔帝踐阼除荆州刺史尋襲爵趙國公改魏國公保定中年加將軍天和六年進位柱國建德元年出爲總管梁洋等十州諸軍事梁州刺史時渠蓬二州生獠積年侵暴輝至州綏撫並來歸附璽書勞之輝既不得爲嗣朝廷以弼功重乃封輝邢國公位至開府子寬大象末上大將軍蒲山郡公輝弟衍大象末大將軍真鄉郡公衍弟綸最知名有文武才用以功臣子少居顯職歷吏部內史下大夫並獲當官之譽位至司會中大夫開府儀同三司封河陽郡公爲聘齊使主早卒子長雅嗣綸弟宴建德中開府儀同三司大將軍趙郡公從高祖平齊歿於并州子璟以宴死王事即襲其爵弼弟檦

檦字靈傑長不盈五尺性果決有膽氣少事尒朱榮魏永安元年以兼別將從榮破元顥拜討逆將軍及榮被害檦從尒朱世隆奉榮妻奔河北又隨尒朱兆入洛賜爵淝城郡男還都督普泰元年元樹自梁入據譙城檦從行臺樊子鵠擊破之遷右將軍魏孝武西遷檦從大都督元斌之與齊神武戰於成皋兵敗

遂與斌之奔梁梁主待以賓禮後得逃歸大統元年授撫軍將軍進封晉陽縣子邑四百戶尋為太祖帳內都督從復弘農破沙苑檦跨馬運矛衝鋒陷陣隱身鞍甲之中敵人見之皆曰避此小兒不知檦之形貌正自如是太祖初亦聞檦驍悍未見其能至是方嗟歎之謂檦曰但使膽決如此何必須要八尺之軀也以功進爵為公增邑四百戶尋從宇文貴與東魏將任祥堯雄等戰於潁川皆破之徵為太子中庶子九年從戰邙山還持節大都督十三年拜車騎大將軍儀同三司又從弼討稽胡檦功居多除幽州刺史增邑三百戶十五年拜驃騎大將軍開府儀同三司魏廢帝初從趙貴征茹茹論功為最改封封山縣公增邑并前二千一百戶孝閔帝踐阼進位大將軍武成初又從豆盧寧征稽胡大獲而還進爵汝南郡公出為總管延綏丹三州諸軍事延州刺史四年卒於鎮贈恆朔等五州刺史檦無子以弼子椿嗣先以檦勳功封魏平縣子大象末開府儀同三司大將軍右宮伯改封河東郡公

于謹字思敬河南洛陽人也小名巨彌曾祖婆魏懷荒鎮將祖安定平涼郡守

高平郡將父提隴西郡守荏平縣伯保定二年以謹著勳追贈使持節柱國大將軍太保建平郡公謹性沉深有識量略窺經史尤好孫子兵書屏居閭里未有仕進之志或有勸之者謹曰州郡之職昔人所鄙台鼎之位須待時來吾所以優遊郡邑聊以卒歲耳太宰元穆見之歎曰王佐材也及破六汗拔陵首亂北境引茹茹爲援大行臺僕射元纂率衆討之宿聞謹名辟爲鎧曹參軍事從軍北伐茹茹聞大軍之逼遂逃出塞纂令謹率二千騎追之至郁對原前後十七戰盡降其衆後率輕騎出塞覘賊屬鐵勒數千騎奄至謹以衆寡不敵退必不免乃散其衆騎使匿叢薄之間又遣人升山指麾若分部軍衆者賊望見雖疑有伏兵既恃其衆不以爲慮乃進軍逼謹謹以常乘駿馬一紫一騧賊先所識乃使二人各乘一馬突陣而出賊以爲謹也皆爭逐之謹乃率餘軍擊之其追騎遂奔走因得入塞正光四年行臺廣陽王元深治兵北伐引謹爲長流參軍特相禮接所有謀議皆與謹參之乃使其子佛陁拜焉其見待如此遂與廣陽王破賊主斛律野穀祿等時魏末亂羣盜蜂起謹乃從容謂廣陽王曰自正

光以後海內沸騰郡國荒殘農商廢業今殿下奉義行誅遠臨關塞然醜類蟻聚其徒實繁若極武窮兵恐非計之上者謹願稟大王之威略馳往喻之必不勞兵甲可致清蕩廣陽王然之謹兼解諸國語乃單騎入賊示以恩信於是西部鐵勒酋長乜列河等領三萬餘戶並款附相率南遷廣陽王欲與謹至折敷嶺迎接之謹曰破六汗拔陵兵衆不少聞乜列河等歸附必來要擊彼若先據險要則難與爭鋒今以乜列河等餌之當競來抄掠然後設伏以待必指掌破之廣陽然其計拔陵果來要擊破乜列河於嶺上部衆皆沒謹伏兵發賊遂大敗悉收得乜列河之衆魏帝嘉之除積射將軍孝昌元年又隨廣陽王征鮮于脩禮軍次白牛邏會章武王爲脩禮所害遂停軍中山侍中元晏宣言於靈太后曰廣陽王以宗室之重受律專征今乃盤桓不進坐圖非望又有于謹者智略過人爲其謀主風塵之際恐非陛下之純臣矣靈太后深納之詔於尚書省門外立牓募能獲謹者許重賞謹聞之乃謂廣陽曰今女主臨朝取信讒佞脫不明白殿下素心便恐禍至無日謹請束身詣闕歸罪有司披露腹心自免殃

禍廣陽許之謹遂到牓下曰吾知此人衆人共詰之謹曰我即是也有司以聞
靈太后引見之大怒謹備論廣陽忠款兼陳停軍之狀靈后意稍解遂捨之尋
加別將二年梁將曹義宗據守穰城數爲邊患乃令謹與行臺尚書辛纂率兵
討之相持累年經數十戰進拜都督宣威將軍冗從僕射孝莊帝即位除鎮遠
將軍尋轉直寢又隨太宰元天穆討葛榮平邢杲拜征虜將軍從尒朱天光破
万俟醜奴封石城縣伯邑五百戶普泰元年除征北大將軍金紫光祿大夫散
騎常侍又隨天光平宿勤明達別討夏州賊賀遂有伐等平之授大都督從天
光與齊神武戰於韓陵山天光既敗謹遂入關賀拔岳表謹留鎮除衞將軍咸
陽郡守太祖臨夏州以謹爲防城大都督兼夏州長史及岳被害太祖赴平涼
謹乃言於太祖曰魏祚陵遲權臣擅命羣盜蜂起黔首嗷然明公仗超世之姿
懷濟時之略四方遠近咸所歸心願早建良圖以副衆望太祖曰何以言之謹
對曰關右秦漢舊都古稱天府將士驍勇厥壤膏腴西有巴蜀之饒北有羊馬
之利今若據其要害招集英雄養卒勸農足觀時變且天子在洛逼迫羣兇若

陳明公之懇誠算時事之利害請都關右帝必嘉而西遷然後挾天子而令諸侯奉王命以討暴亂桓文之業千載一時也太祖大悅會有勑追謹爲關內大都督謹因進都關中之策魏帝納之尋而齊神武逼洛陽謹從魏帝西遷仍從太祖征潼關破迴洛城授使持節車騎大將軍儀同三司北雍州刺史進爵藍田縣公邑一千戶大統元年拜驃騎大將軍開府儀同三司其年夏陽人王遊浪聚據楊氏壁謀逆謹討擒之是歲大軍東伐謹爲前鋒至盤豆東魏將高叔禮守險不下攻破之拔虜其卒又因此拔弘農擒東魏陝州刺史李徽伯齊神武至沙苑謹從太祖與諸將力戰破之進爵常山郡公增邑一千戶又從戰河橋拜大丞相府長史兼大行臺尚書稽胡帥夏州刺史劉平叛謹率衆討平之除大都督恆并燕肆雲五州諸軍事大將軍恆州刺史入爲太子太師九年復從太祖東征別攻柏谷塢拔之邙山之戰大軍不利謹率其麾下僞降立於路左齊神武軍乘勝逐北不以爲虞追騎過盡謹乃自後擊之敵人大駭獨孤信又集兵士於後奮擊齊神武軍遂亂以此大軍得全十二年拜尚書左僕射領

司農卿及侯景款附請兵爲援太祖命李弼率兵應之謹諫曰侯景少習兵權情實難測且宜厚其禮秩以觀其變卽欲遣兵良用未可太祖不聽尋復兼大行臺尚書丞相府長史率兵鎭潼關加授華州刺史贈秬鬯一卣圭瓚副焉俄拜司空增邑四百戶十五年進位柱國大將軍齊氏稱帝太祖征之以謹爲後軍大都督別封一子鹽亭縣侯邑一千戶魏恭帝元年除雍州刺史初梁元帝平侯景之後於江陵嗣位密與齊氏通使將謀侵軼其兄子岳陽王詧時爲雍州刺史以梁元帝殺兄譽遂結讐隙據襄陽來附仍請王師乃令謹率衆出討太祖餞於青泥谷長孫儉問謹曰爲蕭繹之計將欲如何謹曰耀兵漢沔席卷渡江直據丹陽是其上策移郭內居民退保子城峻其陴堞以待援至是其中策若難於移動據守羅郭是其下策儉曰揣繹定出何策謹曰必用下策儉曰彼棄上而用下何也對曰蕭氏保據江南綿歷數紀屬中原多故未遑外略又以我有齊氏之患必謂力不能分且繹懦而無謀多疑少斷愚民難與慮始皆戀邑居旣惡遷移當保羅郭所以用下策也謹乃令中山公護及大將軍楊忠

等率精騎先據江津斷其走路梁人豎木柵於外城廣輪六十里尋而謹至悉衆圍之梁王屢遣兵於城南出戰輒爲謹所破旬有六日外城遂陷梁主退保子城翌日率其太子以下面縛出降尋殺之虜其男女十餘萬人收其府庫珍寶得宋渾天儀梁日晷銅表魏相風烏銅蟠螭趺大玉徑四尺圍七尺及諸轝輦法物以獻軍無私焉立蕭詧爲梁主振旅而旋太祖親至其第宴語極歡賞謹奴婢一千口及梁之寶物幷金石絲竹樂一部別封新野郡公邑二千戶謹固辭太祖不許又令司樂作常山公平梁歌十首使工人歌之謹自以久當權勢位望隆重功名既立願保優閑乃上先所乘駿馬及所著鎧甲等太祖識其意乃曰今巨猾未平公豈得便爾獨善遂不受六官建拜大司徒及太祖崩孝閔帝尚幼中山公護雖受顧命而名位素下羣公各圖執政莫相率服護深憂之密訪於謹謹曰夙蒙丞相殊睠情深骨肉今日之事必以死爭之若對衆定策公必不得辭讓明日羣公會議謹曰昔帝室傾危人圖問鼎丞相志在匡救投袂荷戈故得國祚中興羣生遂性今上天降禍奄棄庶寮嗣子雖幼而中山

公親則猶子兼受顧託軍國之事理須歸之辭色抗厲衆皆悚動護曰此是家事素雖庸昧何敢有辭謹既太祖等夷護每申禮敬至是謹乃趨而言曰公若統理軍國謹等便有所依遂再拜羣公迫於謹亦再拜因是衆議始定孝閔帝踐阼進封燕國公邑萬戶遷太傅大宗伯與李弼侯莫陳崇等參議朝政及賀蘭祥討吐谷渾也謹遥統其軍授以方略保定二年謹以年老上表乞骸骨詔報曰昔師尚父年踰九十召公奭幾將百歲皆勤王家自彊不息今元惡未除九州不一將以公爲舟檝弘濟於艱難豈容忘二公之雅操而有斯請朕用恧焉公若更執謙沖有司宜斷啓三年四月詔曰樹以元首主乎教化率民孝悌置之仁壽是以古先明后咸若斯典立三老五更躬自袒割朕以眇身處茲南面何敢遺此黄髮不加尊敬太傅燕國公謹執德淳固爲國元老饋以乞言朝野所屬可爲三老有司具禮擇日以聞謹上表固辭詔答不許又賜延年杖高祖幸太學以食之三老入門皇帝迎拜門屏之間三老答拜有司設三老席於中楹南向太師晉國公護升階設几施席三老升席南面憑几而坐以師道自

居大司馬楚國公寧升階正舄皇帝升階立於斧扆之前西面有司進饌皇帝跪設醬豆親自袒割三老食訖皇帝又親跪授爵以酳有司撤訖皇帝北面立而訪道三老乃起立於席後皇帝曰猥當天下重任自惟不才不知政治之要公其誨之三老答曰木受繩則正后從諫則聖自古明王聖主皆虛心納諫以知得失天下乃安唯陛下念之又曰爲國之本在乎忠信是以古人云去食去兵信不可失國家興廢莫不由之願陛下守而勿失又曰治國之道必須有法法者國之綱紀綱紀不可不正所正在於賞罰若有功必賞有罪必罰則有善者日益爲惡者日止若有功不賞有罪不罰則天下善惡不分下民無所措其手足矣又曰言行者立身之基言出行隨誠宜相顧願陛下三思而言九慮而行若不思不慮必有過失天子之過事無大小如日月之蝕莫不知者願陛下慎之三老言畢皇帝再拜受之三老答拜焉禮成而出及晉公護東伐謹時老病護以其宿將舊臣猶請與同行詢訪戎略軍還賜鐘磬一部天和二年又賜安車一乘尋授雍州牧三年薨于位年七十六高祖親臨詔譙王儉監護喪事

賜繒綵千段粟麥五千斛贈本官加使持節太師雍恆等二十州諸軍事雍州刺史謚曰文及葬王公已下咸送出郊外配享於太祖廟庭謹有智謀善於事上名位雖重愈存謙挹每朝參往來不過從兩三騎而已朝廷凡有軍國之務多與謹決之謹亦竭其智能弼諧帝室故功臣之中特見委信始終若一人無間言每教訓諸子務存靜退加以年齒遐長禮遇隆重子孫繁衍皆至顯達當時莫與爲比焉子寔嗣

寔字賓實少和厚年未弱冠入太祖幕府從征潼關及迴洛城大統三年又從復弘農戰沙苑以前後功封萬年縣子邑五百戶授主衣都統河橋之役先鋒陷陣軍還寔又爲內殿除通直散騎常侍轉太子右衞率加都督又從太祖戰於邙山十一年詔寔侍講東宮侯景來附遣寔與諸軍援之平九曲城進大都督遷儀同三司加散騎常侍十四年除尚書是歲太祖與魏太子西巡寔時從太祖刻石於隴山之上錄功臣位以次鐫勒預以寔爲開府儀同三司至十五年方授之尋除滑州刺史特給鼓吹一部進爵爲公增邑二百戶魏恭帝二年

羌東念姐率部落反結連吐谷渾每爲邊患遣大將軍豆盧寧討之踰時不剋又令寔往遂破之太祖手書勞問賜奴婢一百口馬一百疋孝閔帝踐阼授民部中大夫進爵延壽郡公邑二千戶又進位大將軍除勳州刺史入爲小司寇天和二年延州蒲川賊郝三郎等反攻逼丹州遣寔率衆討平之斬三郎首獲雜畜萬餘頭乃除延州刺史五年襲爵燕國公進位柱國以罪免尋復本官除涼州總管大象二年加上柱國拜大左輔隋開皇元年薨贈司空諡曰安子顗大象末上開府吳州總管新野郡公顗弟仲文大將軍延壽郡公仲文弟象賢儀同三司尚高祖女寔弟翼自有傳翼弟義上柱國潼州總管建平郡公義弟禮上大將軍趙州刺史安平郡公禮弟智初爲開府以受宣帝旨告齊王憲反遂封齊國公尋拜柱國涼州總管大司空智初弟紹上開府綏州刺史華陽郡公紹弟弼上儀同平恩縣公弼弟蘭上儀同襄陽縣公蘭弟曠上儀同贈恆州刺史

史臣曰賀拔岳變起倉卒侯莫陳悅意在兼幷于時將有離心士無固志洛撫

緝散亂抗禦仇讐全師而還敵人絶覬覦之望度德而處霸王建匡合之謀此功故不細也李弼于謹懷佐時之略逢啓聖之運綢繆顧遇締構艱難帷幄盡其謨猷方面宣其庸績擬巨川之舟檝爲大廈之棟梁非惟攀附成名抑亦材謀自取及謹以耆年碩德譽重望高禮備上庠功歌司樂常以滿盈爲戒覆折是憂不有君子何以能國

周書卷十五

周書卷十五考證

李弼傳遼東襄平人也○北史作隴西成紀人

翌日弼密通使太祖○翌日北史作是日

于謹傳曾祖婆魏懷荒鎮將祖安定平涼郡守高平郡將○臣文淳按北史于栗磾傳魏書外戚傳俱云栗磾孫勁勁弟天恩子仁生仁生子安定平原郡守高平郡將是謹之曾祖乃仁生無所謂婆者又按謹父提魏書入節義傳本傳亦失載

廣陽王欲與謹至折敷嶺迎接之○折敷嶺北史作折廓嶺

智初弟紹○按齊王憲傳及通鑑皆作于智此云智初因上文禮弟智初爲開府初字連讀而訛耳

周書卷十五考證

# 周書卷十六

唐　令　狐　德　棻　等　撰

## 列傳第八

趙貴　獨孤信　侯莫陳崇弟瓊　凱

趙貴字元貴天水南安人也曾祖達魏庫部尚書臨晉子祖仁以良家子鎮武川因家焉貴少穎悟有節概魏孝昌中天下兵起貴率鄉里避難南遷屬葛榮陷中山遂被拘逼榮敗尒朱榮以貴爲別將從討元顥有功賜爵燕樂縣子授伏波將軍武賁中郎將從賀拔岳平關中賜爵魏平縣伯邑五百戶累遷鎮北將軍光祿大夫都督及岳爲侯莫陳悅所害將吏奔散莫有守者貴謂其黨曰吾聞仁義豈有常哉行之則爲君子違之則爲小人朱伯厚王叔治感意氣微恩尚能蹈履名節況吾等荷賀拔公國士之遇寧可自同衆人乎涕泣歔欷於是從之者五十人乃詣悅詐降悅信之因請收葬岳言辭慷慨悅壯而許之貴乃收岳屍還與寇洛等糾合其衆奔平涼共圖拒悅貴首議迎太祖語在太祖

紀太祖至以貴爲大都督領府司馬悅平以本將軍持節行秦州事當州大都督爲政清靜民吏懷之齊神武舉兵向洛使其都督韓軌進據蒲坂太祖以貴爲行臺與梁禦等討之未濟河而魏孝武已西入關拜車騎大將軍儀同三司兼右衞將軍時曹泥據靈州拒守以貴爲大都督與李弼等率衆討之進爵爲侯增邑五百戶又以預立魏文帝勳進爵爲公增邑通前一千五百戶尋授岐州刺史時以軍國多務藉貴力用遂不之部仍領大丞相府左長史加散騎常侍梁企定稱亂河右以貴爲隴西行臺率衆討破之從太祖復弘農戰沙苑拜侍中驃騎大將軍開府儀同三司進爵中山郡公除雍州刺史從戰河橋貴與怡峯爲左軍戰不利先還又從援玉壁齊神武遁去高仲密以北豫州降太祖率師迎之與東魏人戰於邙山貴爲左軍失律諸軍因此並潰坐免官以驃騎大都督領本軍尋復官爵拜御史中尉加大將軍東魏將高岳慕容紹宗等圍王思政於頴川貴率軍援之東南諸州兵亦受貴節度東魏人遏洧水灌城軍不得至思政遂沒貴乃班師尋拜柱國大將軍賜姓乙弗氏茹茹寇廣武貴擊

破之斬首數千級收其輜重振旅而還六官建以貴爲太保大宗伯改封南陽郡公孝閔帝踐阼遷太傅大冢宰進封楚國公邑萬戶初貴與獨孤信等皆與太祖等夷及孝閔帝即位晉公護攝政貴自以元勳佐命每懷快快有不平之色乃與信謀殺護及期貴欲發信止之尋爲開府宇文盛所告被誅

獨孤信雲中人也本名如願魏氏之初有三十六部其先伏留屯者爲部落大人與魏俱起祖俟尼和平中以良家子自雲中鎮武川因家焉父庫者爲領民酋長少雄豪有節義北州咸敬服之信美容儀善騎射聖光末與賀拔度等同斬衛可孤由是知名以北邊喪亂避地中山爲葛榮所獲信既少年好自修飾服章有殊於衆軍中號爲獨孤郎及尒朱氏破葛榮以信爲別將從征韓婁信疋馬挑戰擒賊漁陽王袁肆周以功拜員外散騎侍郎尋轉驍騎將軍因鎮滏口元顥入洛榮以信爲前驅與顥黨戰於河北破之拜安南將軍賜爵爰德縣侯建明初出爲荆州新野鎮將帶新野郡守尋遷荆州防城大都督帶南鄉守頻典二部皆有聲績賀拔勝出鎮荆州乃表信爲大都督從勝攻梁下溠戍破

之還武衛將軍及勝弟岳爲侯莫陳悅所害勝乃令信入關撫岳餘衆屬太祖已統岳兵信與太祖鄉里少相友善相見甚歡因令信入洛請事至雍州大使元毗又遣信還荊州尋徵信入朝魏孝武雅相委任及孝武西遷事起倉卒信單騎及之於瀍澗孝武歎曰武衛遂能辭父母捐妻子遠來從我世亂識貞良豈虛言哉卽賜信御馬一疋進爵浮陽郡公邑一千戶時荊州雖陷東魏民心猶戀本朝乃以信爲衛大將軍都督三荊州諸軍事兼尚書右僕射東南道行臺大都督荊州刺史以招懷之信至武陶東魏遣其弘農郡守田八能率蠻左之衆拒信於淅陽又遣其都督張齊民以步騎三千出信之後信謂其衆曰今我士卒不滿千人而首尾受敵若却擊齊民則敵人謂爲退走必來要截未若先破八能遂奮擊八能敗而齊民亦潰信乘勝襲荊州東魏刺史辛纂勒兵出戰士庶既懷信遺惠信臨陣喻之莫不解體因而縱兵擊之纂大敗奔城趨門未及闔信都督楊忠等前驅斬纂語在忠傳於是三荊遂定就拜車騎大將軍儀同三司東魏又遣其將高敖曹侯景等率衆奄至信以衆寡不敵遂率麾下

奔梁居三載梁武帝方始許信還北信父母既在山東梁武帝問信所往信答以事君無二梁武帝深義之禮送甚厚大統三年秋至長安自以虧損國威上書謝罪魏文帝付尚書議之七兵尚書陳郡王王言等議以爲邊將董戎龔行天罰喪師敗績國刑無捨荊州刺史獨孤如願任當推轂遠襲襄宛斬賊帥辛纂傳首京師論功語效寔合嘉賞但庸績不終旋致淪沒責成之義朝寄有違然孤軍數千後援未接賊衆我寡難以自固既經恩降理絕刑書昔秦宥孟明漢捨廣利卒能改過立功垂芳竹帛以今方古抑有成規臣等參議請赦罪復其舊職魏文帝詔曰如願荊襄之役寔展功効既屬強寇力屈道窮歸賊不可還朝路絕適事求宜未足稱過違難如吳誠貫夷險義全終始良可嘉歎復情存謙退款心謝責寧容議及恩降止云免咎斯則事失權宜理乖通變可轉驃騎大將軍加侍中開府其使持節儀同三司浮陽郡公悉如故尋拜領軍仍從太祖復弘農破沙苑改封河內郡公增邑二千戶時俘虜中有信親屬始得父凶問乃發喪行服尋起爲大都督率衆與馮翊王元季海入洛陽潁豫襄廣陳

留之地並相繼款附四年東魏將侯景等率衆圍洛陽信據金墉城隨方拒守旬有餘日及太祖至瀍東景等退走信與李遠爲右軍戰不利東魏遂有洛陽六年侯景寇荊州太祖令信與李弼出武關景退以信爲大使慰撫三荊尋除隴右十州大都督秦州刺史先是守宰闇弱政令乖方民有冤訟歷年不能斷決及信在州事無壅滯示以禮教勸以耕桑數年之中公私富實流民願附者數萬家太祖以其信著遐邇故賜名爲信七年岷州刺史赤水蕃王梁企定舉兵反詔信討之企定尋爲其部下所殺而企定子弟仍收其餘衆信乃勒兵向萬年頓三交口賊併力拒守信因詭道趨稠松嶺賊不虞信兵之至望風奔潰乘勝逐北徑至城下賊並出降加授太子太保邙山之戰大軍不利信與于謹收散卒自後擊之齊神武追騎驚擾諸軍因此得全十二年涼州刺史宇文仲和據州不受代太祖令信率開府怡峯討之仲和嬰城固守信夜令諸將以衝梯攻其東北信親帥壯士襲其西南值明尅之擒仲和虜其民六千戶送于長安拜大司馬十三年大軍東討時以茹茹爲寇令信移鎮河陽十四年進位柱

國大將軍錄剋下溠守洛陽破岷州平涼州等功增封聽回授諸子於是第二子善封魏寧縣公第三子穆文侯縣侯第四子藏義寧縣侯邑各一千戶第五子順項城縣伯第六子陁建忠縣伯邑各五百戶信在隴右歲久啓求還朝太祖不許或有自東魏來者又告其母凶問信發喪行服屬魏太子與世祖巡北邊因至河陽弔信信陳哀苦請終禮制又不許於是追贈信父庫者司空公追封信母費連氏常山郡君十六年大軍東討信率隴右數萬人從軍至崤坂而還遷尚書令六官建拜大司馬孝閔帝踐阼遷太保大宗伯進封衛國公邑萬戶趙貴誅後信以同謀坐免居無幾晉公護又欲殺之以其名望素重不欲顯其罪逼令自盡於家時年五十五信風度弘雅有奇謀大略太祖初啓霸業唯有關中之地以隴右形勝故委信鎮之既爲百姓所懷聲振鄰國東魏將侯景之南奔梁也魏收爲檄梁文矯稱信據隴右不從宇文氏仍云無關西之憂欲以威梁人也又信在秦州嘗因獵日暮馳馬入城其帽微側詰旦而吏民有戴帽者咸慕信而側帽焉其爲鄰境及士庶所重如此子羅先在東魏乃以次子

善爲嗣及齊平羅至善卒又以羅爲嗣羅字羅仁大象元年除楚安郡守授儀同大將軍善子伏陁幼聰慧善騎射以父勳封魏寧縣公魏廢帝元年又以父勳授驃騎大將軍開府儀同三司加侍中進爵長安郡公孝閔帝踐阼除河州刺史以父負釁久廢於家保定三年乃授龍州刺史天和六年襲爵河內郡公邑二千戸從高祖東討以功授上開府尋除兗州刺史政存簡惠百姓安之卒於位年三十八贈使持節柱國定趙恆滄瀛五州諸軍事定州刺史信長女周明敬后第四女元貞皇后第七女隋文獻后周隋及皇家三代皆爲外戚自古以來未之有也隋文帝踐極乃下詔曰褒德累行往代通規追遠慎終前王盛典故使持節柱國河內郡開國公信風宇高曠獨秀生人睿哲居宗清猷映世宏謨長策道著於弼諧緯義經仁事深於拯濟方當宣風廊廟亮采台階而世屬艱危功高弗賞眷言令範事切于心今景運初開椒闈肅建載懷塗山之義無忘褒紀之典可贈太師上柱國冀定相滄瀛趙恆洺貝十州諸軍事冀州刺史趙國公邑一萬戸諡曰景追贈信父庫者使持節太尉上柱國定恆滄瀛平

燕六州諸軍事定州刺史封趙國公邑一萬戶謚曰恭信母費連氏贈太尉恭
公夫人
侯莫陳崇字尚樂代郡武川人其先魏之別部居庫斛真水五世祖曰太骨都
侯其後世爲渠帥祖允以良家子鎮武川因家焉父興殿中將軍羽林監崇少
驍勇善馳射謹慤少言年十五隨賀拔岳與尒朱榮征葛榮又從元天穆討邢
杲平之以功除建威將軍別從岳破元顥於洛陽還直寢後從岳入關破赤水
蜀時万俟醜奴圍岐州遣其將尉遲菩薩將兵向武功崇從岳力戰破之乘
勝逐北解岐州圍又赴百里細川破賊帥侯伏侯元進柵醜奴率其餘衆奔高
平崇與輕騎逐北至涇州長坑及之賊未成列崇單騎入賊中於馬上生擒醜
奴於是大呼衆悉披靡莫敢當之後騎益集賊徒因悉逃散遂大破之岳以醜
奴所乘馬及寶劍金帶賞崇除安北將軍大中大夫都督封臨涇縣侯邑八百
戶及岳爲侯莫陳悅所害崇與諸將同謀迎太祖太祖至軍原州刺史史歸猶
爲悅守太祖遣崇襲歸崇潛軍夜往輕將七騎直到城下餘衆皆伏於近路歸

見騎少遂不設備崇卽入據城門時李遠兄弟在城內先知崇來於是中外鼓噪伏兵悉起遂擒歸斬之以崇行原州事仍從平悅轉征西將軍又遣崇慰撫秦州別封廣武縣伯邑七百戶大統元年除涇州刺史加散騎常侍大都督進爵爲公累遷車騎大將軍儀同三司驃騎大將軍開府儀同三司改封彭城郡公邑三千戶三年從擒竇泰復弘農破沙苑增邑二千戶四年從戰河橋崇功居多七年稽胡反崇率衆討平之尋除雍州刺史兼太子詹事十五年進位柱國大將軍轉少傅魏恭帝元年出爲寧州刺史還尚書令六官建拜大司空孝閔帝踐阼進封梁國公邑萬戶加太保歷大宗伯大司徒保定二年崇從高祖幸原州高祖夜還京師竊怪其故崇謂所親人常昇曰吾昔聞卜筮者言晉公今年不利車駕今忽夜還不過是晉公死耳於是衆皆傳之或有發其事者高祖召諸公卿於大德殿責崇崇惶恐謝罪其夜護遣使將兵就崇宅逼令自殺禮葬如常儀謚曰躁護誅後改謚曰莊閔子芮嗣拜大將軍進位柱國從高祖東伐率衆守大行道并州平授上柱國仍從平鄴拜大司馬崇弟瓊字世樂年

八歲喪父養母至孝善事諸兄內外莫不敬之以軍功封靈丘縣男邑三百戶從魏孝武入關爲太祖直盪都督大統三年遷尙藥典御三年拜太子右衛率進爵爲侯從獨孤信征梁企定累遷北秦州刺史十四年拜車騎大將軍儀同三司孝閔帝踐阼進爵武安縣公增邑幷前二千戶出爲鄀州刺史武成二年還金州總管六州諸軍事金州刺史保定元年拜大將軍天和四年轉荆州總管十四州八防諸軍事荆州刺史尋進位柱國進爵同昌郡公建德二年拜大宗伯出爲秦州總管四年從高祖東伐爲後二軍總管尋改封武威郡公大象二年加上柱國瓊弟凱字敬樂性剛正頗好經史隨兄崇以軍功賜爵下蔡縣男大統元年爲東宮侍書從太祖擒竇泰破沙苑陣以功拜寧遠將軍累遷羽林監東宮洗馬太子庶子進授都督十四年兄崇以平原州功賜爵靈武縣侯詔聽轉授凱累遷東宮武衛率尙書右丞轉左丞進位車騎大將軍儀同三司六官建授司門下大夫孝閔帝踐阼拜工部中大夫進位開府儀同三司轉司憲中大夫進爵爲公復除工部中大夫世宗初出爲宜州刺史武成二年入爲

禮部中大夫保定中復爲陵州刺史轉丹州刺史所在頗有政績天和中入爲
司會中大夫建德二年爲聘齊使主
史臣曰蕭何文吏自愛懼秦法誅戮乃推奉漢高李通家傳讖術知劉氏當興
遂翊戴光武終而白水復禹中陽纂堯方策以爲美談功臣仰其徽烈趙貴志
懷忠義首倡大謀爰啓聖明克復讐恥關中全二百之險周室定三分之業彼
此一時足爲連類獨孤信威申南服化洽西州信著遐方光照隣國侯莫陳崇
以勇悍之氣當戰爭之利輕騎啓高平之扉疋馬得長坑之捷並以宏材遠略
附鳳攀龍績著元勳位居上袞而識慙明悊咸以凶終惜哉信雖不免其身慶
延于後三代外戚何其盛歟
初魏孝莊帝以尒朱榮有翊戴之功拜榮柱國大將軍位在丞相上榮敗後此
官遂廢大統三年魏文帝復以太祖建中興之業始命爲之其後功參佐命望
實俱重者亦居此職自大統十六年以前任者凡有八人太祖位總百揆督中
外軍魏廣陵王欣元氏懿戚從容禁闈而已此外六人各督二大將軍分掌禁

旅當爪牙禦侮之寄當時榮盛莫與爲比故今之稱門閥者咸推八柱國家云
今并十二大將軍錄之於左
使持節太尉柱國大將軍大都督尙書左僕射隴右行臺少師隴西郡開國公
李虎
使持節太傅柱國大將軍大宗伯大司徒廣陵王元欣
使持節太保柱國大將軍大都督大宗伯趙郡開國公李弼
使持節柱國大將軍大都督大司馬河內郡開國公獨孤信
使持節柱國大將軍大都督大司寇南陽郡開國公趙貴
使持節柱國大將軍大都督大司空常山郡開國公于謹
使持節柱國大將軍大都督少傅彭城郡開國公侯莫陳崇
右與太祖爲八柱國後並改封此並太祖時爵
使持節大將軍大都督少保廣平王元贊
使持節大將軍大都督淮王元育

使持節大將軍大都督齊王元廓
使持節大將軍大都督秦七州諸軍事秦州刺史章武郡開國公宇文導
使持節大將軍大都督平原郡開國公侯莫陳順
使持節大將軍大都督雍七州諸軍事雍州刺史高陽郡開國公達奚武
使持節大將軍大都督陽平公李遠
使持節大將軍大都督范陽郡開國公豆盧寧
使持節大將軍大都督化政郡開國公宇文貴
使持節大將軍大都督荊州諸軍事荊州刺史博陵郡開國公賀蘭祥
使持節大將軍大都督陳留郡開國公楊忠
使持節大將軍大都督岐州諸軍事岐州刺史武威郡開國公王雄
右十二大將軍又各統開府二人每一開府領一軍兵是爲二十四
軍自大統十六年以前十二大將軍外念賢及王思政亦作大將軍
然賢作牧隴右思政出鎮河南並不在領兵之限此後功臣位至柱

國及大將軍者衆矣咸是散秩無所統御六柱國十二大將軍之後
有以位次嗣掌其事者而德望素在諸公之下不得預於此列

周書卷十六

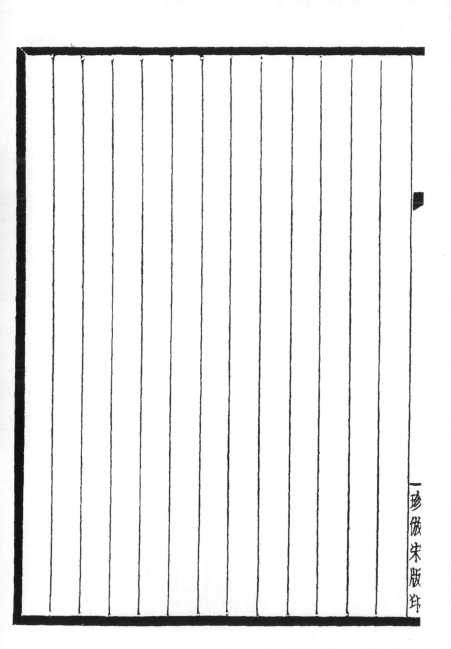

周書卷十六考證

趙貴傳趙貴字元貴○北史作字元寶

獨孤信傳陳郡王王言等○北史作陳郡王玄等爲是

第三子穆文侯縣侯○北史作必要縣侯

侯莫陳崇傳遣其將李尉遲菩薩將兵向武功○李字下有脫字

周書卷十六考證

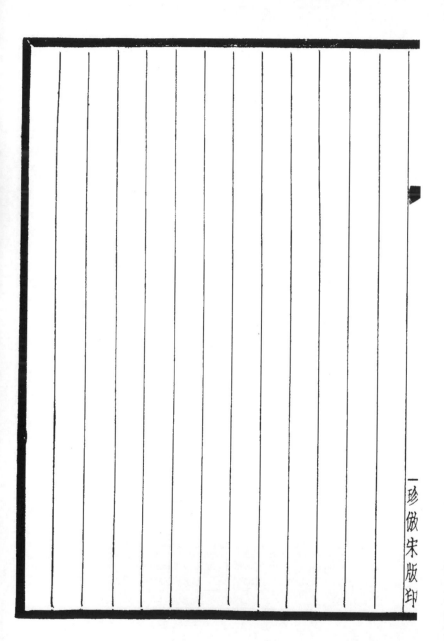

唐 令狐德棻等 撰

# 列傳第九

梁禦　若干惠　怡峯　劉亮　王德

梁禦字善通其先安定人也後因官北邊遂家於武川改姓爲紇豆陵氏高祖俟力提從魏太祖征討位至揚武將軍定陽侯禦少好學進趨詳雅及長更好弓馬尒朱天光西討知禦有志略引爲左右授宣威將軍都將共平關右除鎮西將軍東益州刺史第一領民酋長封白水縣伯邑三百戶轉征西將軍金紫光祿大夫後從賀拔岳鎮長安及岳被害禦與諸將同謀翊戴太祖從征侯莫陳悅遷武衛將軍太祖既平秦隴方欲引兵東下雍州刺史賈顯持兩端通使於齊神武太祖微知其意以禦爲大都督雍州刺史領前軍先行既與顯相見因說顯曰魏室陵遲天下鼎沸高歡志在凶逆梟夷非遠宇文夏州英姿不世算略無方方欲扶危定傾匡復京洛公不於此時建立功効乃懷猶豫恐禍不

旋踵奚顯即出迎太祖禦遂入鎮雍州授車騎大將軍儀同三司大統元年轉右衛將軍進爵信都縣公邑一千戶尋授尚書右僕射從太祖復弘農破沙苑加侍中開府儀同三司進爵廣平郡公增邑一千五百戶出爲東雍州刺史爲政舉大綱而已民庶稱焉四年薨於州臨終唯以國步未康爲恨言不及家贈太尉尚書令雍州刺史謚曰武昭子睿襲爵天和中拜開府儀同三司以預佐命有功進蔣國公大象末除益州總管加授柱國睿將之任而王謙舉兵拒不受代仍詔睿爲行軍元帥討謙破之進位上柱國

若干惠字惠保代郡武川人也其先與魏氏俱起以國爲姓父樹利周從魏廣陽王深征葛榮戰沒贈冀州刺史惠年弱冠從尒朱榮征伐定河北破元顥以功拜中堅將軍復以別將從賀拔岳西征解岐州圍擒万俟醜奴平永洛定隴右每力戰有功封北平縣男邑二百戶累遷鎮遠將軍都督直寢征西將軍金紫光祿大夫及岳爲侯莫陳悅所害惠與寇洛趙貴等同謀翊戴太祖仍從平悅拜直閣將軍魏孝武西遷除右衛將軍大都督進爵魏昌縣伯邑五百戶出

爲北華州刺史加使持節驃騎將軍大統初拜儀同三司進爵爲公增邑五百戶從擒竇泰復弘農破沙苑惠每先登陷陣加侍中開府進爵長樂郡公增邑通前二千二百戶四年魏文帝東巡洛陽與齊神武戰於河橋惠力戰破之大收降卒七年遷中領軍及高仲密舉北豫州來附太祖帥師迎之軍至洛陽齊神武於邙山將以邀我太祖乃徙輜重於瀍曲夜勒兵襲之及戰惠爲右軍與中軍大破之逐北數里虜其步卒齊神武兵乃萃於左軍軍將趙貴等與戰不利諸軍因之並退時會日暮齊神武兵屢來攻惠惠擊之皆披靡至夜中齊神武騎復來追惠惠徐乃下馬顧命廚人營食食訖謂左右曰長安死此中死異乎乃建旗鳴角收諸敗軍而還齊神武追騎憚惠疑有伏兵不敢逼至弘農見太祖陳賊形勢恨其垂成之功覆於一簣於是歔欷不能自勝太祖壯之尋拜秦州刺史未及之部遷司空惠性剛質有勇力容貌魁岸善於撫御將士莫不懷恩人思効節十二年東魏將侯景侵襄州惠率兵擊走之明年景請內附朝議欲收輯河南令惠以本官鎮魯陽以爲聲援遇疾薨於軍惠於諸將年最少

早喪父事母以孝聞太祖嘗造射堂新成與諸將宴射惠竊歎曰親老矣何時
辦此乎太祖聞之卽日徙堂於惠宅其見重如此及薨太祖爲之流涕者久之
惠喪至又臨撫焉贈本官加秦州刺史謚曰武烈子鳳嗣鳳字達摩少沉深有
識度大統末襲父爵長樂郡公尚太祖女魏廢帝二年授驃騎大將軍開府儀
同三司魏恭帝三年除左宮伯尋出爲洛州刺史徵拜大馭中大夫保定四年
追錄佐命之功封鳳徐國公增邑幷前五千戸建德二年拜柱國
怡峯字景阜遼西人也本姓默台因避難改焉高祖寬燕遼西郡守魏道武時
率戸歸朝拜羽真賜爵長蛇公曾祖文冀州刺史峯少從征役以驍勇聞永安
中假龍驤將軍爲都將從賀拔岳討万俟醜奴以功授給事中明威將軍轉征
虜將軍都督賜爵蒲陰縣男及岳被害峯與趙貴等同謀翊戴太祖進爵爲伯
時原州刺史史歸猶爲侯莫陳悅守太祖令峯與侯莫陳崇討擒之及齊神武
與魏孝武帝構隙帝頻勑太祖簡銳卒入衞京邑太祖乃令峯與都督趙貴等
率輕騎赴洛陽至潼關值魏孝武西遷峯卽從太祖拔回洛復潼關拜安東將

軍華州刺史尋轉大都督討曹泥有功進爵華陽縣公邑一千戶大統二年從
太祖破竇泰於小關還拜散騎常侍車騎大將軍儀同三司又從復弘農破沙
苑進爵樂陵郡公乃與元季海獨孤信復洛陽峯率奇兵至成皐入其郛收其
戶口而還東魏遣行臺任祥率步騎萬餘攻頴川峯復以輕騎五百邀擊之自
是威名轉盛加授開府儀同三司東魏圍洛陽峯與季海守金墉太祖至圍解
即與東魏戰於河橋時峯爲左軍不利與李遠先還太祖因此班師詔原其罪
拜東西北三夏州諸軍事夏州刺史後與于謹討劉平伏從解玉壁圍平柏谷
塢並有功涼州刺史宇文仲和反峯與于謹討之十五年東魏圍頴川峯與趙
貴赴援至南陽遇疾卒時年五十峯沉毅有膽略得士卒心當時號爲驍將太
祖嗟悼者久之贈華州刺史諡曰襄威子昂嗣官至開府儀同三司朝廷追錄
峯功封昂鄭國公昂弟光少以峯勳賜爵安平縣侯起家員外散騎常侍累遷
司士中大夫左武伯出爲汾涇豳三州刺史加開府儀同三司進爵龍河縣公
光弟春少知名歷官吏部下大夫儀同三司

劉亮中山人也本名道德祖祐連魏蔚州刺史父持真鎮遠將軍領民酋長魏大統中以亮著勳追贈車騎大將軍儀同三司恆州刺史亮少倜儻有從橫計略姿貌魁傑見者憚之普泰初以都督從賀拔岳西征解岐州圍擊侯伏侯元進万俟道洛万俟醜奴宿勤明達及諸賊亮常先鋒陷陣以功拜大都督封廣興縣子邑五百戶侯莫陳悅害岳亮與諸將謀迎太祖悅平悅之黨豳州刺史孫定兒仍據州不下涇秦靈等諸州悉與定兒相應衆至數萬推定兒爲主以拒義師太祖令亮襲之定兒以義兵猶遠未爲之備亮乃將二十騎先豎纛於近城高嶺卽馳入城中定兒方置酒高會卒見亮至衆皆駭愕莫知所爲亮乃麾兵斬定兒縣首號令賊黨仍遙指城外纛命二騎曰出追大軍賊黨恟懼一時降服於是諸州羣賊皆卽歸款及太祖置十二軍簡諸將以將之亮領一軍每征討常與怡峯俱爲騎將魏孝武西遷以迎駕功除使持節右光祿大夫左大都督南秦州刺史大統元年以復潼關功進位車騎大將軍儀同三司改封饒陽縣伯邑五百戶尋加侍中從擒竇泰復弘農及沙苑之役亮並力戰有功

還開府儀同三司大都督進爵長廣郡公邑通前二千戸以母憂去職居喪毀瘠太祖嗟其至性每愛惜之俄起復本官亮以勇敢見知爲時名將兼屢陳謀策多合機宜太祖乃謂之曰卿文武兼資卽孤之孔明也乃賜名亮幷賜姓侯莫陳氏十年出爲東雍州刺史爲政清淨百姓安之在職三歲卒於州時年四十喪還京師太祖親臨之泣而謂人曰股肱喪矣腹心何寄令鴻臚卿監護喪事追贈太尉謚曰襄配享太祖廟庭子昶尚太祖女西河長公主大象中位至柱國秦靈二州總管以亮功封彭國公邑五千戸昶弟靖天水郡守靖弟恭開府儀同三司饒陽縣伯恭弟幹上儀同三司襄中侯

王德字天恩代郡武川人也少善騎射雖不經師訓而以孝悌見稱魏永安二年從尒朱榮討元顥攻河內應募先登以功除討夷將軍進爵內官縣子又從賀拔岳討万俟醜奴平之別封深澤縣男邑二百戸加龍驤將軍中散大夫及侯莫陳悅害岳德與寇洛等定議翊戴太祖加征西將軍金紫光祿大夫平涼郡守德雖不知書至於斷決處分良吏無以過也涇州所部五郡而德常爲最

及魏孝武西遷以奉迎功進封下博縣伯邑五百戶行東雍州事在州未幾百姓懷之賜姓烏丸氏大統元年拜衞將軍右光祿大夫進爵爲公增邑一千戶加車騎大將軍儀同三司北雍州刺史其後嘗從太祖征伐累有戰功又從破齊神武於沙苑加開府侍中進爵河閒郡公增邑通前二千七百戶先是河渭閒種羌屢叛以德有威名爲夷民所附除河州刺史德綏撫有方羣羌率服十三年授大都督原靈顯三州五原蒲川二鎭諸軍事十四年除涇州刺史卒於州諡曰獻德性厚重廉愼言行無擇母年幾百歲後德終子慶小名公奴性謹厚官至開府儀同三司初德喪父家貧無以葬乃賣公奴幷一女以營葬事因遭兵亂不復相知及德在平涼始得之遂名曰慶

史臣曰梁禦等負將率之材蘊驍銳之氣遭逢喪亂馳騖干戈艱難險阻備嘗而功名未立及殷憂啓聖豫奉與王參謀締構之初宣力經綸之始遂得連衡灌酈方駕張徐可謂遇其時也竝中年卽世遠志未申惜哉惠德本以果毅知名而能率由孝道難矣圖史所歎何以加焉勇者不必有仁斯不然矣

周書卷十七

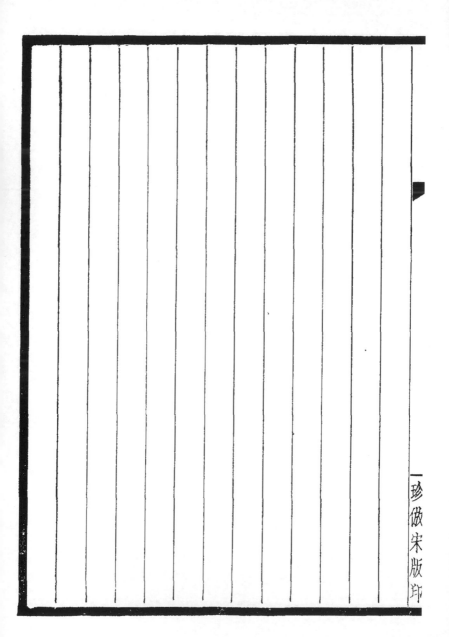

# 周書卷十八

唐　令狐德棻等撰

## 列傳第十

王羆子慶遠　孫述　王思政

王羆字熊羆京兆霸城人漢河南尹王遵之後世爲州郡著姓羆剛直木彊處物平當州郡敬憚之魏太和中除殿中將軍先是南岐東益氐羌反叛王師戰不利乃令羆領羽林五千鎮梁州討平諸賊還授右將軍西河内史辭不拜時人謂之曰西河大邦俸祿殷厚何爲致辭羆曰京洛材木盡出西河朝貴營第宅者皆有求假如其私辦即力所不堪若科發民間又違法憲以此辭耳梁將曹義宗圍荆州勑羆與別將裴衍率兵赴救遂與梁人戰大破之于時諸方鼎沸所在凋殘荆州新經寇難尤藉慰撫以羆爲荆州刺史進號撫軍將軍梁復遣曹義宗衆數萬圍荆州堰水灌城不没者數板時既内外多虞未遑救援乃遺羆鐵券云城全當授本州刺史城中糧盡羆煑粥與將士均分而食之每出

戰嘗不擐甲冑大呼曰荊州城孝文皇帝所置天若不祐國家使賊箭中王羆不爾王羆須破賊屢經戰陣亦不被傷彌歷三年義宗方退進封霸城縣公尋遷車騎大將軍涇州刺史未及之部屬太祖徵兵為勤王之舉請前驅效命遂為大都督鎮華州魏孝武西遷拜驃騎大將軍加侍中開府嘗修州城未畢梯在外齊神武遣韓軌司馬子如從河東宵濟襲羆羆不之覺比曉軌眾已乘梯入城羆尚臥未起聞閤外洶洶有聲便袒身露髻徒跣持一白梃大呼而出敵見之驚逐至東門左右稍集合戰破之軌眾遂投城遁走時關中大饑徵稅民間穀食以供軍費或隱匿者令遞相告多被篣棰以是人有逃散唯羆信著於人莫有隱者得粟不少諸州而無怨讟沙苑之役齊神武士馬甚盛太祖以華州衝要遣使勞羆令加守備羆語使人曰老羆當道臥貆子安得過太祖聞而壯之及齊神武至城下謂羆曰何不早降羆乃大呼曰此城是王羆冢生死在此欲死者來齊神武遂不敢攻時茹茹渡河南寇候騎已至豳州朝廷慮其深入乃徵發士馬屯守京城塹諸街巷以備侵軼左僕射周惠達召羆議之羆不

應命謂其使曰若茹茹至渭北者王羆率鄉里自破之不煩國家兵馬何爲天子城中遂作如此驚動由周家小兒恇怯致此羆輕侮權勢守正不回皆此類也未幾還鎮河東羆性儉率不事邊幅嘗有臺使羆爲其設食使乃裂其薄餅緣羆曰耕種收穫其功已深舂爨造成用力不少乃爾選擇當是未饑命左右撤去之使者愕然大慙又有客與羆食瓜侵膚稍厚羆意嫌之及瓜皮落地乃引手就地取而食之客甚有愧色性又嚴急嘗有吏挾私陳事者羆不暇命捶扑乃手自取鞾履持以擊之每至享會親自秤量酒肉分給將士時人尚其均平嗤其鄙碎大統七年卒於鎮贈太尉

子慶遠弱冠以功臣子拜直閣將軍先羆卒孫述嗣

述字長述少聰敏有識度年八歲太祖見而奇之曰王公有此孫足爲不朽即以爲鎮遠將軍拜太子舍人以祖憂去職述幼喪父爲羆所鞠養及居喪深合禮度于時東西交爭金革方始羣官遭喪者卒哭之後皆起令視事述請終禮制辭理懇切太祖令中使就視知其哀毀乃特許之喪畢襲爵扶風郡公累遷

上大將軍

王思政字思政太原祁人容貌魁偉有籌策魏正光中解褐員外散騎侍郎屬万俟醜奴宿勤明達等擾亂關右北海王顥率兵討之啓思政隨軍軍事所有謀議並與之參詳時魏孝武在藩素聞其名顥軍還乃引爲賓客遇之甚厚及登大位委以心膂遷安東將軍預定策功封祁縣侯俄而齊神武潛有異圖帝以思政可任大事拜中軍大將軍大都督總宿衛兵思政乃言於帝曰高歡之心行路所共知矣洛陽四面受敵非用武之地關中有崤函之固一人可禦萬夫且士馬精彊糧儲委積進可以討除逆命退可以保據關河宇文夏州糾合同盟願立功効若聞車駕西幸必當奔走奉迎藉天府之資因已成之業一二年間習戰陣勸耕桑修舊京何慮不克帝深然之及齊神武兵至河北帝乃西遷進爵太原郡公大統之後思政雖被任委自以非相府之舊每不自安太祖曾在同州與羣公宴集出錦罽及雜綾絹數段命諸將摴蒱取之物既盡太祖又解所服金帶令諸人遍擲曰先得盧者即與之羣公將遍莫有得者次至思

政乃斂容跪坐而自誓曰王思政羇旅歸朝蒙宰相國士之遇方願盡心効命
上報知己若此誠有實令宰相賜知者願擲即爲盧若內懷不盡神靈亦當明
之使不作也便當殺身以謝所奉辭氣慷慨一坐盡驚即拔所佩刀橫於膝上
攬樗蒱拊髀擲之比太祖止之已擲爲盧矣徐乃拜而受自此之後太祖期寄
更深轉驃騎將軍令募精兵從獨孤信取洛陽仍共信鎮之及河橋之戰思政
下馬用長矟左右橫擊一擊踣數人時陷害既深從者死盡思政被重創悶絕
會日暮敵將收軍思政久經軍旅每戰唯著破弊甲敵人疑非將帥故免有帳
下督雷五安於戰處哭求思政會其已蘇遂相得乃割衣裹創扶思政上馬夜
久方得還仍鎮弘農思政以玉壁地在險要請築城即自營度移鎮之遷并州
刺史仍鎮玉壁八年東魏來寇思政守禦有備敵人晝夜攻圍卒不能克乃收
軍還以全城功受驃騎大將軍復命思政鎮弘農於是修城郭起樓櫓營田農
積芻秣凡可以守禦者皆具焉弘農之有備自思政始也十二年加特進荆州
刺史州境卑濕城壍多壞思政方命都督藺小歡督工匠繕治之掘得黃金三

十斤夜中密送之至旦思政召佐吏以金示之曰人臣不宜有私悉封金送上
太祖嘉之賜錢二十萬思政之去玉壁也太祖命舉代己者思政乃進所部都
督韋孝寬其後東魏來寇孝寬卒能全城時論稱其知人十三年侯景叛東魏
擁兵梁鄭爲東魏所攻景乃請援乞師當時未卽應接思政以爲若不因機進
取後悔無及卽率荊州步騎萬餘從魯關向陽翟思政入守潁川景引兵向豫
州外稱略地乃密遣送款於梁思政分布諸軍據景七州十二鎮太祖乃以所
授景使持節太傅大將軍兼中書令河南大行臺河南諸軍事回授思政思政
並讓不受頻使敦喻唯受河南諸軍事東魏太尉高嶽行臺慕容紹宗儀同劉
豐生等率步騎十萬來攻潁川城內臥鼓偃旗若無人者嶽恃其衆謂一戰可
屠乃四面鼓譟而上思政選城中驍勇開門出突嶽衆不敢當引軍亂退嶽知
不可卒攻乃多修營壘又隨地勢高處築土山以臨城中飛梯火車晝夜攻之
思政亦作火攢因迅風便投之土山又以火箭射之燒其攻具仍募勇士縋而
出戰嶽衆披靡其守土山人亦棄山而走齊文襄更益嶽兵堰洧水以灌城城

中水泉涌溢不可防止懸釜而炊糧力俱竭慕容紹宗劉豐生及其將慕容永珍共乘樓船以望城內令善射者俯射城中俄而大風暴起船乃飄至城下城上人以長鉤牽船弓弩亂發紹宗窮急投水而死豐生浮向土山復中矢而斃生擒永珍思政謂之曰僕之破亡在於晷漏誠知殺卿無益然人臣之節守之以死乃流涕斬之并收紹宗等尸以禮埋瘞齊文襄聞之乃率步騎十一萬來攻自至堰下督勵士卒水壯城北面遂崩水便滿溢無措足之地思政知事不濟率左右據土山謂之曰吾受國重任本望平難立功精誠無感遂辱王命今力屈道窮計無所出唯當効死以謝朝恩因仰天大哭左右皆號慟思政西向再拜便欲自刎先是齊文襄告城中人曰有能生致王大將軍者封侯重賞若大將軍身有損傷親近左右皆從大戮都督駱訓謂思政曰公常語訓等但將我頭降非但得富貴亦是活一城人今高相既有此言公豈不哀城中士卒也固共止之不得引決齊文襄遣其常侍趙彥深就土山執手申意引見文襄辭氣慷慨無撓屈之容文襄以其忠於所事禮遇甚厚思政初入潁川士卒八千

人城既無外援亦無叛者思政常以勤王爲務不營資產嘗被賜園地思政出
征後家人種桑果及還見而怒曰匈奴未滅去病辭家況大賊未平何事產業
命左右拔而棄之故身陷之後家無蓄積及齊受禪以爲都官尚書子秉
史臣曰王羆剛峭有餘弘雅未足情安儉率志在公平既而奮節危城抗辭勍
敵梁人爲之退舍高氏不敢加兵以此見稱信非虛述不隕門風亦足稱也王
思政驅馳有事之秋慷慨功名之際及乎策名霸府作鎮頴川設縈帶之險修
守禦之術以一城之衆抗傾國之師率疲乏之兵當勁勇之卒猶能亟摧大敵
屢建奇功忠節冠於本朝義聲動於隣聽雖運窮事蹙城陷身囚壯志高風亦
足奮於百世矣

周書卷十八

周書卷十八考證

王羆傳乃令羆領羽林五千鎭梁州○北史作乃拜羆冠軍將軍鎭梁州

持一白梃大呼而出○北史此句下即載老羆當道臥貉子那得過二語下方載敵見驚退逐至東門文帝聞而壯之與此不同又通鑑從周書不從北史

北史以兩事合爲一事譌也

貆子安得過○貆北史通鑑俱作貉胡三省通鑑注云貉子曰貆 臣文淳按貉子曰貆貆未可以言貉也

齊神武遂不敢攻○此句下北史有後移鎭河東語本傳失載 臣文淳按下有未幾還鎭河東句其爲遺脫無疑王羆一傳以北史較之脫譌甚多但無䉜本可考姑存其舊

子慶遠○不當另自爲傳當依北史敘於羆傳之末

王思政傳太原祁人○北史此句下有漢司徒允之後也七字

子秉○北史作子康

周書卷十八考證

周書卷十九

唐　令狐德棻等撰

列傳第十一

達奚武子震　侯莫陳順　豆盧寧　宇文貴

楊忠　王雄

達奚武字成興代人也祖眷魏懷荒鎮將父長汧城鎮將武少倜儻好馳射爲賀拔岳所知岳征關右引爲別將武遂委心事之以戰功拜羽林監子都督及岳爲侯莫陳悅所害武與趙貴收岳屍歸平涼同翊戴太祖從平悅除中散大夫都督封須昌縣伯邑三百戶魏孝武入關授直寢轉大丞相府中兵參軍大統初出爲東秦州刺史加散騎常侍進爵爲公齊神武與竇泰高敖曹三道來侵太祖欲幷兵擊竇泰諸將多異議唯武及蘇綽與太祖意同遂擒之齊神武乃退太祖進圖弘農遣武從兩騎覘候動靜武與其候騎遇卽便交戰斬六級獲三人而反齊神武趣沙苑太祖復遣武覘之武從三騎皆衣敵人衣服至日

暮去營百步下馬潛聽得其軍號因上馬歷營若警夜者有不如法者往往撻之具知敵之情狀以告太祖太祖深嘉焉遂從破之除大都督進爵高陽郡公拜車騎大將軍儀同三司四年太祖援洛陽武率騎一千爲前鋒至穀成與李弼破莫多婁貸文進至河橋武又力戰斬其司徒高敖曹遷侍中驃騎大將軍開府儀同三司出爲北雍州刺史復戰邙山時大軍不利齊神武乘勝進至陝武率兵禦之乃退久之進位大將軍十七年詔武率兵三萬經略漢川梁將楊賢以武興降梁深以白馬降武分兵守其城梁梁州刺史宜豐侯蕭循固守南鄭武圍之數旬循乃請服武爲解圍會梁武陵王蕭紀遣其將楊乾運等將兵萬餘人救循循於是更據城不出恐援軍之至表裏受敵乃簡精騎三千逆擊乾運於白馬大破之乾運退走武乃陳蜀軍俘級於城下循知援軍被破乃降率所部男女三萬口入朝自劍以北悉平明年武振旅還京師朝議初欲以武爲柱國武謂人曰我作柱國不應在元子孝前固辭不受以大將軍出鎮玉壁武乃量地形勝立樂昌胡營新城三防齊將高苟子以千騎攻新城武邀擊之

悉虜其衆孝閔帝踐阼拜柱國大司寇齊北豫州刺史司馬消難舉州來附詔武與楊忠迎消難以歸武成初轉大宗伯進封鄭國公邑萬戶齊將斛律敦侵汾絳武以萬騎禦之敦退武築柏壁城留開府權嚴薛羽生守之保定三年遷太保其年大軍東伐隋公楊忠引突厥自北道武以三萬騎自東道期會晉陽武至平陽後期不進而忠已還武尚未知齊將斛律明月遺武書曰鴻鶴已翔於寥廓羅者猶視於沮澤也武覽書乃班師出爲同州刺史明年從晉公護東伐時尉遲迥圍洛陽爲敵所敗武與齊王憲於邙山禦之至夜收軍憲欲待明更戰武欲還固爭未決武曰洛陽軍散人情駭動若不因夜速還明日欲歸不得武在軍旅久矣備見形勢大王少年未經事豈可將數營士衆一旦棄之乎憲從之遂全軍而返天和三年轉太傅武賤時奢侈好華飾及居重位不持威儀行常單馬左右止一兩人而已外門不施戟恆晝掩一扉或謂武曰公位冠羣后功名蓋世出入儀衞須稱具瞻何輕率若是武曰子之言非吾心也吾在布衣豈望富貴不可頓忘疇昔且天下未平國恩未報安可過事威容乎言者

慚而退武之在同州也時屬天旱高祖勑武祀華岳岳廟舊在山下常所禱祈
武謂僚屬曰吾備位三公不能燮理陰陽遂使盛農之月久絕甘雨天子勞心
百姓惶懼忝寄既重憂責實深不可同於衆人在常祀之所必須登峯展誠尋
其靈奧岳既高峻千仞壁立巖路嶮絕人跡罕通武年踰六十唯將數人攀藤
援枝然後得上於是稽首祈請陳百姓懇誠晚不得還即於岳上藉草而宿夢
見一白衣人來執武手曰快辛苦甚相嘉尚武遂驚覺益用祗肅至旦雲霧四
起俄而澍雨遠近霑洽高祖聞之璽書勞武曰公年尊德重弼諧朕躬比以陰
陽愆序時雨不降命公求祈止言廟所不謂公不憚危險遂乃遠陟高峯但神
道聰明無幽不燭感公至誠甘澤斯應聞之嘉賞無忘于懷今賜公雜綵百疋
公其善思嘉猷匡朕不逮念坐而論道之義勿復更煩筋力也武性貪悋其為
大司寇也在庫有萬釘金帶當時寶之武因入庫乃取以歸主者白晉公護以
武勳不彰其過因而賜之時論深鄙焉五年十月薨年六十七贈太傅十五州
諸軍事同州刺史謚曰桓子震嗣

震字猛略少驍勇便騎射走及奔馬膂力過人大統初起家員外散騎常侍太祖嘗於渭北校獵時有兔過太祖前震與諸將競射之馬倒而墜震足不傾躓因步走射之一發中兔顧馬纔起遂回身騰上太祖喜曰非此父不生此子賜武雜綵一百段十六年封昌邑縣公一千戶累遷撫軍將軍銀青光祿大夫通直散騎常侍車騎大將軍儀同三司散騎常侍世宗初拜儀同右中大夫加驃騎大將軍開府儀同三司改封普寧縣公武平初進爵廣平郡公除華州刺史震雖生自膏腴少習武藝然導民訓俗頗有治方秩滿還朝爲百姓所戀保定四年大軍東討諸將皆奔退震與敵交戰軍遂獨全天和元年進位大將軍率衆征稽胡破之六年拜柱國建德初襲爵鄭國公出爲金州總管十一州九防諸軍事金州刺史四年從高祖東伐爲前三軍總管五年又從東伐率步騎一萬守統軍川攻克義寧烏蘇二鎮破并州進位上柱國仍從平鄴賜妾二人女樂一部及珍玩等拜大宗伯震父嘗爲此職時論榮之宣政中出爲原州總管三州二鎮諸軍事原州刺史尋罷歸隋開皇初薨於家震弟慧車騎將軍渭南

縣子大象末爲益州刺史與王謙據蜀起兵尋敗被誅

侯莫陳順太保梁國公崇之兄也少豪俠有志度初事介朱榮爲統軍後從賀拔勝鎮井陘武泰初討葛榮平邢杲征韓婁皆有功拜輕車將軍羽林監又從破元顥進寧朔將軍越騎校尉普泰元年除持節征西將軍封木門縣子邑三百戶尋加散騎常侍千牛備身衞將軍閤內大都督從魏孝武入關順與太祖同里閈素相友善且其弟崇先在關中太祖見之甚歡乃進爵彭城郡公邑一千戶大統元年拜衞尉卿授儀同三司及梁企定圍逼河州以順爲大都督與趙貴討破之卽行河州事後從太祖破沙苑以功增邑千戶四年魏文帝東討與太尉王盟僕射周惠達等留鎮長安時趙青雀反盟及惠達奉魏太子出次渭北順於渭橋與賊戰頻破之賊不敢出魏文帝還親執順手曰渭橋之戰卿有殊力便解所服金鏤玉梁帶賜之南岐州氐苻安壽自號太白王攻破武都州郡騷動復以順爲大都督往討之而賊屯兵要險軍不得進順乃設反間離其腹心立信賞誘其徒屬安壽知勢窮迫遂率部落一千家赴軍款附時順弟

崇又封彭城郡公封順河間郡公明年加驃騎大將軍開府儀同三司行西夏州事安平郡公十六年拜大將軍出爲荆州總管山南道五十二州諸軍事荆州刺史孝閔帝踐阼拜少師進位柱國其年薨

豆盧寧字永安昌黎徒何人其先本姓慕容氏前燕之支庶也高祖勝以燕皇始初歸魏授長樂郡守賜姓豆盧氏或云避難改焉父長柔玄鎮將有威重見稱於時武成初以寧著勳追贈柱國大將軍少保涪陵郡公寧少驍果有志氣身長八尺美容儀善騎射永安中以別將隨尒朱天光入關加授都督又以破万俟醜奴功賜爵靈壽縣男嘗與梁企定遇於平涼川相與肆射乃於百步懸莎草以射之七發五中定服其能贈遺甚厚天光敗後侯莫陳悅反太祖討悅寧與李弼率衆歸太祖魏孝武西遷以奉迎勳封河陽縣伯邑五百戶大統元年除前將軍進爵爲侯增邑三百戶遷顯州刺史顯州大中正尋拜撫軍將軍銀青光祿大夫進爵爲公增邑五百戶授鎮東將軍金紫光祿大夫從太祖擒竇泰復弘農破沙苑除武衛大將軍兼大都督尋進車騎大將軍儀同三司增

邑八百戶拜北華州刺史在州未幾以廉平著稱加散騎常侍七年從于謹破稽胡帥劉平伏於上郡及梁企定反以寧爲軍司監隴右諸軍事賊平進位侍中使持節驃騎大將軍開府儀同三司九年從太祖迎高仲密與東魏戰於邙山遷左衛將軍進爵范陽郡公增邑四百戶十六年拜大將軍羌帥傍乞鐵忽及鄭五醜等反叛寧率衆討平之魏恭帝二年改封武陽郡公遷尚書右僕射梁將王琳遣其將侯方兒潘純陁寇江陵寧與蔡祐鄭永等討之方兒等遁走三年武興氐及固查氐魏大王等相應反叛寧復討平之孝閔帝踐阼授柱國大將軍武成初出爲同州刺史復督諸軍討稽胡郝阿保劉桑德等破之軍還遷大司寇進封楚國公邑萬戶別食鹽亭縣一千戶收其租賦保定四年授岐州刺史屬大兵東討寧輿疾從軍五年薨於同州時年六十六贈太保同鄜等十州諸軍事同州刺史諡曰昭初寧未有子養弟永恩子勤及生子讚親屬皆請讚爲嗣寧曰兄弟之子猶子也吾何擇焉遂以勤爲世子世以此稱之及寧薨勤襲爵少歷顯位大象末上柱國利州總管讚以寧勳建德初賜爵華陽縣

侯累遷開府儀同大將軍進爵武陽郡公永恩少有識度爲時輩所稱初隨寧
事侯莫陳悅後與寧俱歸太祖授殄寇將軍以迎魏孝武功封新興縣伯邑五
百戶屢逢征討皆有功拜龍驤將軍中散大夫大統八年除直寢右親信都督
尋轉都督加通直散騎常侍十六年拜使持節車騎大將軍儀同三司魏廢帝
元年進位驃騎大將軍開府儀同三司二年出爲成州刺史魏恭帝元年進爵
龍來縣侯三年大將軍安政公史寧隨突厥可汗入吐谷渾令永恩率騎五千
鎮河鄯二州以爲邊防孝閔帝踐祚授鄯州刺史改封沃野縣公增邑一千戶
尋轉隴右總管府長史武成元年還都督利沙文三州諸軍事利州刺史時文
州蠻叛永恩率兵擊破之保定元年入爲司會中大夫二年復出爲隴右總管
府長史寧以佐命元勳封楚國公請以先封武陽郡三千戶益沃野之封詔許
焉又增邑幷前四千五百戶尋卒官年四十八贈少保幽冀等五州諸軍事幽
州刺史諡曰敬子通嗣
宇文貴字永貴其先昌黎大棘人也徙居夏州父莫豆干保定中以貴著勳追

贈柱國大將軍少傅夏州刺史安平郡公貴母初孕貴夢有老人抱一兒授之曰賜爾是子俾壽且貴及生形類所夢故以永貴字之貴少從師受學嘗輟書歎曰男兒當提劍汗馬以取公侯何能如先生爲博士也正光末破六汗拔陵圍夏州刺史源子雍嬰城固守以貴爲統軍救之前後數十戰軍中咸服其勇後送子雍還賊帥叱干麒麟薛崇禮等處處屯聚出兵邀截貴每奮擊輒破之除武騎常侍又從子雍討葛榮軍敗奔鄴爲榮所圍賊屢來攻貴每縋而出戰賊莫敢當其鋒然兇徒實繁圍久不解貴乃於地道潛出北見尒朱榮陳賊兵勢榮深納之因從榮擒葛榮於滏口加別將又從元天穆平邢杲轉都督元顥入洛貴率鄉兵從尒朱榮焚河橋力戰有功加征虜將軍封革融縣侯邑一千戶除郢州刺史入爲武衞將軍關內大都督從魏孝武西遷進爵化政郡公大統初還右衞將軍貴善騎射有將率才太祖又以宗室甚親委之三年進車騎大將軍儀同三司與獨孤信入洛陽東魏潁州刺史賀若統據潁川來降東魏遣其將堯雄趙育是云寶率衆二萬攻潁貴自洛陽率步騎二千救之軍次陽

翟雄等已度馬橋去潁川三十里東魏行臺任祥又率衆四萬餘與雄合諸將咸以彼衆我寡不可爭鋒貴曰兵機倚伏固不可以常理論古人能以寡制衆者皆由預覩成敗決必然之策耳吾雖闇於成事然謂進與賀若合勢爲計之上者請爲諸軍說之堯雄等必以爲潁川孤危勢非其敵又謂吾寡弱獨進若悉力以攻潁必指掌可破既陷潁川便與任祥軍合同惡相濟爲害更甚吾今屯兵陽翟便是入其數內若賀若一陷吾輩坐此何爲進據潁川有城可守雄見吾入城出其不意進則狐疑退則不可然後與諸軍盡力擊之何往不克願勿疑也遂入潁川雄等稍前貴率千人背城爲陳與雄合戰貴馬中流矢乃短兵步鬭士衆用命雄大敗輕走趙育於陳降獲其輜重俘萬餘人盡放令還任祥聞雄敗遂不敢進尋而儀同怡峯率騎五百赴貴貴乘勝逼祥祥退保宛陵追及之會日暝結陳相持明旦合戰俘斬甚多祥軍既敗是云寶亦降師還魏文帝在天遊園以金巵置侯上命公卿射中者即以賜之貴一發而中帝笑曰由基之妙正當爾耳進侍中驃騎大將軍開府儀同三司歷夏岐二州刺史十

六年遷中外府左長史進位大將軍宕昌王梁彌定爲宗人獠甘所逐來奔又有羌酋傍乞鐵忽因梁企定反後據有渠株川擁種類數千家與渭州民鄭五醜扇惑諸羌同反憑險置柵者十餘所太祖令貴與豆盧寧史寧討之貴等擒斬鐵忽及五醜史寧又別擊獠甘破之乃納彌定并於渠株川置岷州朝廷美其功遂於栗坂立碑以紀其績魏廢帝初出爲岐州刺史二年授大都督與西蓋等六州諸軍事興州刺史先是興州氐反自貴至州人情稍定貴表請於梁州置屯田數州豐足三年詔貴代尉遲迥鎮蜀時隆州人開府李光賜反於鹽亭與其黨帛玉成寇食堂譙淹蒲皓馬術等攻圍隆州州人李祏亦聚衆反開府張遁舉兵應之貴乃命開府叱奴與救隆州又令開府成亞擊祏及遁勢蹙遂降執送京師除都督益潼等八州諸軍事益州刺史就加小司徒先是蜀人多劫盜貴乃召任俠傑健者署爲遊軍二十四部令其督捕由是頗息孝閔帝踐阼進位柱國拜御正中大夫武成初與賀蘭祥討吐谷渾軍還進封許國公邑萬戶舊爵迴封一子遷大司空治小冢宰歷大司徒遷太保貴好音樂耽弈

碁留連不倦然好施愛士時人頗以此稱之保定之末使突厥迎皇后天和二年還至張掖薨贈太傅謚曰穆子善嗣歷位開府儀同三司大將軍柱國洛州刺史以罪免尋復本官除大宗伯大象末進位上柱國善弟忻少以父軍功賜爵化政郡公驍勇絕倫有將帥才略大象末位至上柱國進封英國公忻弟愷少好學頗解屬文雜藝多通尤精巧思亦以父軍功賜爵雙泉縣伯尋襲祖爵安平郡公起家右侍上士稍遷御正中大夫保定中位至上開府是云寶趙育旣至初並拜車騎大將軍儀同三司寶後累遷至大將軍都督涼甘瓜州諸軍涼州刺史賜爵洞城郡公世宗時吐谷渾侵逼涼州寶與戰不利遂歿於陣

楊忠弘農華陰人也小名奴奴高祖元壽魏初爲武川鎭司馬因家於神武樹頹焉祖烈龍驤將軍太原郡守父禎以軍功除建遠將軍屬魏末喪亂避地中山結義徒以討鮮于脩禮遂死之保定中以忠勳追贈柱國大將軍少保興城郡公忠美髭髯身長七尺八寸狀貌瓌偉武藝絕倫識量沉深有將帥之略年十八客遊泰山會梁兵攻郡陷之遂被執至江左在梁五年從北海王顥入洛

除直閤將軍顯敗尒朱度律召爲帳下統軍及尒朱兆以輕騎自幷州入洛陽
忠時預焉賜爵昌縣伯拜都督又別封小黃縣伯從獨孤信破梁下溠戍平南
陽並有功及齊神武舉兵內侮忠時隨信在洛遂從魏孝武西遷進爵爲侯仍
從平潼關破回洛城除安西將軍銀青光祿大夫東魏荊州刺史辛纂據穰城
忠從獨孤信討之纂戰敗退走信令忠與都督康洛兒元長生爲前驅馳至其
城叱門者曰今大軍已至城中有應爾等求活何不避走門者盡散忠與洛兒
長生乘城而入彎弓大呼纂兵衞百餘人莫之敢禦斬纂以徇城中懾服居半
歲以東魏之逼與信奔梁梁武帝深奇之以爲大德主帥關外侯大統三年與
信俱歸闕太祖召居帳下嘗從太祖狩於龍門忠獨當一猛獸左挾其腰右拔
其舌太祖壯之北臺謂猛獸爲揜于因以字之從擒竇泰破沙苑還征西將軍
金紫光祿大夫進爵襄城縣公河橋之役忠與壯士五人力戰守橋敵人遂不
敢進以功除左光祿大夫雲州刺史兼大都督又與李遠破黑水稽胡幷與怡
峯解玉壁圍轉洛州刺史邙山之戰先登陷陳除大都督進車騎大將軍儀同

三司散騎常侍追封母蓋氏爲北海郡君尋除都督朔燕顯蔚四州諸軍事朔州刺史加侍中驃騎大將軍開府儀同三司及東魏圍潁川蠻帥田杜清據險爲亂忠率兵討平之時侯景渡江梁武喪敗其西義陽郡守馬伯符以下溠城降朝廷因之將經略漢沔乃授忠都督三荆二襄二廣南雍平信隨江二郢淅十五州諸軍事鎮穰城以伯符爲鄉導攻梁齊興郡及昌州皆克之梁雍州刺史岳陽王蕭詧雖稱藩附而尚有貳心忠自樊城觀兵於漢濱易旗遞進實騎二千詧登樓望之以爲三萬也懼而服焉梁司州刺史柳仲禮留其長史馬岫守安陸自率兵騎一萬寇襄陽初梁竟陵郡守孫暠以其郡來附太祖命大都督符貴往鎮之及仲禮至暠乃執貴以降仲禮又進遣其將王叔孫與暠同守太祖怒乃令忠帥衆南伐攻梁隨郡克之獲其守將桓和所過城戍望風請服忠乃進圍安陸仲禮聞隨郡陷恐安陸不守遂馳歸赴援諸將恐仲禮至則安陸難下請急攻之忠曰攻守勢殊未可卒拔若引日勞師表裏受敵非計也南人多習水軍不閑野戰仲禮回師在近路吾出其不意以奇兵襲之彼怠我奮

一舉必克則安陸不攻自拔諸城可傳檄而定也於是選騎二千銜枚夜進遇仲禮於漴頭忠親自陷陳擒仲禮悉俘其衆馬岫以安陸降王叔孫斬孫暠以竟陵降皆如忠所策梁元帝遣使送子方略爲質幷送載書請魏以石城爲限梁以安陸爲界乃旋師進爵陳留郡公十七年梁元帝逼其兄邵陵王綸綸北度與其前西陵郡守羊思達要隨陸土豪段珍寶夏侯珍洽合謀送質於齊欲來寇掠汝南城主李素綸故吏也開門納焉梁元帝密報太祖太祖乃遣忠督衆討之詰旦陵城日昃而剋擒蕭綸數其罪而殺之幷獲其安樂侯昉亦殺之初忠之擒柳仲禮遇之甚厚仲禮至京師乃譖忠於太祖言其在軍大取金寶珍玩等太祖欲覆按之惜其功高乃出忠忠忿恚悔不殺仲禮故至此獲綸等並加戮焉忠閒歲再舉盡定漢東之地寬以御衆甚得新附之心魏恭帝初賜姓普六如氏行同州事及于謹伐江陵忠爲前軍屯江津遏其走路梁人束刃於象鼻以戰忠射之二象反走及江陵平朝廷立蕭詧爲梁王令忠鎮穰城以爲掎角之勢別討沔曲諸蠻皆克之孝閔帝踐阼入爲小宗伯齊人寇東境忠

出鎮蒲坂及司馬消難請降忠與柱國達奚武援之於是共率騎士五千人兼馬一疋從間道馳入齊境五百里前後遣三使報消難而皆不反命去豫州三十里武疑有變欲還忠曰有進死無退生獨以千騎夜趨城下四面峭絶徒聞擊柝之聲武親來麾數百騎以西忠勒餘騎不動候門開而入乃馳遣召武時齊鎮城伏敬遠勒甲士二千人據東陴舉烽嚴警武憚之不欲保城乃多取財帛以消難及其屬先歸忠以三千騎爲殿到洛南皆解鞍而臥齊衆來追至於洛北忠謂將士曰但飽食今在死地賊必不敢渡水當吾鋒齊兵陽若渡水忠馳將擊之齊兵不敢逼遂徐引而還武歎曰達奚武自是天下健兒今日服矣進位柱國大將軍武成元年進封隨國公邑萬戸別食竟陵縣一千戸收其租賦尋治御正中大夫保定二年遷大司空時朝議將與突厥伐齊公卿咸曰齊氏地半天下國富兵強若從漠北入并州極爲險阻且大將斛律明月未易可當今欲探其巢窟非十萬不可忠獨曰師克在和不在衆萬騎足矣明月豎子亦何能爲三年乃以忠爲元帥大將軍楊纂李穆王傑尒朱敏及開府元壽田

弘慕容延等十餘人皆隸焉又令達奚武帥步騎三萬自南道而進期會晉陽忠乃留敏據什賁遊兵河上忠出武川過故宅祭先人饗將士席卷二十餘鎮齊人守陘嶺之隘忠縱奇兵奮擊大破之又留楊纂屯靈丘爲後拒突厥木汗可汗控也頭可汗步離可汗等以十萬騎來會四年正月朔攻晉陽是時大雪數旬風寒慘烈齊人乃悉其精銳鼓噪而出突厥震駭引上西山不肯戰衆皆失色忠令其衆曰事勢在天無以衆寡爲意乃率七百人步戰死者十四五以武後期不至乃班師齊人亦不敢逼突厥於是縱兵大掠自晉陽至欒城七百餘里人畜無孑遺俘斬甚衆高祖遣使迎勞忠於夏州及至京師厚加宴賜高祖將以忠爲太傅晉公護以其不附己難之乃拜總管涇幽靈雲鹽顯六州諸軍事涇州刺史是歲大軍又東伐晉公護出洛陽令忠出沃野以應接突厥時軍糧既少諸將憂之而計無所出忠曰當權以濟事耳乃招誘稽胡諸首領咸令在坐使王傑盛軍容鳴鼓而至忠陽怪而問之傑曰大冢宰已平洛陽天子聞銀夏之間生胡擾動故使傑就公討之又令突厥使者馳至而告曰可汗更

入并州留兵馬十餘萬在長城下故遣問公若有稽胡不服欲來共公破之坐者皆懼忠慰喻而遣之於是諸胡相率歸命饋輸填積屬晉公護先退忠亦罷兵還鎮又以政績可稱詔賜錢三十萬布五百疋穀二千斛天和三年以疾還京高祖及晉公護屢臨視焉尋薨年六十二贈太保同朔等十三州諸軍事同州刺史本官如故謚曰桓子堅嗣弟整建德中開府陳留郡公從高祖平齊歿於并州以整死王事詔其子智積襲其官爵整弟惠大象末大宗伯竟陵縣公惠弟嵩以忠勳賜爵興城郡公早卒嵩弟逵亦以忠勳爵周郡公

王雄字胡布頭太原人也父崙以雄傑著勳追贈柱國大將軍少傅安康郡公雄儀貌魁梧少有謀略永安末從賀拔岳入關除征西將軍金紫光祿大夫魏孝武西遷授都督封臨貞縣伯邑五百戶大統初進爵爲公增邑二百戶拜武衞將軍加驃騎將軍增邑八百戶進大都督尋拜儀同三司增邑三百戶遷開府儀同三司加侍中出爲岐州刺史進爵武威郡公進位大將軍行同州事十七年雄率軍出子午谷圍梁上津魏興明年克之以其地爲果梁州尋而復叛

又令雄討之魏恭帝元年賜姓可頻氏孝閔帝踐阼授少傅增邑二千戶進位柱國大將軍武成初進封庸國公邑萬戶尋出爲涇州總管諸軍事涇州刺史保定四年從晉公護東征雄在塗遇病乃自力而進至邙山與齊將斛律明月接戰雄馳馬衝之殺三人明月退走雄追之明月左右皆散矢又盡惟餘一奴一矢在焉雄按矟不及明月者丈餘曰惜爾不殺得但任爾見天子明月乃射雄中額抱馬退走至營而薨時年五十八贈使持節太保同華等二十州諸軍事同州刺史諡曰忠子謙嗣自有傳

史臣曰太祖接喪亂之際乘戰爭之餘發迹平涼撫征關右于時外虞孔熾內難方殷羽檄交馳戎軒屢駕終能蕩清逋孽克固鴻基雖稟算於廟謨實責成於將帥達奚武等並兼資勇略感會風雲或効績中權或立功方面均分休慼同濟艱難可謂國之爪牙朝之禦侮者也而武協規太祖得儁小間周瑜赤壁之謀賈詡烏巢之策何能以尚一言興邦斯近之矣

周書卷十九

周書卷十九考證

達奚武傳加散騎常侍進爵爲公○北史無進爵爲公四字

太祖復遣武覘之○覘諸本訛作追今依北史改正

宇文貴傳時隆州人開府李光賜○賜北史作義

開府張遁舉兵應之○遁北史作道

周書卷十九考證

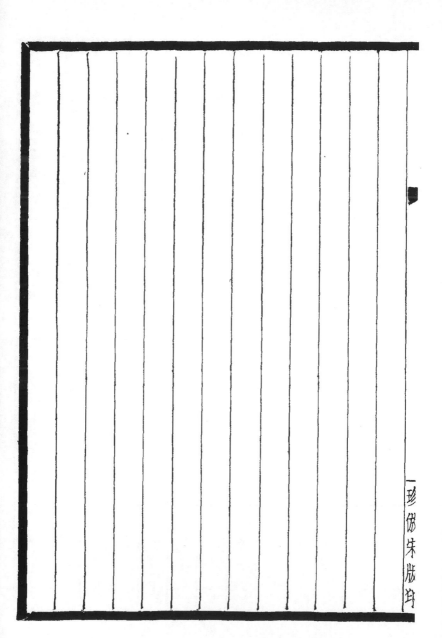

周書卷二十

唐　令　狐　德　棻　等　撰

列傳第十二

王盟　賀蘭祥　尉遲綱　叱列伏龜　閻慶

王盟字子件，明德皇后之兄也。其先樂浪人。六世祖波，前燕太宰。祖珍，魏黃門侍郎，贈并州刺史、樂浪公。父羆，伏波將軍，以良家子鎮武川，因家焉。魏正光中，破六汗拔陵攻陷諸鎮，盟亦爲其所擁。拔陵破後，流寓中山。孝昌初，除積射將軍，從蕭寶夤西征。寶夤僭逆，盟遂逃匿民間，以觀其變。及尒朱天光入關，盟出從之，隨賀拔岳爲前鋒，擒万俟醜奴，平秦隴，常先登力戰。拜征西將軍、平秦郡守。太祖將討侯莫陳悅，徵盟赴原州，以爲留後大都督，鎮高平。悅平，除原州刺史。魏孝武至長安，封魏昌縣公，邑一千戶。大統初，復加車騎大將軍、儀同三司。三年，徵拜司空，尋轉司徒。迎魏文帝悼后於茹茹，加侍中，遷太尉。魏文帝東征，以留後大都督行雍州事，節度關中諸軍。趙青雀之亂，盟與開府李虎輔魏太子出頓渭北事平進爵長樂郡公增邑并前二千戶賜姓拓拔氏東魏侵汾川圍玉壁盟以左軍大都督守蒲坂軍還遷太保九年進位太傅加開府儀同三司盟姿度弘雅仁而汎愛雖位居師傅禮冠羣后而謙恭自處未嘗以勢位驕人魏文帝甚尊重之及有疾數幸其第親問所欲其見禮如此大統十一年薨贈本官諡曰孝定子勱字醜興性忠果有才幹年十七從太祖入關及太祖平秦隴定關中勱常侍從太祖嘗謂之曰爲將坐見成敗者上也被堅執銳者次也勱曰意欲兼之太祖大笑尋拜平東將軍散騎常侍賜爵梁甫縣公大統初爲千牛備身直長領左右出入臥內小心謹肅魏文帝嘗曰王勱可謂不二心之臣也沙苑之役勱以都督領禁兵從太祖勱居左翼與帳下數十人用短兵接戰當其前者死傷甚衆勱亦被傷重遂卒於行間時年二十六太祖深悼焉贈使持節太尉領尚書令十州諸軍事雍州刺史追封咸陽郡公諡曰忠武子弼襲爵尚魏安樂公主官至撫軍將軍大都督通直散騎常侍勱弟懋字小興盟之征西以懋尚幼留在山東永安中始入關與盟相見遂從征伐大統初賜

爵安平縣子授揚烈將軍從盟迎魏悼后還拜城門校尉魏文帝東征以撫軍將軍兼太子左率留守俄轉右率歷尚食典御領左右武衞將軍錄前後功進爵爲公增邑千戶還右衞將軍于時疆埸交兵未申喪紀服齊斬者並墨縗從事及盟薨懋上表辭位乞終喪制魏文帝不許累遷大都督散騎常侍使持節車騎大將軍儀同三司驃騎大將軍開府儀同三司侍中左衞將軍領軍將軍懋性溫和小心敬慎宿衞宮禁十有餘年勤恪當官未嘗有過魏文帝甚嘉之廢帝二年除南岐州刺史進爵安寧郡公增邑并前二千戶魏恭帝二年還大將軍大都督後拜小司寇卒于官子悅嗣官至大將軍同州刺史改封濟南郡公盟兄子顯幼而敏悟沉靜少言初爲太祖帳內都督累遷奉車都尉寧朔將軍車騎大將軍儀同三司燕朔顯蔚四州諸軍事燕州刺史驃騎大將軍開府儀同三司光祿卿鳳州刺史賜爵洛邑縣公進位大將軍卒子誼嗣誼倜儻有大志深爲高祖所親委少歷顯職見重於時位至柱國平陽郡公宣帝即位進封陽國公拜大司空大象末襄州總管上柱國

賀蘭祥字盛樂其先與魏俱起有紇伏者爲賀蘭莫何弗因以爲氏其後有以
良家子鎮武川者遂家焉父初真少知名爲鄉閭所重尚太祖姊建安長公主
保定二年追贈太傅柱國常山郡公祥年十一而孤居喪合禮長於舅氏特爲
太祖所愛雖在戎旅常博延儒士教以書傳太祖初入關祥與晉公護俱在晉
陽後乃遣使迎致之語在護傳年十七解褐奉朝請加威烈將軍祥少有膽氣
志在立功尋擢補都督恆在帳下從平侯莫陳悅又迎魏孝武以前後功封撫
夷縣伯邑五百戶仍從擊潼關獲東魏將薛長孺又攻回洛城拔之還拜左右
直長進爵爲公增邑幷前一千三百戶大統三年從儀同于謹攻楊氏壁祥先
登克之還右衛將軍加持節征虜將軍沙苑之役詔祥留衛京師後以留守功
增邑八百戶尋除鎮西將軍四年魏文帝東伐祥領軍從戰河橋以功加使持
節大都督八年還車騎大將軍儀同三司散騎常侍九年從太祖與東魏戰於
邙山進位驃騎大將軍開府儀同三司加侍中十四年除都督三荊南襄南雍
平信江隨二郢淅十二州諸軍事荊州刺史進爵博陵郡公先是祥嘗行荊州

事雖未期月頗有惠政至是重往百姓安之由是漢南流民襁負而至者日有千數遠近蠻夷莫不款附祥隨機撫納咸得其歡心時盛夏亢陽祥乃親巡境內觀政得失見有發掘古冢暴露骸骨者乃謂守令曰此豈仁者之爲政耶於是命所在收葬之卽日澍雨是歲大有年州境先多古墓其俗好行發掘至是遂息祥雖太祖密戚性甚清素州境南接襄陽西通岷蜀物產所出多諸珍異時旣與梁通好行李往來公私贈遺一無所受梁雍州刺史岳陽王蕭詧欽其節儉乃以竹屏風絺綌之屬及以經史贈之祥難違其意取而付諸所司太祖後聞之並以賜祥尋被徵還十六年拜大將軍太祖以涇渭漑灌之處渠堰廢毀乃命祥脩造富平堰開渠引水東注於洛功用旣畢民獲其利魏廢帝二年行華州事後改華州爲同州仍以祥爲刺史尋拜尚書左僕射六官建授小司馬孝閔帝踐祚進位柱國遷大司馬時晉公護執政祥與護中表少相親愛軍國之事護皆與祥參謀及誅趙貴廢孝閔帝祥有力焉武成初吐谷渾侵涼州詔祥與宇文貴總兵討之祥乃遣其軍司檄吐谷渾曰夫二氣旣分三才定位

樹之以君本爲黔首豈使悖義違道肆於民上昔魏氏不綱羣方幅裂豺狼橫噬龜玉已毀喁喁黔黎咸墜塗炭我先皇神武應期一匡天下東戡南剪無思不服天鑒有周世篤英聖遂廓洪基奄荒萬寓固則神皋西嶽險則百二猶在卿士師師羣后率職故知三靈之所睠集四隩之所來蘇也彼國世在西垂作藩於魏值中原政亂遂阻皇風首鼠兩端伺我邊隙先皇含垢藏疾仍存聘享欲睦之以隣好申之以婚姻彼國苞藏禍心屢違盟約外結仇讐自貽近患是故往年致突厥之師也自爾迄今蜂蠆彌毒入我姑臧俘我河縣芟夷我菽麥虔劉我蒼生我皇武以止戈文以懷遠德覃四海化溢八荒以彼惡稔禍盈故命龔行九伐武臣猛將天張雷動皆六郡良家三秦精銳揮戈擐甲同萃龍沙柱國博陵公祥貴戚重望乃文乃武受脤廟堂元戎啓路太傅燕國公于謹英猷不世應變無窮仗旄指麾爲其謀主柱國化政公貴早播威聲奇正兼設直取龍涸濟自南河突厥與國睦親同恥反道驅引弓之民總穹廬之衆解鞍成山雲蒸霧合往歲王師西伐成都不守桴鼓南臨江陵底定鑿空萬里闢地千

都荒服畏威膜拜厥角成敗之機較然可見若能轉禍爲福深識事宜君臣相
率輿櫬稽顙則爵等顯除永蕃西服如其徘徊危邦覬延時漏覆宇湮祀良助
寒心幸思嘉謀以圖去就遂與吐渾廣定王鍾留王等戰破之因拔其洮陽共
和二城以其地爲洮州撫安西土振旅而還進封涼國公邑萬戶保定四年薨
年四十八贈使持節太師同岐等十二州諸軍事同州刺史謚曰景有七子敬
讓璨師寬知名敬少歷顯職封化隆縣侯後襲爵涼國公位至柱國大將軍華
州刺史讓大將軍鄜州刺史河東郡公璨開府儀同三司宜陽縣公隋文帝與
祥有舊開皇初追贈上柱國
尉遲綱字婆羅蜀國公迥之弟也少孤與兄迥依託舅氏太祖西討關隴迥綱
與母昌樂大長公主留守晉陽後方入關從太祖征伐常陪侍帷幄出入卧內
後以迎魏孝武功拜殿中將軍大統元年授帳內都督從儀同李虎討曹泥破
之又從破竇泰以功封廣宗縣伯邑五百戶仍從復弘農克河北郡戰沙苑皆
有功綱驍果有膂力善騎射太祖甚寵之委以心膂河橋之戰太祖馬中流矢

因而驚奔綱與李穆等左右力戰衆皆披靡太祖方得乘馬以前後功增邑八百戶進爵爲公仍拜平遠將軍步兵校尉八年加通直散騎常侍太子武衛率前將軍轉帥都督東魏圍玉壁綱從太祖救之九年春太祖復與東魏戰於邙山大軍不利人心離解綱勵將士盡心翊衛遷大都督十四年拜車騎大將軍儀同三司加散騎常侍增邑三百戶俄遷驃騎大將軍開府儀同三司加侍中進爵昌平郡公十七年出爲華州刺史魏廢帝二年拜大將軍兼領軍將軍及帝有異謀言頗漏泄太祖以綱職典禁旅使密爲之備俄而帝廢立齊王仍以綱爲中領軍總宿衛綱兄迥率衆伐蜀綱從太祖送之於城西見一走兔太祖命綱射之誓曰若獲此兔必當破蜀俄而綱獲兔而反太祖喜曰事平之日當賞汝佳口及克蜀賜綱侍婢二人又常從太祖北狩雲陽值五鹿俱起綱獲其三每從遊宴太祖以珍異之物令諸功臣射而取之綱所獲輒多孝閔帝踐阼綱以親戚掌禁兵除小司馬又與晉公護廢帝語在護傳世宗卽位進位柱國大將軍武成元年進封吳國公邑萬戶除涇州總管五州十一防諸軍事涇州

刺史是歲大長公主薨于京師綱去職尋起復本官保定元年拜少傅俄而授大司空二年出爲陝州總管七州十三防諸軍事陝州刺史四年晉公護東討乃配綱甲士留鎮京師綱以天子在宮必無內慮乃請出外頓於咸陽大軍還綱復歸鎮天和二年以綱政績可稱賜帛千段穀六千斛錢二十萬增邑四百戶陳公純等以皇后阿史那氏自突厥將入塞詔徵綱與大將軍王傑率衆迎衞於境首三年追論河橋之功封一子縣公邑一千戶四年五月薨于京師時年五十三贈太保十二州諸軍事同州刺史謚曰武第三子安以嫡嗣大象末位至柱國安兄運別有傳運弟勤少歷顯位大象末青州總管起兵應伯父迥事在迥傳安弟敬尙世宗女河南公主位至儀同三司

叱列伏龜字摩頭陁代郡西部人也世爲部落大人魏初入附遂世爲第一領民酋長至龜容貌瓌偉腰帶十圍進止詳雅兼有武藝嗣父業復爲領民酋長魏正光五年廣陽王深北征請龜爲寧朔將軍委以帳內兵事尋除善無郡守孝昌三年又除別將從長孫稚西征以戰功累遷征西將軍金紫光祿大夫後

還洛授都督遂爲齊神武所寵任加授大都督沙苑之敗隨例來降太祖以其
豪門解縛禮之仍以邵惠公女妻之大統四年封長樂縣公邑一千戶自此常
從太祖征討亟有戰功八年出爲北雍州刺史加大都督尋進位車騎大將軍
儀同三司散騎常侍十四年徵拜侍中加驃騎大將軍開府儀同三司除恆州
刺史增邑通前一千四百戶十七年卒子椿嗣椿字千年世宗時拜車騎大將
軍儀同三司尋遷驃騎大將軍開府儀同三司改封永世縣公邑一千二百戶
保定二年授幽州刺史天和初除左宮伯進位大將軍
閻慶字仁慶河南河陰人也曾祖善仕魏歷龍驤將軍雲州鎮將因家于雲州
之盛樂郡祖提使持節車騎大將軍燉煌鎮都大將父進有謀略勇冠當時正
光中拜龍驤將軍屬衞可孤作亂攻圍盛樂進率衆拒守綿歷三載晝夜交戰
未嘗休息以少擊衆城竟獲全以功拜盛樂郡守慶幼聰敏重然諾風儀端肅
望之儼然及衞可孤侵逼盛樂慶隨父固守頗有力焉拜別將稍遷輕車將軍
加給事中後以軍功拜步兵校尉中堅將軍旣而齊神武舉兵入洛魏孝武西

還慶謂所親曰高歡跋扈將有篡逆之謀豈可茍安目前受其控制也遂以大統三年自宜陽歸闕太祖謂慶曰高歡逆亂宇內分崩羣盜競興人皆徇己卿遂能盡忠貞之節重君臣之義背逆歸順捨危就安雖古人所稱何以加也即拜中堅將軍奉車都尉河橋之役以功拜前將軍太中大夫還後將軍封安次縣子邑四百戶及邙山之戰先登陷陳拜撫軍將軍大都督進爵為伯增邑五百戶慶善於綏撫士卒未休未嘗先舍故能盡其死力屢展勳勞累遷使持節車騎大將軍儀同三司散騎常侍驃騎大將軍開府儀同三司雲州大中正加侍中賜姓大野氏孝閔帝踐祚出為河州刺史進爵石保縣公增邑千戶州居河外地接戎夷慶留心撫納頗稱簡惠就拜大將軍進爵大安郡公邑戶如舊入為小司空除雲州刺史轉寧州刺史慶性寬和不苛察百性悅之天和六年進位柱國晉公護母慶之姑也護雖擅朝而慶未嘗阿附及護誅高祖以此重之乃詔慶第十二子毗尚帝女清都公主慶雖位望隆重婚連帝室常以謙慎自守時人以此稱之建德二年抗表致仕優詔許焉慶既衰老恆嬰沉痼宣帝

以其先朝耆舊特異常倫乃詔靜帝至第問疾賜布帛千段醫藥所須令有司供給大象二年拜上柱國隋文帝踐極又令皇太子就第問疾仍供醫藥之費開皇二年薨時年七十七贈司空荆譙淅湖澧廣蒙七州諸軍事荆州刺史謚曰成長子常先慶卒次子毗嗣大象末位至大將軍

史臣曰中陽御曆沛邑多封侯白水配天南陽皆貴戚是知階緣近屬以取寵榮其來尚矣王盟等始以親黨升朝終以才能進達勤宣運始位列周行實參迹於功臣蓋弗由於恩澤也

周書卷二十

周書卷二十考證

王盟傳王盟字子仵○子仵北史作子什

子勵○勵北史作勱及後諸勵字同

賀蘭祥傳賀蘭祥字盛樂○北史同　臣文淳按晉蕩公護傳作盛洛北史亦同

樂與洛未知孰是

閻慶傳次子毗嗣○嗣監本訛稚今從北史

周書卷二十考證

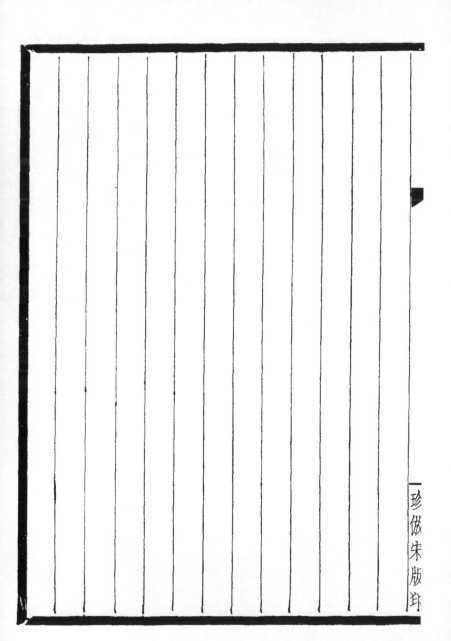

周書卷二十一

唐　令　狐　德　棻　等　撰

列傳第十三

尉遲迥　王謙　司馬消難

尉遲迥字薄居羅代人也其先魏之別種號尉遲部因而姓焉父俟兜性弘裕有鑒識尚太祖姊昌樂大長公主生迥及綱俟兜病且卒呼二子撫其首曰汝等並有貴相但恨吾不見爾各宜勉之迥少聰敏美容儀及長有大志好施愛士稍遷大丞相帳內都督尚魏文帝女金明公主拜駙馬都尉從太祖復弘農破沙苑皆有功累遷尚書左僕射兼領軍將軍迥通敏有幹能雖任兼文武頗允時望太祖以此深委仗焉後拜大將軍侯景之渡江梁元帝時鎮江陵既以內難方殷請脩隣好其弟武陵王紀在蜀稱帝率衆東下將攻之梁元帝大懼乃移書請救又請伐蜀太祖曰蜀可圖矣取蜀制梁在茲一舉乃與羣公會議諸將多有異同唯迥以爲紀既盡銳東下蜀必空虛王師臨之必有征無戰太

祖深以爲然謂迥曰伐蜀之事一以委汝計將安出迥曰蜀與中國隔絕百有餘年恃其山川險阻不虞我師之至宜以精甲銳騎星夜襲之平路則倍道兼行險途則緩兵漸進出其不意衝其腹心蜀人旣駭官軍之臨速必望風不守矣於是乃令迥督開府元珍乙弗亞万俟呂陵始叱奴興綦連宇文昇等六軍甲士一萬二千騎萬疋伐蜀以魏廢帝二年春自散關由固道出白馬趣晉壽開平林舊道前軍臨劍閣紀安州刺史樂廣以州先降紀梁州刺史楊乾運時鎭潼州又降六月迥至潼州大饗將士引之而西紀益州刺史蕭撝不敢戰遂嬰城自守進軍圍之初紀至巴郡聞迥來侵遣譙淹回師爲撝外援迥分遣元珍乙弗亞等以輕騎破之遂降撝前後戰數十合皆爲迥所破撝與紀子宜都王肅及其文武官屬詣軍門請見迥以禮接之其吏人等各令復業唯收僮隸及儲積以賞將士號令嚴肅軍無私焉詔迥爲大都督益潼等十八州諸軍事益州刺史以平蜀功封一子爲公自劍閣以南得承制封拜及黜陟迥乃明賞罰布恩威綏緝新邦經略未附夷夏懷而歸之迥性至孝色養不怠身雖在外

所得四時甘脆必先薦奉然後敢嘗大長公主年高多病迥往在京師每退朝參候起居憂悴形於容色大長公主每爲之和顏進食以寧迥心太祖知其至性徵迥入朝以慰其母意遣大鴻臚郊勞仍賜迥衮冕之服蜀人思之立碑頌德孝閔踐阼進位柱國大將軍又以迥有平蜀之功同霍去病冠軍之義封寧蜀公進蜀公爵邑萬戶宣帝卽位以迥爲大前疑出爲相州總管宣帝崩隋文帝輔政以迥望位夙重懼爲異圖乃令迥子魏安公惇齎詔書以會葬徵迥尋以鄖公韋孝寬代迥爲總管迥以隋文帝當權將圖篡奪遂謀舉兵留惇而不受代隋文帝又使候正破六汗裒詣迥喻旨密與總管府長史晉昶等書令爲之備迥聞之殺長史及裒乃集文武士庶登城北樓而令之曰楊堅以凡庸之才藉后父之勢挾幼主而令天下威禮自己賞罰無章不臣之迹暴於行路吾居將相與國舅甥同休共戚義由一體先帝處吾於此本欲寄以安危今欲與卿等糾合義勇匡國庇人進可以享榮名退可以終臣節卿等以爲何如於是衆咸從命莫不感激乃自稱大總管承制署置官司于時趙王招已入朝留少

子在國迥又奉以號令迥弟子勤時爲青州總管亦從迥迥所管相衛黎毛洺貝趙冀瀛滄勤所統青膠光莒諸州皆從之衆數十萬滎州刺史邵公宇文冑申州刺史李惠東楚州刺史費也利進東潼州刺史曹孝達各據州以應迥迥又北結高寶寧以通突厥南連陳人許割江淮之地隋文帝於是徵兵討迥即以韋孝寬爲元帥惇率衆十萬入武德軍於沁東孝寬等諸軍隔水相持不進隋文帝又遣高熲馳驛督戰惇布兵二十里麾軍小却欲待孝寬軍半渡擊之孝寬因其小却鳴鼓齊進惇大敗孝寬乘勝進至鄴迥與子惇祐等又悉其卒十三萬陳於城南迥別統萬人皆綠巾錦襖號曰黃龍兵勤率衆五萬自青州赴迥以三千騎先到迥舊習軍旅雖老猶被甲臨陣其麾下千兵皆關中人爲之力戰孝寬等軍失利而却鄴中士女觀者如堵高熲與李詢整陣先犯觀者因其擾而乘之迥大敗遂入鄴迥走保北城孝寬縱兵圍之李詢賀樓子幹以其屬先登迥上樓射殺數人乃自殺勤惇祐東走并追獲之餘衆月餘皆斬之迥末年衰耄惑於後妻王氏而諸子多不睦以開府小御正崔達拏爲長史餘

委任亦多用齊人達拏文士無籌略舉措多失綱紀不能有所匡救迥自起兵至敗六十八日武德中迥從孫庫部員外郎耆福上表請改葬朝議以迥忠於周室有詔許之

王謙字勑萬太保雄之子也性恭謹無他才能以父功累遷驃騎大將軍開府孝閔踐祚治右小武伯雄從晉公護東討爲齊人所斃朝議以謙父殞身行陣特加殊寵乃授謙柱國大將軍以情禮未終固辭不拜高祖手詔奪情襲爵庸公邑萬戶後皇太子討吐谷渾力戰有功是時高祖東征謙又力戰進上柱國益州總管時謙令司錄賀若昂奉表詣闕昂還具陳京師事勢謙以世受國恩將圖匡復遂舉兵署官司所管益潼新始龍邛青瀘戎寧汶陵遂合楚資眉普十八州及嘉渝臨渠蓬隆通興武庸十州之人多從之總管長史乙弗虔益州刺史達奚惎勸謙據險觀變隆州刺史阿史那瓌爲謙畫三策曰公親率精銳直指散關蜀人知公有勤王之節必當各思效命此上策也出兵梁漢以顧天下此中策也坐守劍南發兵自衛此下策也謙參用其中下之策梁睿未至大

劍謙遣兵鎮始州隋文卽以睿爲行軍元帥便發利鳳文秦成諸州兵討之達奚惎乙弗虔等衆十萬攻利州聞睿至衆潰睿乘其弊縱兵深入惎虔密使詣睿請爲內應以贖罪謙不知之並令守成都謙先無籌略承藉父勳遂居重任初謀舉兵咸以地有江山之險進可以立功退可以自守且任用多非其才及聞睿兵奄至惶懼乃自率衆迎戰又以惎虔之子爲左右軍行數十里軍皆叛謙以二十騎奔新都縣令王寶斬之傳首京師惎虔以成都降隋文以其首謀斬之阿史那瓌亦誅

司馬消難字道融河內溫人父子如爲齊神武佐命位至尚書令消難幼聰惠微涉經史好自矯飾以求名譽起家著作郎子如既當朝貴消難亦愛賓客邢子才王元景魏收陸卬崔贍等皆遊其門尋拜駙馬都尉光祿卿出爲北豫州刺史齊文宣末年昏虐滋甚消難既懼禍及常有自全之謀曲意撫納頗爲百姓所附屬文宣在幷驛召其弟上黨王渙渙懼於屠害遂斬使者東奔數日間搜捕鄴中鄴中大擾後竟獲於濟州渙之初走朝士私相謂曰今上黨亡叛似

赴成皐若與司馬北豫州連謀必爲國患此言遂達於文宣文宣頗疑之消難懼密令所親裴藻間行入關請舉州來附晉公護遣達奚武楊忠迎之消難遂與武俱入朝授大將軍滎陽公從高祖東伐還大後丞納女爲靜帝后尋出爲交州總管隋文帝輔政消難既聞蜀公迥不受代遂欲與迥合勢亦舉兵應之以開府田廣等爲腹心殺總管長史侯莫陳杲鄖州刺史蔡澤等四十餘人所管鄖隨溫應土順沔環岳九州魯山甑山沌陽應城平靖武陽上明須水八鎮並從之使其子泳質於陳以求援隋文帝命襄州總管王誼爲元帥發荆襄兵以討之八月消難聞誼軍將至夜率其麾下歸於陳陳宣帝以爲都督安趙九州八鎮車騎將軍司空隨公初楊忠之迎消難結爲兄弟情好甚篤隋文每以叔禮事之及陳平消難至京特免死配爲樂戶經二旬放免猶被舊恩特蒙引見尋卒于家性貪淫輕於去就故世之言反覆者皆引消難云其妻高氏齊神武之女在鄴敬重之後入關便相弃薄消難之赴邛州留高及三子在京高言於隋文曰滎陽公性多變詐今以新寵自隨必不顧妻子願防慮之消難入陳

而高母子因此獲免

史臣曰尉遲迥地則舅甥職惟台袞沐恩累葉荷睠一時居形勝之地受藩維之託顛而不扶憂責斯在及主威云謝鼎業將遷九服移心三靈改卜遂能志存赴蹈投袂稱兵忠君之勤未宣違天之禍便及校其心翟義葛誕之儔歟

周書卷二十一

周書卷二十一考證

尉遲迥傳取蜀制梁○梁諸本訛作勝今從北史

於是乃令迥督開府元珍乙弗亞万俟呂陵始叱奴興綦連宇文昇等六軍○

北史万俟呂陵始作俟呂陵始綦連作綦連雄

遣譙淹回師爲撝外援○北史作遣前南梁州刺史史欣景幽州刺史趙拔扈

等爲撝外援與此不同

撝與紀子宜都王肅○北史王字下有圓字

東楚州刺史費也利進○北史進下有國字

其麾下千兵○北史無千字疑衍

周書卷二十一考證

珍倣宋版印

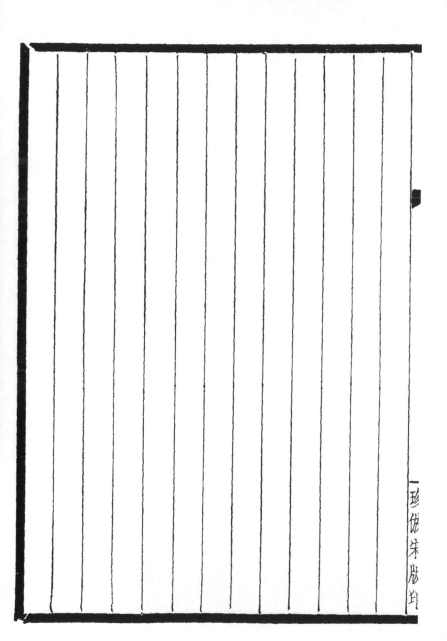

周書卷二十二

唐 令 狐 德 棻 等 撰

列傳第十四

周惠達 馮景 楊寬兄穆 儉 柳慶子機 弘 兄鷟 鷟子帶韋

周惠達字懷文章武文安人也父信少仕州郡歷樂鄉平舒平成三縣令皆以廉能稱惠達幼有志操好讀書美容貌進退可觀見者莫不重之魏齊王蕭寶夤爲瀛州刺史召惠達及河間馮景同在閤中甚禮之及寶夤還朝惠達隨入洛陽領軍元乂勢傾海內惠達嘗因寶夤與乂言論乂歎重之於座遺惠達衣物孝昌初魏臨淮王彧北討以惠達爲府長流參軍及万俟醜奴等構亂蕭寶夤西征惠達復隨入關寶夤後與賊戰不利退還仍除雍州刺史令惠達使洛陽未還而寶夤反謀聞於京師有司以惠達是其行人將執之乃私馳還至潼關遇大使楊侃侃謂惠達曰蕭氏逆謀已成何爲故入獸口惠達曰蕭王爲左右所誤今往庶其改圖及至寶夤反形已露不可彌縫遂用惠達爲光祿勳中

書舍人寶夤既敗人悉逃散唯惠達等數人從之寶夤語惠達曰人生富貴左右咸言盡節及遭厄難乃知歲寒也賀拔岳獲寶夤送洛留惠達爲府祭酒給其衣馬卽與參議岳爲關中大行臺以惠達爲從事中郎嘗使至洛魏孝武與惠達語及世難惠達陳天下事勢述岳有誠節唯以憂國定亂爲事言辭激切帝甚嘉之及還具以白岳岳曰人生於天受命於君豈有利人榮祿而不憂其禍難卿之所奏實獲吾心自是更被親禮岳每征討恆命惠達居守又轉岳府屬岳爲侯莫陳悅所害悅得惠達欲官之惠達辭以疾不見許乃遁入漢陽之麥積崖悅平惠達歸於太祖卽用秦州司馬安輯隴右及太祖爲大都督總管兵起雍復以惠達爲府司馬便委任焉魏孝武詔太祖尙馮翊長公主以惠達爲長史赴洛陽奉迎至潼關遇孝武已西卽令惠達先太祖謂惠達曰昔周之東還晉鄭是依今乘輿播越降臨關右吾雖猥當其任而才愧昔人卿宜勠力共成功業以取富貴也對曰惠達宦遊有年屬明公一匡之運富貴之事非所敢望但願明公威德加於天下惠達得効其尺寸則志願畢矣太祖爲大將軍

大行臺以惠達爲行臺尚書大將軍府司馬封文安縣子邑三百戶太祖出鎮華州留惠達知後事于時既承喪亂庶事多闕惠達營造戎仗儲積食糧簡閱士馬以濟軍國之務時甚賴焉爲安東將軍拜太子少傅進爵爲伯增邑三百戶尋除中書令進爵爲公增邑通前九百戶加衞大將軍左光祿大夫四年兼尚書右僕射其年太祖與魏文帝東征惠達輔魏太子居守總留臺事惠達前後辭讓帝手詔答曰西顧無憂唯公是屬蕭寇之重深所寄懷及邙山失律人情駭動趙青雀率東人據長安子城反惠達奉太子出渭橋北以禦之軍還青雀等伏誅拜吏部尚書久之復爲右僕射自關右草創禮樂缺然惠達與禮官損益舊章至是儀軌稍備魏文帝因朝奏樂顧謂惠達曰此卿之功也尋拜儀同三司惠達雖居顯職性謙退善下人盡心勤公進拔良士以此人皆敬而附之十年薨子題嗣隋開皇初以惠達著績前代追封蕭國公

馮景字長明少與惠達同志相友延景中梁人寇抄徐揚景謂蕭寶夤曰今梁寇憑淩朝廷思靖邊之將王若能先驅効命非唯雪家國之恥亦是保身之長

策也寶夤深然之及寶夤爲大都督以景爲功曹參軍後爲右僕射引景入省領尚書都令史正光中寶夤爲關西大行臺又假景陵江將軍領大行臺都令史從寶夤征討寶夤將舉兵反景固諫不從寶夤敗後景還洛朝廷先聞景有諫言故免之除奉車都尉汝陽王元叔昭爲隴右大行臺啓景爲行臺郎中賀拔岳爲大都督又以景爲從事中郎太祖平侯莫陳悅除景洛陽郡守尋兼行臺左丞留守原州魏孝武西遷封高陽縣伯邑三百戶還散騎常侍行臺尚書加瀛州刺史大統初行涇州事後以疾卒

揚寬字景仁弘農華陰人也祖恩魏鎮遠將軍河間內史父鈞博學彊識舉秀才拜大理平轉廷尉正累遷歷洛陽令左中郎將軍華州大中正河南尹廷尉卿安北將軍七兵尚書北道大行臺恆州刺史懷朔鎮將軍卒於鎮贈侍中司空公追封臨貞縣伯謚曰恭寬少有大志每與諸兒童遊處必擇高大之物而坐之見者咸異焉及長頗解屬文尤尚武藝弱冠除奉朝請屬鈞出鎮恆州請從展效乃改授將軍高闕戍主時茹茹既亂其主阿那瓌來奔魏帝遣使納之

詔鈞率兵衛送寬亦從以功拜行臺郎中時北邊賊攻圍鎮城鈞卒城民等推寬守禦尋而城陷寬乃北走茹茹後討鎮賊破之寬始得還朝魏廣陽王深與寬素相委昵深犯法得罪寬被逮捕魏孝莊時爲侍中與寬有舊藏之於宅遇赦得免除宗正丞北海王顥少相器重時爲大行臺北征葛榮欲啓寬爲左右丞與參謀議寬辭以孝莊厚恩未報義不見利而動顥未之許顥妹壻李神軌謂顥曰揚寬義士也匹夫猶不可奪志況義士乎王今彊之以行亦恐不爲人用顥乃止孝莊踐阼拜通直散騎侍郎領河南尹丞行洛陽令邢杲反寬以都督從太宰上黨王元天穆討平之就拜通直散騎常侍師未還屬元顥自梁入洛孝莊出居河內天穆懼計無所出集諸將謀之寬曰吳人輕跳非王之敵況懸軍深入師老兵疲彊弩之末何能爲也願徑取成皐會兵伊洛戮帶定襄於是乎在此事易同摧朽王何疑焉天穆然之乃引軍趣成皐令寬與尒朱能爲後拒尋以衆議不可乃回赴石濟寬夜行失道後期諸將咸言寬少與北海周旋今不來矣天穆答曰揚寬非輕於去就者也其所逗留必有他故吾當爲諸

君保明之語詎候騎白寬至天穆撫髀而笑曰吾固知其必來遽出帳迎之握其手曰是所望也卽給牛三十頭車五乘綿絹一十五車羊五十口與天穆俱謁孝莊於太行拜散騎常侍安東將軍仍爲都督從平河內進圍北中時梁將陳慶之爲顥兵守北門天穆駐馬圍外遣寬至城下說慶之寬先自稱姓名然後與語備陳利害勸令早降慶之不答久之乃曰賢兄撫軍在此頗欲相見寬答曰僕兄旣力屈凶威迹淪逆黨人臣之理何煩相見向所以先申姓名者豈不知兄在彼乎直以信不見疑忠爲令德耳僕之昆季幸不待言但當議良圖自求多福天穆聞之謂左右曰楊寬大異人何至不惜形便如此自是彌敬重之孝莊反正拜中軍將軍太府卿華州大中正封澄城縣伯邑三百戶尒朱榮被誅其從弟世隆等擁部曲燒城門出據河橋還逼京師進寬鎮北將軍使持節大都督隨機扞禦世隆謂寬曰豈忘太宰相知之深也寬答曰太宰見愛以禮人臣之交耳今日之事事君常節世隆北走寬追至河內俄而尒朱兆陷洛陽因執孝莊帝寬還洛不可遂自成臯奔梁至建業聞孝莊帝弒崩寬發哀盡

禮梁武義之待之甚厚尋而禮送還朝至下邳尒朱仲遠啓復寬官爵留爲大
行臺吏部尚書孝武初改授散騎常侍驃騎將軍給事黃門侍郎監內典書事
時夏州戍兵數千人據兗州反詔寬兼侍中節度諸軍討平之中尉綦儁與寬
有宿憾誣以他罪劾之孝武謂侍臣等曰楊寬清直朕極知其無罪但不能杜
法官之奏耳事下廷尉尋得申釋又除黃門侍郎兼武衛將軍孝武與齊神武
有隙遂召募騎勇廣增宿衛以寬爲閤內大都督專總禁旅從孝武入關兼吏
部尚書錄從駕勳進爵華山郡公邑一千二百戶大統初遷車騎大將軍太子
太傅儀同三司三年使茹茹迎魏文悼后還拜侍中都督涇州諸軍事涇州刺
史五年除驃騎大將軍開府儀同三司都督東雍州諸軍事東雍州刺史即本
州也十年轉河州刺史十六年兼大丞相府司馬朝議欲經略漢川而梁宜豐
侯蕭循固守南鄭十七年寬從大將軍達奚武討之梁武陵王蕭紀遣將楊乾
運率兵萬餘人救循武令寬督開府王傑賀蘭願德等邀擊之軍至白馬與乾
運合戰破之俘斬數千人軍還除南豳州刺史魏廢帝初入爲尚書左僕射將

作大監坐事免魏恭帝二年除廷尉卿世宗初拜大將軍增邑一千二百戶從
賀蘭祥討吐谷渾破之別封宜陽縣公邑一千戶除小冢宰轉御正中大夫武
成二年詔寬與麟趾學士參定經籍寬性通敏有器識頻牧數州號爲清簡歷
居臺閣有當官之譽然與柳慶不協欲按成其罪時論頗以此譏之保定元年
除總管梁興等十九州諸軍事梁州刺史其年薨於州贈華陝虞上潞五州刺
史謚曰元子紀嗣大象末官至上儀同大將軍虞部下大夫寬二兄穆儉穆字
紹叔魏永安中除華州別駕孝武末寬請以澄城縣伯讓穆詔許之仍拜中軍
將軍金紫光祿大夫除車騎將軍都督并州諸軍事并州刺史卒於家贈驃騎
大將軍開府儀同三司華州刺史儉字景則偉容儀有才行魏正始中起家侍
御史加奉朝請還員外散騎侍郎孝昌中除鎮遠將軍頓丘太守未及述職元
顥啓請隨軍建義初兼給事黃門侍郎左將軍太府少卿元顥入洛授撫軍將
軍孝莊反正廢於家尋拜散騎常侍都督潁州諸軍事潁州刺史建明中加征
南將軍金紫光祿大夫孝武初除衞將軍北雍州刺史政尚寬惠夷夏安之孝

武西遷除侍中驃騎將軍大統初以本官行東秦州事加使持節當州大都督從破齊神武於沙苑封夏陽縣侯邑八百戶七年領大丞相府諮議參軍出爲都督東雍華二州諸軍事驃騎大將軍開府儀同三司華州刺史八年卒於家贈本官謚曰靜

柳慶字更興解人也五世祖恭仕後趙爲河東郡守後以秦趙喪亂乃率民南徙居於汝潁之間故世仕江表祖緝宋同州別駕宋安郡守父僧習齊奉朝請魏景明中與豫州刺史裴叔業據州歸魏歷北地潁川二郡守揚州大中正慶幼聰敏有器量博涉羣書不治章句好飲酒閑於占對年十三因暴書僧習謂慶曰汝雖聰敏吾未經特試乃令慶於雜賦集中取賦一篇千有餘言慶立讀三徧便卽誦之無所遺漏時僧習爲潁川郡地接都畿民多豪右將選鄉官皆依倚貴勢競來請託選用未定僧習謂諸子曰權貴請託吾並不用其使欲還皆須有答汝等各以意爲吾作書也慶乃具書草云下官受委大邦選吏之日有能者進不肖者退此乃朝廷恆典僧習讀書歎曰此兒有意氣丈夫理當如

是卽依慶所草以報起家奉朝請慶出後第四叔及遭父憂議者不許爲服重慶泣而言曰禮者蓋緣人情若於出後之家更有苴斬之服可奪此從彼今四叔薨背已久情事不追豈容奪禮乖違天性時論不能抑遂以苫凷終喪既葬乃與諸兄負土成墳服闋除中堅將軍魏孝武將西遷除慶散騎侍郎馳傳入關慶至高平見太祖共論時事太祖卽請奉迎輿駕仍命慶先還復命時賀拔勝在荊州帝屏左右謂慶曰高歡已屯河北關中兵既未至朕欲往荊州卿意何如慶對曰關中金城千里天下之彊國也宇文泰忠誠奮發朝廷之良臣也以陛下之聖明仗宇文泰之力用進可以東向而制羣雄退可以閉關而固天府此萬全之計也荊州地非要害衆又寡弱外迫梁寇內拒歡黨斯乃危亡是懼寧足以固鴻基以臣斷之未見其可帝深納之及帝西遷慶以母老不從獨孤信之鎮洛陽乃得入關除相府東閤祭酒領記室轉戶曹參軍八年遷大行臺郎中領北華州長史十年除尚書都兵郎中如故幷領記室時北雍州獻白鹿羣臣欲草表陳賀尚書蘇綽謂慶曰近代以來文章華靡逮于江左彌復輕

薄洛陽後進祖述不已相公柄民軌物君職典文房宜製此表以革前弊慶操筆立成辭兼文質綽讀而笑曰枳橘猶自可移況才子也尋以本官兼雍州別駕廣陵王元欣魏之懿親其甥孟氏屢爲凶横或有告其盜牛慶捕推得實趣令就禁孟氏殊無懼容乃謂慶曰今若加以桎梏後復何以脫之欣亦遣使辨其無罪孟氏由此益驕慶於是大集僚吏盛言孟氏依倚權戚侵虐之狀言畢便令笞殺之此後貴戚斂手不敢侵暴有賈人持金二十斤詣京師交易寄人停止每欲出行常自執管鑰無何緘閉不異而失之謂主人所竊郡縣訊問主人遂自誣服慶聞而歎之乃召問賈人曰卿鑰恆置何處對曰恆自帶之慶曰頗與人同宿乎曰無與人同飲乎曰日者曾與一沙門再度酣宴醉而晝寢慶曰主人特以病自誣非盜也彼沙門乃真盜耳卽遣吏逮捕沙門乃懷金逃匿後捕得盡獲所失之金十二年改三十六曹爲十二部詔以慶爲計部郎中別駕如故有胡家被劫郡縣按察莫知賊所隣近被囚繫者甚多慶以賊徒既衆似是烏合既非舊交必相疑阻可以詐求之乃作匿名書多牓官門曰我等共

劫胡家徒侶混雜終恐泄露今欲首懼不免誅若聽先首免罪便欲來告慶乃復施免罪之牓居二日廣陽王欣家奴面縛自告牓下因此推窮盡獲黨與慶之守正明察皆此類也每歎曰昔于公斷獄無私闢高門可以待封儻斯言有驗吾其庶幾乎十三年封清河縣男邑二百戶兼尚書右丞攝計部十四年正右丞太祖嘗怒安定國臣王茂將殺之而非其罪朝臣咸知而莫敢諫慶乃進曰王茂無罪奈何殺之太祖愈怒聲色甚厲謂慶曰王茂當死卿若明其無罪亦須坐之乃執慶於前慶辭氣不撓抗聲曰竊聞君有不達者爲不明臣有不爭者爲不忠慶謹竭愚誠實不敢愛死但懼公爲不明之君耳願深察之太祖乃悟而赦茂已不及矣太祖默然明日謂慶曰吾不用卿言遂令王茂冤死可賜茂家錢帛以旌吾過尋進爵爲子增邑三百戶十五年加平南將軍十六年太祖東討以慶爲大行臺右丞加撫軍將軍還轉尚書右丞加通直散騎常侍魏廢帝初除民部尚書慶威儀端肅樞機明辨太祖每發號令常使慶宣之天性抗直無所回避太祖亦以此深委仗焉二年授車騎大將軍儀同三司魏恭

帝初進位驃騎大將軍開府儀同三司尚書右僕射轉左僕射領著作六官建
拜司會中大夫孝閔帝踐阼賜姓宇文氏進爵平齊縣公增邑通前一千五百
戶晉公護初攝政欲引爲腹心慶辭之頗忤旨又與楊寬有隙及寬參知政事
慶遂見疎忌出爲萬州刺史世宗尋悟留爲雍州別駕領京兆尹武成二年除
宜州刺史慶自爲郎迄于司會府庫倉儲並其職也及在宜州寬爲小冢宰乃
囚慶故吏求其罪失按驗積六十餘日吏或有死於獄者終無所言唯得剩錦
數匹時人服其廉慎保定三年又入爲司會先是慶兄檜爲魏興郡守爲賊黃
寶所害檜子三人皆幼弱慶撫養甚篤後寶率衆歸朝朝廷待以優禮居數年
檜次子雄亮白日手刃寶於長安城中晉公護聞而大怒執慶及諸子姪皆因
之讓慶曰國家憲綱皆君等所爲雖有私怨寧得擅殺人也對曰慶聞父母之
讎不同天昆弟之讎不同國明公以孝治天下何乃責於此乎護愈怒慶辭色
無所屈卒以此免天和元年十二月薨時年五十贈鄜綏丹三州刺史謚曰景
子機嗣

機字匡時少有令譽風儀辭令爲當世所推歷小納言開府儀同三司司宗中大夫大象中御正上大夫華州刺史機弟弘字匡道少聰穎亦善草隸博涉羣書辭彩雅贍與弘農楊素爲莫逆之交解巾中外府記室參軍建德初除內史上士歷小宮尹卿正上士陳遣王偃民來聘高祖令弘勞之偃民謂弘曰來日至於藍田正逢滋水暴長所齎國信溺而從流今所進者假之從吏請勒下流人見爲追尋此物也弘曰昔淳于之獻空籠前史稱以爲美足下假物而進詎是陳君之命乎偃民慚不能對高祖聞而嘉之盡以偃民所進之物賜弘乃令報聘占對詳敏見稱於時使還拜內史都上士遷御正下大夫尋卒於官時年三十一高祖甚惜之贈晉州刺史楊素誄之曰山陽王弼風流長逝潁川荀粲零落無時修竹夾池永絕梁園之賦長楊映沼無復洛川之文其爲士友所痛惜如此有文集行於世慶三兄鷟虯檜虯檜並自有傳鷟好學善屬文魏臨淮王記室參軍事早卒子帶韋字孝孫深沉有度量少好學身長八尺三寸美風儀善占對韓賢素爲洛州刺史召爲主簿後與諸父歸朝太祖辟爲參軍時侯

景作亂江右太祖令帶韋使江郢二州與梁邵陵南平二王通好行至安州值假寶等反帶韋乃矯爲太祖書以撫定之並即降附既至郢見邵陵具申太祖意邵陵即時隨帶韋報命以奉使稱旨授轉輔國將軍中散大夫十七年太祖遣大將軍達奚武經略漢川以帶韋爲治行臺左丞從軍南討時梁宜豐侯蕭循守南鄭武攻之未拔乃令帶韋入城說循曰足下所固者險所恃者援所守者民今王師深入棧道長驅漢川此則所憑之險不足固也武興陷沒於前白馬破亡於後自餘川谷酋豪路阻而不敢進此則所望之援不可恃也夫顧親戚懼誅夷貪榮慕利此生人常也今大兵總至長圍四合戮逃亡以勸安居賞先降以招後服人人懷轉禍之計家家圖安堵之謀此則所部之民不可守也且足下本朝喪亂社稷無主盡忠將何所託死節不足成名竊爲足下不取也僕聞賢者相時而動智者因變立功當今爲足下計者莫若肉袒軍門歸命下吏免生民於塗炭全髮膚於孝道必當紆青拖紫裂土分珪名重當時業光後嗣豈若進退無據身名俱滅者哉循然之後乃降魏廢帝元年出爲解縣令二

年加授驃騎將軍左光祿大夫明年轉汾陰令發擿奸伏百姓畏而懷之世宗
初入爲地官上士武成元年授帥都督治御伯下大夫還武藏下大夫保定三
年授大都督四年加儀同三司中外府掾天和六年封康城縣男邑五百戶轉
職方中大夫三年授兵部中大夫雖頻徙職仍領武藏尋丁母憂起爲職方中
大夫五年轉武藏中大夫俄遷驃騎大將軍開府儀同三司凡居劇職十有餘
年處斷無滯官曹清肅時譙王儉爲益州總管漢王贊爲益州刺史高祖乃以
帶韋爲益州總管府長史領益州別駕輔弼二王總知軍民事建德中大軍東
討徵帶韋爲前軍總管齊王憲府長史齊平以功授上開府儀同大將軍進爵
爲公增邑一千戶陳王純出并州以帶韋爲并州司會并州總管府長史六年
卒於位時年五十五謚曰愷子祚嗣少有名譽大象末宣納上士
史臣曰周惠達見禮於寶夤揚寬荷恩於晉泰既而蕭氏獲罪莊帝出居遂能
契闊寇戎不以興王草慮崎嶇危難不以夷險易心斯固篤終之士柳慶束帶
立朝懷匪躬之節莅官從政著清白之美並遭逢興運各展志能譽重搢紳望

隆端揆非虛云也然慶畏避權寵違忤宰臣雖取詘於一時實獲申於千載矣

周書卷二十二

周書卷二十二考證

揚寬傳子紀嗣○北史作子文紀嗣

穆字紹叔○穆與儉係寬之兄自此以下至華州刺史句當另自成傳

柳慶傳今欲首懼不免誅○首字下脫一伏字

周書卷二十二考證

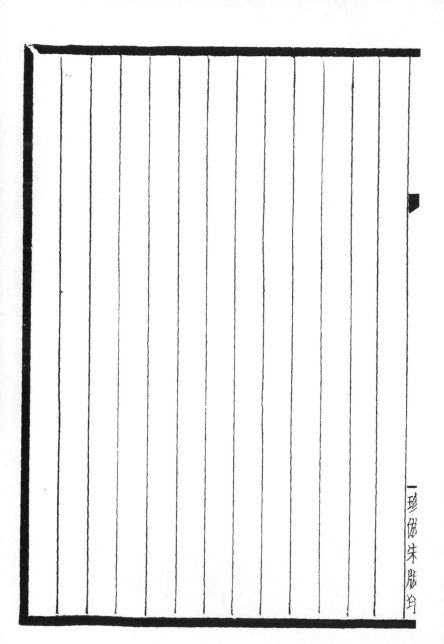

周書卷二十三

唐　令狐德棻等　撰

列傳第十五

蘇綽 弟椿

蘇綽字令綽武功人魏侍中則之九世孫也累世二千石父協武功郡守綽少好學博覽羣書尤善算術從兄讓爲汾州刺史太祖餞於東都門外臨別謂讓曰卿家子弟之中誰可任用者讓因薦綽太祖乃召爲行臺郎中在官歲餘太祖未深知之然諸曹疑事皆詢於綽而後定所行公文綽又爲之條式臺中咸稱其能後太祖與僕射周惠達論事惠達不能對請出外議之乃召綽告以其事綽卽爲量定惠達入呈太祖稱善謂惠達曰誰與卿爲此議者惠達以綽對因稱其有王佐之才太祖曰吾亦聞之久矣尋除著作佐郎屬太祖與公卿往昆明池觀漁行至城西漢故倉地顧問左右莫有知者或曰蘇綽博物多通請問之太祖乃召綽具以狀對太祖大悅因問天地造化之始歷代興亡之迹綽

既有口辯應對如流太祖益喜乃與綽並馬徐行至池竟不設網罟而還遂留綽至夜問以治道太祖臥而聽之綽於是指陳帝王之道兼述申韓之要太祖乃起整衣危坐不覺膝之前席語遂達曙不厭詰朝謂周惠達曰蘇綽真奇士也吾方任之以政卽拜大行臺左丞參典機密自是寵遇日隆綽始制文案程式朱出墨入及計帳戶籍之法大統三年齊神武三道入寇諸將咸欲分兵禦之獨綽意與太祖同遂併力拒竇泰擒之於潼關四年加衛將軍右光祿大夫封美陽縣子邑三百戶加通直散騎常侍進爵爲伯增邑二百戶十年授大行臺度支尚書領著作兼司農卿太祖方欲革易時政務弘彊國富民之道故綽得盡其智能贊成其事減官員置二長幷置屯田以資軍國又爲六條詔書奏施行之其一先治心曰凡今之方伯守令皆受命天朝出臨下國論其尊貴並古之諸侯也是以前世帝王每稱共治天下者唯良宰守耳明知百僚卿尹雖各有所司然其治民之本莫若宰守之最重也凡治民之體先當治心心者一身之主百行之本心不清淨則思慮妄生思慮妄生則見理不明見理不明則

是非謬亂是非謬亂則一身不能自治安能治民也是以治民之要在清心而已夫所謂清心者非不貪貨財之謂也乃欲使心氣清和志意端靜心和志靜則邪僻之慮無因而作邪僻不作則凡所思念無不皆得至公之理率至公之理以臨其民則彼下民孰不從化是以稱治民之本先在治心其次又在治身凡人君之身者乃百姓之表一國之的也表不正不可求直影的不明不可責射中今君身不能自治而望治百姓是猶曲表而求直影也君行不能自脩而欲百姓脩行者是猶無的而責射中也故爲人君者必心如清水形如白玉躬行仁義躬行孝悌躬行忠信躬行禮讓躬行廉平躬行儉約然後繼之以無倦加之以明察行此八者以訓其民是以其人畏而愛之則而象之不待家教日見而自興行矣其二敦教化曰天地之性唯人爲貴明其有中和之心仁恕之行異於木石不同禽獸故貴之耳然性無常守隨化而遷化於敦樸者則質直化於澆僞者則浮薄浮薄者則衰弊之風質直者則淳和之俗衰弊則禍亂交興淳和則天下自治治亂興亡無不皆由所化也然世道彫喪已數百年大亂

滋甚且二十歲民不見德唯兵革是聞上無教化惟刑罰是用而中興始爾大難未平加之以師旅因之以饑饉凡百草創率多權宜致使禮讓弗興風俗未改比年稍登稔徭賦差輕衣食不切則教化可脩矣凡諸牧守令長宜洗心革意上承朝旨下宣教化矣夫化者貴能扇之以淳風浸之以太和被之以道德示之以朴素使百姓亹亹中遷於善邪僞之心嗜慾之性潛以消化而不知其所以然此之謂化也然後教之以孝悌使民慈愛教之以仁順使民和睦教之以禮義使民敬讓慈愛則不遺其親和睦則無怨於人敬讓則不競於物三者既備則王道成矣此之謂教也先王之所以移風易俗還淳反素垂拱而治天下以至太平者莫不由此此之謂要道也其三盡地利曰人生天地之間以衣食爲命食不足則饑衣不足則寒饑寒切體而欲使民興行禮讓者此猶逆坂走丸勢不可得也是以古之聖王知其若此故先足其衣食然後教化隨之夫衣食所以足者在於地利盡地利所以盡者由於勸課有方主此教者在乎牧守令長而已民者冥也智不自周必待勸教然後盡其力諸州郡縣每至歲首

必戒敕部民無問少長但能操持農器者皆令就田墾發以時勿失其所及布種既訖嘉苗須理麥秋在野蠶停於室若此之時皆宜少長悉力男女併功若援溺救火寇盜之將至然後可使農夫不廢其業蠶婦得就其功若有遊手怠惰早歸晚出好逸惡勞不勤事業者則正長牒名郡縣守令隨事加罰罪一勸百此則明宰之教也夫百畝之田必春耕之夏種之秋收之然後冬食之此三時者農之要也若失其一時則穀不可得而食故先王之戒曰一夫不耕天下必有受其饑者一婦不織天下必有受其寒者若此三者不務省事而令民廢農者是則絕民之命驅以就死然單劣之戶及無牛之家勸令有無相通使得兼濟三農之隙及陰雨之暇又當教民種桑植果藝其菜蔬脩其園圃畜育雞豚以備生生之資以供養生之具夫爲政不欲過碎碎則民煩勸課亦不容太簡簡則民怠善爲政者必消息時宜而適煩簡之中故詩曰不剛不柔布政優優百祿是求如不能爾則必陷於刑辟矣其四擢賢良曰天生蒸民不能自治故必立君以治之人君不能獨治故必置臣以佐之上至帝王下及郡國置臣

得賢則治失賢則亂此乃自然之理百王不能易也今刺史守令悉有僚吏皆佐治之人也刺史府官則命於天朝其州吏以下並牧守自置自昔以來州郡大吏但取門資多不擇賢良末曹小吏唯試刀筆並不問志行夫門資者乃先世之爵祿無妨子孫之愚瞽刀筆者乃身外之末材不廢性行之澆僞若門資之中而得賢良是則策騏驥而取千里也若門資之中而得愚瞽是則土牛木馬形似而用非不可以涉道也若刀筆之中而得志行是則金相玉質內外俱美實爲人寶也若刀筆之中而得澆僞是則飾畫朽木悅目一時不可以充榱椽之用也今之選舉者當不限資蔭唯在得人苟得其人自可起廝養而爲卿相伊尹傅說是也而況州郡之職乎苟非其人則丹朱商均雖帝王之胤不能守百里之封而況於公卿之胄乎由此而言觀人之道可見矣凡所求材藝者爲其可以治民若有材藝而以正直爲本者必以其材而爲治也若有材藝而以姦僞爲本者將由其官而爲亂也何治之可得乎是故將求材藝必先擇志行其志行善者則舉之其志行不善者則去之而今擇人者多云邦國無賢莫

知所舉此乃未之思也非適理之論所以然者古人有言明主聿興不降佐於昊天大人基命不擢才於后土常引一世之人治一世之務故殷周不待稷契之臣魏晉無假蕭曹之佐仲尼曰十室之邑必有忠信如丘者焉豈有萬家之都而云無士但求之不勤擇之不審或用之不得其所任之不盡其材故云無耳古人云千人之秀曰英萬人之英曰儁今之智效一官行聞一邦者豈非近英儁之士也但能勤而審察去虛取實各得州郡之最而用之則民無多少皆足治矣孰云無賢夫良玉未剖與瓦石相類名驥未馳與駑馬相雜及其剖而瑩之馳而試之玉石駑驥然後始分彼賢士之未用也混於凡品竟何以異要任之以事業責之以成務方與彼庸流較然不同昔呂望之屠釣百里奚之飯牛甯生之扣角管夷吾之三敗當此之時悠悠之徒豈謂其賢及升王朝登霸國積數十年功成事立始識其奇士也於是後世稱之不容於口彼瓌偉之材不世之傑尚不能以未遇之時自異於凡品況降此者哉若必待太公而後用是千載無太公必待夷吾而後任是百世無夷吾所以然者士必從微而至著

功必積小以至大豈有未任而已成不用而先達也若識此理則賢可求士可擇得賢而任之得士而使之則天下之治何向而不可成也然善官人者必先省其官省則善人易充善人易充則事無不理官煩則必雜不善之人雜不善之人則政必有得失故語曰官省則事省事省則民清官煩則事煩事煩則民濁清濁之由在於官之煩省案今吏員其數不少昔民殷事廣尚能克濟況今戶口減耗依員而置猶以爲少如聞在下州郡尚有兼假擾亂細民甚爲無理諸如此輩悉宜罷黜無得習常非直州郡之官宜須善人爰至黨族閭里正長之職皆當審擇各得一鄉之選以相監統夫正長者治民之基基不傾者上必安凡求賢之路自非一途然所以得之審者必由任而試之考而察之起於居家至於鄉黨訪其所以觀其所由則人道明矣賢與不肖別矣率此以求則庶無愆悔矣其五卹獄訟曰人受陰陽之氣以生有情有性性則爲善情則爲惡善惡既分而賞罰隨焉賞罰得中則惡止而善勸賞罰不中則民無所措手足民無所措手足則怨叛之心生是以先王重之特加戒愼夫戒愼者欲使治

獄之官精心悉意推究事源先之以五聽參之以證驗妙覩情狀窮鑒隱伏使
姦無所容罪人必得然後隨事加刑輕重皆當赦過矜愚得情勿喜又能消息
情理斟酌禮律無不曲盡人心遠明大教使獲罪者如歸此則善之上也然宰
守非一不可人人皆有通識推理求情時或難盡唯當率至公之心去阿枉之
志務求曲直念盡平當聽察之理必窮所見然後栲訊以法不苛不暴有疑則
從輕未審不妄罰隨事斷理獄無停滯此亦其次若乃不仁恕而肆其殘暴同
民木石專任捶楚巧詐者雖事彰而獲免辭弱者乃無罪而被罰有如此者斯
則下矣非共治所寄今之宰守當勤於中科而慕其上善如在下條則刑所不
赦又當深思遠大念存德教先王之制曰與殺無辜寧赦有罪與其害善寧其
利淫明必不得中寧濫捨有罪不謬害善人也今之從政者則不然深文巧劾
寧致善人於法不免有罪於刑所以然者皆非好殺人也但云爲吏寧酷可免
後患此則情存自便不念至公奉法如此皆姦人也夫人者天地之貴物一死
不可復生然楚毒之下以痛自誣不被申理遂陷刑戮者將恐往往而有是以

自古以來設五聽三宥之法著明慎庶獄之典此皆愛民甚也凡伐木殺草田獵不順尚違時令而虧帝道況刑罰不中濫害善人寧不傷天心犯和氣也天心傷和氣損而欲陰陽調適四時順序萬物阜安蒼生悅樂者不可得也故語曰一夫吁嗟王道爲之傾覆正謂此也凡百宰守可無慎乎若有深姦巨猾傷化敗俗悖亂人倫不忠不孝故爲背道者殺一礪百以清王化重刑可也識此二途則刑政盡矣其六均賦役曰聖人之大寶曰位何以守位曰仁何以聚人曰財明先王必以財聚人以仁守位國而無財位不可守是故五三以來皆有征稅之法雖輕重不同而濟用一也今逆寇未平軍用資廣雖未遑減省以卹民瘼然令平均使下無匱夫平均者不捨豪彊而徵貧弱不縱姦巧而困愚拙此之謂均也故聖人曰蓋均無貧然財貨之生其功不易織紝紡績起於有漸非旬日之間所可造次必須勸課使預營理絹鄉先事織紝麻土早脩紡績先時而備至時而輸故王賦獲供下民無困如其不預勸戒臨時迫切復恐稽緩以爲己過捶扑交至取辦目前富商大賈緣玆射利有者從之貴買無者與之

舉息輸稅之民於是弊矣租稅之時雖有大式至於斟酌貧富差次先後皆事
起於正長而繫之於守令若斟酌得所則政和而民悅若檢理無方則吏姦而
民怨又差發徭役多不存意致令貧弱者或重徭而遠戍富彊者或輕使而近
防守令用懷如此不存卹民之心皆王政之罪人也太祖甚重之常置諸座右
又令百司習誦之其牧守令長非通六條及計帳者不得居官自有晉之季文
章競爲浮華遂成風俗太祖欲革其弊因魏帝祭廟羣臣畢至乃命綽爲大誥
奏行之其詞曰惟中興十有一年仲夏庶邦百辟咸會於王庭柱國泰洎羣公
列將罔不來朝時迺大稽百憲敷于庶邦用綏我王度皇帝曰昔堯命羲和允
釐百工舜命九官庶績咸熙武丁命說克號高宗時惟休哉朕其欽若格爾有
位胥暨我太祖之庭朕將丕命女以厥官六月丁巳皇帝朝格於太廟凡厥具
僚罔不在位皇帝若曰咨我元輔羣公列將百辟卿士庶尹御事朕惟寅敷祖
宗之靈命稽于先王之典訓以大誥于爾在位昔我太祖神皇肇膺明命以創
我皇基烈祖景宗廓開四表底定武功暨乎文祖誕敷文德龔惟武考不霣其

舊自時厥後陵夷之弊用興大難于彼東丘則我黎人咸墜塗炭惟台一人纘
戎下武夙夜祗畏若涉大川罔識攸濟是用稽於帝典揆於王廷拯我民瘼惟
彼哲王示我彝訓曰天生蒸民罔克自乂上帝降鑒叡聖植元后以乂之惟時
元后弗克獨乂博求明德命百辟羣吏以佐之肆天之命辟辟之命官惟以卹
民弗惟逸念辟惟元首庶黎惟趾股肱惟弼上下一體各勤攸司茲用克臻於
皇極故其彝訓曰后克艱厥后臣克艱厥臣政迺乂今台一人膺天之嘏既陟
元后股肱百辟又服我國家之命罔不咸守厥職嗟夫后弗艱厥后臣弗艱厥
臣於政何弗斁嗚呼艱哉凡爾在位其敬聽命皇帝若曰柱國唯四海之不造
載緜二紀天未絕我太祖列祖之命用錫我以元輔國家將墜公惟棟梁皇之
弗極公作相百揆儹度公惟大錄公其允文允武克明克乂迪七德敷九功龕
暴除亂下綏我蒼生旁施於九土若伊之在商周之有呂說之相丁用保我無
疆之祚皇帝若曰羣公太宰太尉司徒司空惟公作朕鼎足以弼乎朕躬宰惟
天官克諧六職尉惟司武武在止戈徒惟司衆敬敷五教空惟司土利用厚生

惟時三事若三階之在天惟茲四輔若四時之成歲天工人其代諸皇帝若曰
列將汝惟鷹揚作朕爪牙寇賊姦宄蠻夷猾夏汝徂征綏之以惠董之以威刑
期於無刑萬邦咸寧俾八表之內莫違朕命時汝功皇帝若曰庶邦列辟汝惟
守土作民父母民惟不勝其饑故先王重農不勝其寒故先王貴女功民之不
率於孝慈則骨肉之恩薄弗惇於禮讓則爭奪之萌生惟茲六物寔爲教本嗚
呼爲上在寬寬則民怠齊之以禮不剛不柔稽極於道皇帝若曰卿士庶尹凡
百御事王省惟歲卿士惟月庶尹惟日御事惟時歲月日時罔易其度百憲咸
貞庶績其凝嗚呼惟若王官陶均萬國若天之有斗斟元氣酌陰陽弗失其和
蒼生永賴悖其序萬物以傷時惟艱哉皇帝若曰惟天地之道一陰一陽禮俗
之變一文一質爰自三五以迄於茲匪惟相革惟其救弊匪惟相襲惟其可久
惟我有魏承乎周之末流接秦漢遺弊襲魏晉之華誕五代澆風因而未革將
以穆俗興化庸可暨乎嗟我公輔庶僚列侯朕惟否德其一心力祗慎厥艱克
遵前王之丕顯休烈弗敢怠荒咨爾在位亦協乎朕心惇德允元惟厥難是務

克捐厥華卽厥實背厥僞崇厥誠勿愆勿忘一乎三代之彝典歸於道德仁義用保我祖宗之丕命荷天之休克綏我萬方永康我黎庶戒之哉戒之哉朕言不再柱國泰洎庶僚百辟拜手稽首曰亶聰明作元后元后作民父母惟三五之王率繇此道用臻於刑措自時厥後歷千載而未聞惟帝念功將反叔世遡致於雍庸錫降丕命于我羣臣博哉王言非言之難行之實難罔不有初鮮克有終商書曰終始惟一德迺日新惟帝敬厥始愼厥終以躋日新之德則我羣臣敢不夙夜對揚休哉惟玆大誼未光於四表以邁種德俾九域幽遐咸昭奉元后之明訓率遷於道永膺無疆之休帝曰欽哉自是之後文筆皆依此體綽性儉素不治產業家無餘財以海內未平常以天下爲己任博求賢俊共弘治道凡所薦達皆至大官太祖亦推心委任而無閒言太祖或出遊常預署空紙以授綽若須有處分則隨事施行及還啓之而已綽嘗謂治國之道當愛民如慈父訓民如嚴師每與公卿議論自晝達夜事無巨細若指諸掌積思勞倦遂成氣疾十二年卒於位時年四十九太祖痛惜之哀動左右及將葬乃謂公卿

等曰蘇尚書平生謙退敦尚儉約吾欲全其素志便恐悠悠之徒有所未達如其厚加贈謚又乖宿昔相知之道進退惟谷孤有疑焉尚書令史麻瑤越次而進曰昔晏子齊之賢大夫一狐裘三十年及其死也遺車一乘齊侯不奪其志綽既操履清白謙挹自居愚謂宜從儉約以彰其美太祖稱善因薦瑤於朝廷及綽歸葬武功唯載以布車一乘太祖與羣公皆步送出同州郭門外太祖親於車後酹酒而言曰尚書平生爲事妻子兄弟不知者吾皆知之惟爾知吾心吾知爾意方欲共定天下不幸遂捨我去奈何因舉聲慟哭不覺失卮於手至葬日又遣使祭以太牢太祖自爲其文綽又著佛性論七經論並行於世明帝二年以綽配享太祖廟庭子威嗣威少有父風襲爵美陽伯娶晉公護女新興公主拜車騎大將軍儀同三司進爵懷道縣公建德初稍遷御伯下大夫大象末開府儀同大將軍隋開皇初以綽著名前代乃下詔曰昔漢高欽無忌之義魏武挹子幹之風前代名賢後王斯重魏故度支尚書美陽伯蘇綽文雅政事遺跡可稱展力前王垂聲著績宜開土宇用旌善人於是追封邳國公邑二千

戶
綽弟椿字令欽性廉慎沉勇有決斷正光中關右賊亂椿應募討之授盪寇將軍累功封還奉朝請厲威將軍中散大夫賜爵美陽子加都督持節平西將軍太中大夫大統初拜鎮東將軍金紫光祿大夫賜姓賀蘭氏四年出爲武都郡守改授西夏州長史除帥都督行弘農郡事椿當官彊濟特爲太祖所知十四年置當州鄉帥自非鄉望允當衆心不得預焉乃令驛追椿領鄉兵其年破槃頭氏有功除散騎常侍加大都督十六年征隨郡軍還除武功郡守既爲本邑以清儉自居小大之政必盡忠恕尋授使持節車騎大將軍儀同三司進爵爲侯武成二年進位驃騎大將軍開府儀同三司大都督保定三年卒子植嗣

史臣曰書云惟后非賢弗乂惟賢非后罔食是以知人則哲有國之所先用之則行爲下之常道若乃庖廚胥靡種德微管之臣罕聞於世黜魯逐荊抱關執戟之士無乏於時斯固典謨所以昭則風雅所以興刺也誠能監前事之得喪勞虛己於吐握其知賢也必用其授爵也勿疑則舜禹湯武之德可連衡矣稷

契伊呂之流可比肩矣太祖提劍而起百度草創施約法之制於競逐之辰脩治定之禮於鼎峙之日終能斲彫爲朴變奢從儉風化旣被而下肅上尊疆埸屢擾而內親外附斯蓋蘇令綽之力也名冠當時慶流後嗣宜哉

周書卷二十三

周書卷二十三考證

蘇綽傳柱國泰洎羣公列將罔不來朝○柱國泰諸本作柱國諱北史作柱國泰下文同　臣文淳按李虎亦爲柱國但虎位周文之下誥詞似舉周文以統百官今依北史改正

遜致於雍○北史作遜至於雍熙此脫一熙字

周書卷二十三考證

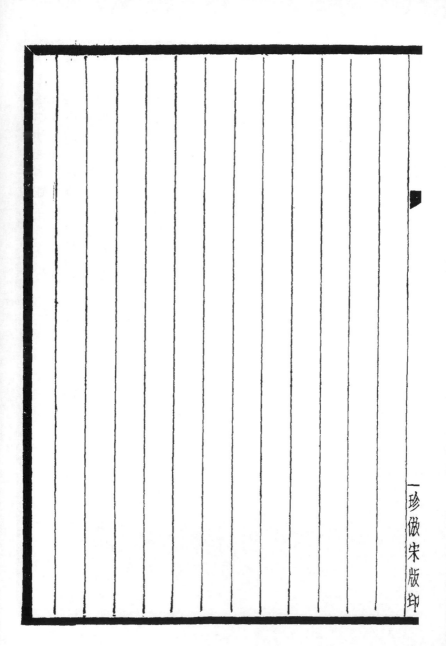

# 周書卷二十四

唐　令狐德棻等撰

## 列傳第十六

盧辯

盧辯字景宣范陽涿人累世儒學父靖太常丞辯少好學博通經籍舉秀才爲太學博士以大戴禮未有解詁辯乃注之其兄景裕爲當時碩儒謂辯曰昔侍中注小戴今爾注大戴庶纂前修矣及帝入關事起倉卒辯不及至家單馬而從或問辯曰得辭家不辯曰門外之治以義斷恩復何辭也孝武至長安授給事黃門侍郎領著作太祖以辯有儒術甚禮之朝廷大議常召顧問趙青雀之亂魏太子出居渭北辯時隨從亦不告家人其執志敢決皆此類也尋除太常卿太子少傅魏太子及諸王等皆行束修之禮受業於辯進爵范陽公轉少師自魏末離亂孝武西遷朝章禮度湮墜咸盡辯因時制宜皆合軌度性彊記默契能斷大事凡所創制處之不疑累遷尚書右僕射世宗卽位進位大將軍帝

嘗與諸公幸其第儒者榮之出爲宜州刺史薨配食太祖廟庭子愼初太祖欲行周官命蘇綽專掌其事未幾而綽卒乃令辯成之於是依周禮建六官置公卿大夫士并撰次朝儀車服器用多依古禮革漢魏之法事並施行今錄辯所述六官著之於篇天官府 管冢宰等衆職 地官府 領司徒等衆職 春官府 領宗伯等衆職 夏官府 領司馬等衆職 秋官府 領司寇等衆職 冬官府 領司空等衆職 史雖具載文多不錄辯所述六官太祖以魏恭帝三年始命行之自茲厥後世有損益宣帝嗣位事不師古官員班品隨意變革至如初置四輔官及六府諸司復置中大夫并御正內史增置上大夫等則載於外史餘則朝出夕改莫能詳錄于時雖行周禮其內外衆職又兼用秦漢等官今略舉其名號及命數附之於左其紀傳內更有餘官而於此不載者亦史闕文也

柱國大將軍大將軍 右正九命

驃騎車騎等大將軍開府儀同三司雍州牧 右九命

驃騎車騎等將軍左右光祿大夫戶三萬以上州刺史 右正八命

征東征西征南征北中軍鎮軍撫軍等將軍左右金紫光祿大夫大都督戶二萬以上州刺史京兆尹右八命
平東平西平南平北前後將軍左右將軍左右銀青光祿大夫帥都督戶一萬以上刺史柱國大將軍府長史司馬司錄右正七命
冠軍輔國等將軍太中中散等大夫都督戶五千以上刺史戶一萬五千以上郡守右七命
鎮遠建忠等將軍諫議誠議等大夫別將開府長史司馬司錄戶一萬以上郡守大呼藥右正六命
中堅寧朔等將軍左右中郎將儀同府正八命州長史司馬司錄戶五千以上郡守小呼藥右六命
寧遠揚烈伏波等將軍左右員外常侍統軍驃騎車騎府八命州長史司馬司錄柱國大將軍府中郎掾戶一千以上郡守長安萬年縣令右正五命
輕車將軍奉車奉騎等都尉四征中鎮撫軍府正七命州長史司馬司錄開府

府中郎掾屬戶不滿千以下郡守戶七千以上縣令正八命州呼藥右五命
宣威明威等將軍武賁冗從等給事儀同府中郎掾屬柱國大將軍府列曹參
軍四平前後左右將軍府七命州長史司馬司錄正八命州別駕戶四千以上
縣令八命州呼藥右正四命
襄威厲威將軍給事中奉朝請軍主開府府列曹參軍冠軍輔國府正六命州
長史司馬司錄正七命州別駕正八命州治中七命郡丞戶二千以上縣令正
七命州呼藥右四命
威烈討寇將軍左右員外侍郎幢主儀同府正八命州列曹參軍柱國府參軍
鎮遠建忠中堅寧朔府長史司錄正六命州別駕正七命州治中正六命郡丞
戶五百以上縣令七命州呼藥右正三命
蕩寇蕩難將軍武騎常侍侍郎開府府參軍驃騎車騎府八命州列曹參軍寧
遠揚烈伏波輕車府長史正六命州治中六命郡丞戶不滿五百以下縣令戍
主正六命州呼藥右三命

殄寇殄難將軍彊弩司馬四征中鎮撫府正七命州列曹參軍正五命郡丞右正二命

掃寇掃難將軍武威司馬四平前後左右府七命州列曹參軍戍副五命郡丞右二命

曠野橫野將軍殿中員外二司馬冠軍輔國府正六命州列曹參軍右正一命

武威武牙將軍淮海山林二都尉鎮遠建忠中堅寧朔寧遠揚烈伏波輕車府列曹參軍右一命

周制封郡縣五等爵者皆加開國授柱國大將軍開府儀同者並加使持節大都督其開府又加車騎大將軍散騎常侍其授總管刺史則加使持節諸軍事以此爲常大象元年詔總管刺史及行兵者加持節餘悉罷之建德四年增置上柱國大將軍改儀同三司爲儀同大將軍

周書卷二十四

周書卷二十四考證

盧辯傳庶纂前修矣○此下北史有節閔帝立云云 臣文淳按下文云及帝入關帝謂孝武也作史者若不載節閔帝即位事則當云及孝武入關不當云帝入關也以北史校之知此明有遺脫

子愼○北史云子愼嗣隋開皇初以辨前代名德追封沈國公此脫

其開府又加車騎大將軍散騎常侍○北史云其開府又加驃騎大將軍侍中其儀同又加車騎大將軍散騎常侍此亦脫訛

周書卷二十四考證

一珍做宋版印

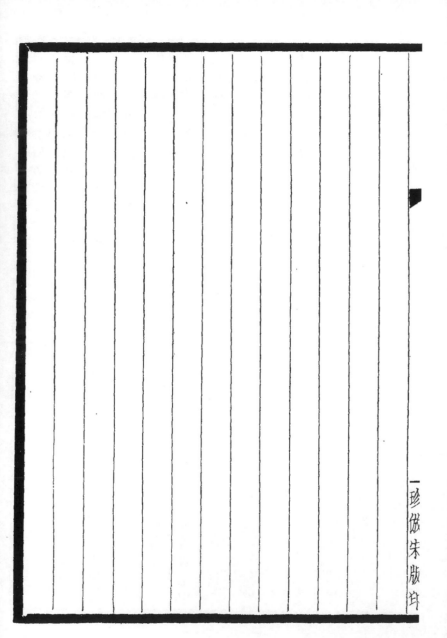

# 周書卷二十五

唐 令狐德棻等撰

## 列傳第十七

李賢弟遠 遠子基

李賢字賢和其先隴西成紀人也曾祖富魏太武時以子都督討兩山屠各歿於陣贈寧西將軍隴西郡守祖斌襲領父兵鎮於高平因家焉父文保早卒魏大統末以賢兄弟著勳追贈涇原東秦三州刺史司空賢幼有志節不妄舉動嘗出遊遇一老人鬚眉皓白謂之曰我年八十觀士多矣未有如卿者必爲台牧卿其勉之九歲從師受業略觀大旨而已不尋章句或謂之曰學不精勤不如不學賢曰夫人各有志賢豈能彊學待問領徒授業耶唯當粗聞教義補己不足至如忠孝之道實銘之於心問者慚服年十四遭父喪撫訓諸弟友愛甚篤魏永安中万俟醜奴據岐涇等諸州反叛魏孝莊遣尒朱天光率兵擊破之其黨万俟道洛費連少渾猶據原州未知醜奴已敗天光遣使造賢令密圖道

洛天光率兵續進會賊黨万俟阿寶戰敗逃還私告賢曰醜奴已敗王師行至此阿寶以性命相投願能存濟賢因令阿寶僞爲醜奴使紿道洛等曰今已破臺軍須與公計事令阿寶權守原州公宜速往道洛等信之是日便發既出而天光至遂克原州道洛乃將麾下六千人奔于牽屯山天光見賢曰道洛之出子之力也賢又率鄉人出馬千匹以助軍天光大悅時原州亢旱天光以乏水草乃退舍城東五十里牧馬息兵令都督長孫邪利行原州事以賢爲主簿道洛復乘虛忽至時賊黨千餘人在城中密爲內應引道洛入城遂殺邪利賢復率鄉人殊死拒戰道洛乃退走又有賊帥達符顯圍逼州城晝夜攻戰屢被摧衂賢間道赴雍州詣天光請援天光許之賢乃返而賊營壘四合無因入城候日向夕乃僞負薪與賊樵采者俱得至城下城中垂布引之賊衆方覺乃弓弩亂發射之不中遂得入城告以大軍將至賊聞之便卽散走累遷威烈將軍殿中將軍高平令賀拔岳爲侯莫陳悅所害太祖西征賢與其弟遠穆等密應侯莫陳崇以功授都督仍守原州及大軍將至秦州悅棄城走太祖令兄子導勒

兵追之以賢爲前驅轉戰四百餘里至牽屯山及之悅自刎於陣賢亦被重瘡馬中流矢太祖嘉之賞奴婢布帛及雜畜等授持節撫軍大將軍都督魏孝武西遷太祖令賢率騎兵迎衞時山東之衆多欲逃歸帝乃令賢以精騎三百爲殿衆皆憚之莫敢亡叛封下邽縣公邑一千戶俄授左都督安東將軍還鎮原州大統二年州民豆盧狼害都督大野樹兒等據州城反賢乃招集豪傑與之謀曰賊起倉卒便誅二將其勢雖盛其志已驕然其政令莫施唯以殘剝爲業夫以羇旅之賊而馭烏合之衆勢自離解今若從中擊之賊必喪膽如吾計者指日取之衆皆從焉賢乃率敢死士三百人分爲兩道乘夜鼓噪而出羣賊大驚一戰而敗狼乃斬關遁走賢輕與三騎追斬之遷原州長史尋行原州事四年莫折後熾連結賊黨所在寇掠賢率鄉兵與行涇州事史寧討之後熾列陣以待賢謂寧曰賊聚結歲久徒衆甚多數州之人皆爲其用我若總一陣併力擊之彼既同惡相濟理必總萃於我其勢不分衆寡莫敵我便救尾無以制之今若令諸軍分爲數隊多設旗鼓掎角而前以脅諸柵公別統精兵直指後熾

按甲而待莫與交鋒後熾欲前則憚公之銳諸栅欲出則懼我疑兵令其進不得戰退不得走以候其懈擊之必破後熾一敗則衆栅不攻自拔矣寧不從屢戰頻北賢乃率數百騎徑掩後熾營收其妻子僮隸五百餘人幷輜重等屬後熾與寧戰勝方欲追奔忽聞賢至乃棄寧與賢接戰賢手斬十餘級生獲六人賊遂大敗後熾單騎遁走師還以功賞奴婢四十口雜畜數百頭八年授原州刺史賢雖少從戎旅而頗閑政事撫導鄉里甚得民和十二年隨獨孤信征涼州平之又撫慰張掖等五郡而還俄而茹茹圍逼州城剽掠居民驅擁畜牧賢欲出戰大都督王德猶豫未決賢固請德乃從之賢勒兵將出賊密知之乃引軍退賢因率騎士追擊斬二百餘級捕虜百餘人獲駞馬牛羊二萬頭財物不可勝計所掠之人還得安堵加授使持節車騎大將軍儀同三司十六年遷驃騎大將軍開府儀同三司太祖之奉魏太子西巡也至原州遂幸賢第讓齒而坐行鄉飲酒禮焉其後太祖又至原州令賢乘軺備儀服以諸侯會遇禮相見然後幸賢第歡宴終日凡是親族頒賜有差魏恭帝元年進爵河西郡公增邑

通前二千戶後以弟子植被誅賢坐除名俄授使持節車騎大將軍儀同三司時荆州羣蠻反開府潘招討之令賢與賀若敦率騎士七千別道邀截擊蠻帥文子榮大破之遂於平州北築汶陽城以鎮之尋治郢州刺史時以巴湘初附詔賢總監諸軍略定乃還江夏民二千餘戶以實安州并築甑山城而還保定二年詔復賢官爵仍授瓜州刺史高祖及齊王憲之在襁褓也以避忌不利居宮中太祖令於賢家處之六載乃還宮因賜賢妻吳姓宇文氏養爲姪女賜與甚厚及高祖西巡幸賢第詔曰朕昔沖幼爰寓此州使持節驃騎大將軍開府儀同三司大都督瓜州諸軍事瓜州刺史賢斯土良家勳德兼著受委居朕輔導積年念其規弼功勞甚茂食彼桑椹尚懷好音矧茲惠矣其庸可忘今巡撫居此不殊代邑舉目依然益增舊想雖無屬籍朕處之若親凡厥昆季乃至子姪等可並豫宴賜於是令中侍上士尉遲愷往瓜州降璽書勞賢賜衣一襲及被褥并御所服十三環金帶一要中廄馬一匹金裝鞍勒雜綵五百段銀錢一萬賜賢弟申國公穆亦如之子姪男女中外諸孫三十四人各賜衣一襲又拜

賢甥庫狄樂爲儀同賢門生昔經侍奉者二人授大都督四人授帥都督六人
别將奴已免賤者五人授軍主未免賤者十二人酬替放之四年王師東討朝
議以西道空虛慮羌渾侵擾乃授賢使持節河州總管三州七防諸軍事河州
刺史河州舊非總管至是創置焉賢乃大營屯田以省運漕多設斥候以備寇
戎於是羌渾斂迹不敢向東五年宕昌寇邊百姓失業乃於洮州置總管府以
鎮遏之遂廢河州總管改授賢洮州總管七防諸軍事洮州刺史屬羌寇石門
戍撤破橋道以絶援軍賢率千騎禦之前後斬獲數百人賊乃退走羌復引吐
谷渾數千騎將入西疆賢密知之又遣兵伏其隘路復大敗之虜遂震懾不敢
犯塞俄廢洮州總管還於河州置總管府復以賢爲之高祖思賢舊恩徵拜大
將軍天和四年三月卒於京師時年六十八高祖親臨哀動左右贈使持節柱
國大將軍大都督涇原秦等十州諸軍事原州刺史謚曰桓子端嗣端字永貴
歷位開府儀同三司司會中大夫中州刺史從高祖平齊於鄴城戰殁贈上大
將軍追封襄陽公謚曰果端弟吉儀同三司吉弟崇位至太府中大夫上柱國

廣宗郡公崇弟孝軌開府儀同大將軍升遷縣伯孝軌弟詢少歷顯位大象末
上柱國隴西郡公
賢弟遠字萬歲幼有器局志度恢然嘗與羣兒爲戰鬭之戲指麾部分便有軍
陣之法郡守見而異之召使更戲羣兒懼而散走遠持杖叱之復爲向勢意氣
雄壯殆甚於前郡守曰此小兒必爲將軍非常人也及長涉獵書傳略知指趣
而已魏正光末天下鼎沸勅勒賊胡琛侵逼原州其徒甚盛遠昆季率勵鄉人
欲圖拒守而衆情猶懼頗有異同遠乃按劒而言曰頃年以來皇家多難匈黨
乘機肆其毒螫王略未振緩其梟夷正是忠臣立節之秋義士建功之日丈夫
豈可臨難苟免當在死中求生耳諸人並世載忠貞沐浴教義今若棄同即異
去順効逆雖五尺童子猶或非之將復何顏以見天下之士有異議者請以劒
斬之於是衆皆股慄莫不聽命乃相與盟歃遂深壁自守而外無救援城遂陷
其徒多被殺害唯遠兄弟並爲人所匿得免遠乃言於賢曰今逆賊孔熾屠戮
忠良遠欲間行入朝請兵救援兄晦迹和光可以免禍內伺釁隙因變立功若

王師西指得復表裏相應既殉國家之急且全私室之危豈若窘迫凶威坐見
夷滅賢曰是吾心也遂定東行之策遠乃崎嶇寇境得達京師魏朝嘉之授武
騎常侍俄轉別將賜帛千匹并弓刀衣馬等及尒朱天光西伐乃配遠精兵使
爲鄉導天光欽遠才望特相引接除伏波將軍長城郡守原州大中正後以應
侯莫陳崇功遷高平郡守太祖見遠與語悅之令居麾下甚見親遇及魏孝武
西遷授假節銀青光祿大夫主衣都統封安定縣伯邑五百戶魏文帝嗣位之
始思享遐年以遠字可嘉令扶帝升殿還使持節征東大將軍進爵爲公增邑
千戶仍領左右從征竇泰復弘農並有殊勳授都督原州刺史太祖謂遠曰孤
之有卿若身體之有手臂之用豈可暫輟於身本州之榮乃私事耳卿若述職
則孤無所寄懷於是遂令遠兄賢代行州事沙苑之役遠功居最除車騎大將
軍儀同三司進爵陽平郡公邑三千戶尋從獨孤信東略遂入洛陽爲東魏將
侯景等所圍太祖至乃解及河橋之戰遠與獨孤信爲右軍不利而退除大丞
相府司馬軍國機務遠皆參之畏避權勢若不在己時河東初復民情未安太

祖謂遠曰河東國之要鎮非卿無以撫之乃授河東郡守遠敦獎風俗勸課農桑肅遏姦非兼修守禦之備曾未期月百姓懷之太祖嘉焉降書勞問徵爲侍中驃騎大將軍開府儀同三司魏建東宮授太子少傅尋轉少師東魏北豫州刺史高仲密請舉州來附時齊神武屯兵河陽太祖以仲密所據遼遠難爲應接諸將皆憚此行遠曰北豫遠在賊境高歡又屯兵河陽常理而論實難救援但兵務神速事貴合機古人有言不入獸穴安得獸子若以奇兵出其不意事或可濟脫有利鈍故是兵家之常如其顧望不行便無克定之日太祖喜曰李萬歲所言差強人意乃授行臺尚書前驅東出太祖率大軍繼進遠乃潛師而往拔仲密以歸仍從太祖戰於邙山時大軍不利遠獨整所部爲殿尋授都督義州弘農等二十一防諸軍事遠善綏撫有幹略守戰之備無不精銳每厚撫外人使爲間諜敵中動靜必先知之至有事泄被誅戮者亦不以爲悔其得人心如此嘗校獵於莎柵見石於叢蒲中以爲伏兔射之而中鏃入寸餘就而視之乃石也太祖聞而異之賜書曰昔李將軍廣親有此事公今復爾可謂世載

其德雖熊渠之名不能獨擅其美東魏將段孝先率步騎二萬趨宜陽以送糧
爲名然實有窺窬之意遠密知其計遣岳襲破之獲其輜重器械孝先遁走太
祖乃賜所乘馬及金帶牀帳衣被等幷雜綵二千匹拜大將軍頃之除尚書左
僕射遠白太祖曰遠秦隴匹夫才藝俱爾平生念望不過一郡守耳遭逢際會
得奉聖明主貴臣遷以至於此今位居上列爵邁通侯受委方面生殺在手非
直榮寵一時亦足光華身世但尚書僕射任居端揆今以賜授適所以重其罪
責明公若欲全之乞寢此授太祖曰公勳德兼美朝廷欽屬選衆而舉何足爲
辭且孤之於公義等骨肉豈容於官位之間便致退讓深乖所望也遠不得已
方拜職太祖又以第十一子達令遠子之即代王也其見親待如此時太祖嫡
嗣未建明帝居長已有成德孝閔處嫡年尚幼沖乃召羣公謂之曰孤欲立子
以嫡恐大司馬有疑大司馬即獨孤信明帝敬后父也衆皆默未有言者遠曰
夫立子以嫡不以長禮經明義略陽公爲世子公何所疑若以信爲嫌請即斬
信便拔刀而起太祖亦起曰何事至此信又自陳說遠乃止於是羣公並從遠

議出外拜謝信曰臨大事不得不爾信亦謝遠曰今日賴公決此大議六官建授小司寇孝閔帝踐阼進位柱國大將軍邑千戶復鎮弘農遠子植在太祖時已爲相府司錄參軍掌朝政及晉公護執權恐不被任用乃密欲誅護語在孝閔帝紀謀頗漏泄護知之乃出植爲梁州刺史尋而廢帝召遠及植還朝遠恐有變沉吟久之乃曰大丈夫寧爲忠鬼安能作叛臣乎遂就徵既至京師護以遠功名素重猶欲全宥之乃引與相見謂之曰公兒遂有異謀非止屠戮護身乃是傾危宗社叛臣賊子理宜同疾公可早爲之所乃以植付遠遠素鍾愛於植植又口辯乃云初無此謀遠謂爲信然詰朝將植謁護護謂植已死乃曰陽平公何意乃自來也左右云植亦在門外護大怒曰陽平公不信我矣乃召入仍命遠同坐令帝與植相質於遠前植辭窮謂帝曰本爲此謀欲安社稷利至尊耳今日至此何事云云遠聞之自投於牀曰若爾誠合萬死於是護乃害植幷逼遠令自殺時年五十一植弟叔諧叔謙叔讓亦死餘並以年幼得免建德元年晉公護誅乃詔曰故使持節柱國大將軍大都督陽平郡開國公遠早蒙

驅任夙著勳績內參帷幄外屬藩維竭誠王室乃罹橫禍言念貞良追增傷悼
宜加榮寵用彰忠節贈本官加陝熊等十五州諸軍事陝州刺史謚曰忠隋開
皇初追贈上柱國黎國公邑三千戶改謚曰懷植及諸弟並加贈謚
植弟基字仲和幼有聲譽美容儀善談論涉獵羣書尤工騎射太祖召見奇之
乃令尚義歸公主大統十年釋褐員外散騎常侍後以父勳封建安縣公邑一
千戶累遷撫軍將軍銀青光祿大夫通直散騎常侍領大丞相親信俄轉大都
督進爵清河郡公太祖扶危定傾威權震主及魏廢帝即位之後猜隙彌深時
太祖諸子年皆幼沖章武公導中山公護復東西作鎮唯託意諸壻以爲心膂
基與義城公李暉常山公于翼等俱爲武衛將軍分掌禁旅帝深憚之故密謀
遂洩魏恭帝即位遷使持節車騎大將軍儀同三司加散騎常侍進爵燉煌郡
公尋加侍中驃騎大將軍開府儀同三司拜陽平國世子六官建授御正中大
夫孝閔帝踐阼出爲海州刺史尋以兄植被收例合坐死既以主貴又爲季父
穆所請得免武成二年除江州刺史既被譴謫常憂懼不得志保定元年卒於

位年三十一申公穆尤所鍾愛每哭輒悲慟謂其所親曰好兒捨我去門戶豈是欲興宣政元年追贈使持節上開府儀同三司大將軍曹徐譙三州刺史燉煌郡公謚曰孝子威嗣威字安民起家右侍上士累遷至開府儀同三司又改襲遠爵陽平郡公從高祖平齊以功授上開府拜軍司馬宣帝即位進授大將軍出爲熊州刺史大象末位至柱國

史臣曰李賢和兄弟屬亂離之際居戎馬之間志略縱橫忠勇奮發亟摧勍敵屢涉艱危而功未書於王府仕不過於州郡及逢時值主策名委質或使煩莫府或契闊戎行荷生成之恩蒙國士之遇俱縻好爵各著勳庸遂得任兼文武聲彰內外位高望重光國榮家跗萼連暉椒聊繁衍冠冕之盛當時莫比焉自周迄隋鬱爲西京盛族雖金張在漢不之尚也然而太祖初崩嗣君沖幼內則功臣放命外則強寇臨邊晉公以猶子之親膺負圖之託遂能撫寧家國開翦異端革魏興周遠安邇悅功勤已著過惡未彰李植受遇先朝宿參機務恐威權之已去懼將來之不容生此厲階成玆貝錦乃以小謀大由疎間親主無昭

帝之明臣有上官之訴嫌隙既兆釁故因之啓冢宰無君之心成閔皇廢弑之

禍植之由也李遠旣闕義方之訓又無先見之明以是誅夷非爲不幸

周書卷二十五

周書卷二十五考證

李賢傳吉弟崇崇弟孝軌孝軌弟詢○北史云吉弟孝軌孝軌弟詢詢弟崇未知孰是

周書卷二十五考證

周書卷二十六

唐 令狐德棻等撰

列傳第十八

長孫儉 長孫紹遠 弟澄 兄子兕 斛斯徵

長孫儉河南洛陽人也本名慶明其先魏之枝族姓託拔氏孝文遷洛改爲長孫五世祖嵩魏太尉北平王儉少方正有操行狀貌魁梧神彩嚴肅雖在私室終日儼然性不妄交非其同志雖貴遊造門亦不與相見孝昌中起家員外散騎侍郎從尒朱天光破隴右太祖臨夏州以儉爲錄事深器敬之賀拔岳被害太祖赴平涼凡有經綸謀策儉皆參預從平侯莫陳悅留儉爲秦州長史時西夏州仍未內屬而東魏遣許和爲刺史儉以信義招之和乃舉州歸附即以儉爲西夏州刺史總統三夏州時荆襄初附太祖表儉功績尤美宜委東南之任授荆州刺史東南道行臺僕射所部鄭縣令泉璨爲民所訟推治獲實儉即大集僚屬而謂之曰此由刺史教誨不明信不被物是我之愆非泉璨之罪遂於

廳事前肉袒自罰捨璨不問於是屬城肅勵莫敢犯法魏文帝璽書勞之太祖
又與儉書曰近行路傳公以部內縣令有罪遂自杖三十用肅羣下吾昔聞王
臣謇謇匪躬之故蓋謂憂公忘私知無不爲而已未有如公刻身罰己以訓羣
僚者也聞之嘉歎荊蠻舊俗少不敬長儉殷勤勸導風俗大革務廣耕桑兼習
武事故得邊境無虞民安其業吏民表請爲儉構清德樓樹碑刻頌朝議許焉
在州遂歷二載徵授大行臺尚書兼相府司馬嘗與羣公侍坐於太祖及退太
祖謂左右曰此公閑雅孤每與語嘗肅然畏敬恐有所失他日太祖謂儉曰名
實理須相稱尚書既志安貧素可改名儉以彰雅操又除行臺僕射荊州刺史
時梁嶽陽王蕭詧內附初遣使入朝至荊州儉於廳事列軍儀具戎服與使人
以賓主禮相見儉容貌魁偉音聲如鐘大爲鮮卑語遣人傳譯以問客客惶恐
不敢仰視日晚儉乃著帬襦紗帽引客宴於別齋因序梁國喪亂朝廷招攜之
意發言可觀使人大悅出曰吾所不能測也及梁元帝嗣位於江陵外敦隣睦
內懷異計儉密啓太祖陳攻取之謀於是徵儉入朝問其經略儉對曰今江陵

既在江北去我不遠湘東即位已涉三年觀其形勢不欲東下骨肉相殘民厭其毒荊州軍資器械儲積已久若大軍西討必無匱乏之慮且兼弱攻昧武之善經國家既有蜀土若更平江漢撫而安之收其貢賦以供軍國天下不足定也太祖深然之乃謂儉曰如公之言吾取之晚矣令儉還州密爲之備尋令柱國燕公于謹總戎衆伐江陵平以儉元謀賞奴婢三百口太祖與儉書曰本圖江陵由公畫計今果如所言智者見未萌何其妙也但吳民離散事藉招懷南服重鎮非公莫可遂令儉鎮江陵進爵昌寧公遷大將軍移鎮荊州總管五十二州儉舊嘗詣闕奏事時值大雪遂立於雪中待報自旦達暮竟無惰容其奉公勤至皆此類也三年以疾還京爲夏州總管薨遺啓世宗請葬於太祖陵側并以官所賜之宅還官詔皆從之追封鄶公荊民儀同趙超等七百人感儉遺愛詣闕請爲儉立廟樹碑詔許之詔曰昔叔敖辭沃壤之地蕭何就窮僻之鄉以古方今無慚曩哲言尋嘉尚弗忘于懷而有司未達大體遽以其第即便給外今還其妻子子隆

長孫紹遠字師河南洛陽人少名仁父稚魏太師錄尚書上黨王紹遠性寬容有大度望之儼然朋儕莫敢褻狎雅好墳籍聰慧過人時稚作牧壽春紹遠幼年甫十三稚管記王碩聞紹遠彊記心以爲不然遂白稚曰伏承世子聰慧之姿發於天性目所一見誦之於口此既歷世罕有竊願驗之於是命紹遠試焉讀月令數紙纔一徧誦之若流自是碩乃歎服魏孝武初累遷司徒右長史及齊神武稱兵而帝西遷紹遠隨稚奔赴又累遷殿中尚書錄尚書事太祖每謂羣公曰長孫公任使之處令人無反顧憂漢之蕭寇何足多也然其容止堂堂足爲當今模楷六官建拜大司樂孝閔踐阼封上黨公初紹遠爲太常廣召工人創造樂器土木絲竹各得其宜爲黃鍾不調紹遠每以爲意嘗因退朝經韓使君佛寺前過浮圖三層之上有鳴鐸焉忽聞其音雅合宮調取而配奏方始克諧紹遠乃啓世宗行之紹遠所奏樂以八爲數故梁黃門侍郎裴正上書以爲昔者大舜欲聞七始下洎周武爰創七音持林鐘作黃鐘以爲正調之首詔與紹遠詳議往復於是遂定以八爲數焉授小司空高祖讀史書見武王克殷

而作七始又欲廢八而懸七弃除黃鐘之正宮用林鐘爲調首紹遠奏云天子懸八肇自先民百王共軌萬世不易下逮周武甫修七始之音詳諸經義又無廢八之典且黃鐘爲君天子正位今欲廢之未見其可後高祖竟廢七音屬紹遠遘疾未獲面陳慮有司遽損樂器乃書與樂部齊樹之鈌後疾甚乃上遺表又陳之而卒帝省表涕零深痛惜之

澄字士亮年十歲司徒李琰之見而奇之遂以女妻焉十四從征討有策謀勇冠諸將及長容貌魁岸風儀温雅魏孝武初除征東將軍渭州刺史魏文帝嘗與太祖及羣公宴從容言曰孝經一卷人行之本諸公宜各引要言澄應聲曰夙夜匪懈以事一人座中有人次曰匡救其惡既而出閣太祖深歎澄之合機而譴其次答者後從太祖援玉壁又從戰邙山進位驃騎大將軍開府孝閔踐阼拜大將軍封義門公爲玉壁總管卒自喪初至及葬世宗三臨之典祀中大夫宇文容諫曰君臨臣喪自有節制今乘輿屢降恐乖禮典世宗不從澄操履清約家無餘財太祖嘗謂曰我於公閒志無所惜公有所須宜卽具道澄曰澄

自頂至足皆是明公恩造卽如今者實無所須雅對賓客接引忘疲雖不飲酒
而好觀人酣興常恐座客請歸每勅中廚別進異饌留之止
兇字若汗性機辯彊記博聞雅重賓遊尤善談論從魏孝武西遷天和初累遷
驃騎大將軍開府遷絳州刺史
斛斯徵字士亮河南洛陽人父椿太傅尚書令徵幼聰穎五歲誦孝經周易識
者異之及長博涉羣書尤精三禮兼解音律有至性居父喪朝夕共一溢米以
父勳累遷太常卿自魏孝武西遷雅樂廢缺徵博採遺逸稽諸典故創新改舊
方始備焉又樂有錞于者近代絕無此器或有自蜀得之皆莫之識徵見之曰
此錞于也衆弗之信徵遂依干寶周禮注以芒筒捋之其聲極振衆乃歎服徵
乃取以合樂焉六官建拜司樂中大夫進位驃騎大將軍開府後高祖以徵治
經有師法詔令教授皇太子宣帝時爲魯公與諸皇子等咸服青衿行束修之
禮受業於徵仍並呼徵爲夫子儒者榮之宣帝嗣位遷上大將軍大宗伯時高
祖初崩梓宮在殯帝意欲速葬令朝臣議之徵與內史宇文孝伯等固請依禮

七月帝竟不許帝之爲太子也宮尹鄭譯坐不能以正道調護被謫除名而帝雅親愛譯至是拜譯內史中大夫甚委任之譯乃獻新樂十二月各一笙每一笙用十六管帝令與徵議之徵駁而奏帝頗納焉及高祖山陵還帝欲作樂復令議其可不徵曰孝經云聞樂不樂聞尚不樂其況作乎鄭譯曰既云聞樂明即非無止可不樂何容不奏帝遂依譯議譯因此銜之帝後肆行非度昏虐日甚徵以荷高祖重恩嘗備位師傅若生不能諫死何以見高祖乃上疏極諫指陳帝失帝不納譯因譖之遂下徵獄獄卒張元哀之乃以佩刀穿獄牆遂出之元卒被拷而終無所言徵遇赦得免隋文踐極例復官除太子太傅詔修撰樂書開皇初薨子諺徵所撰樂典十卷

周書卷二十六

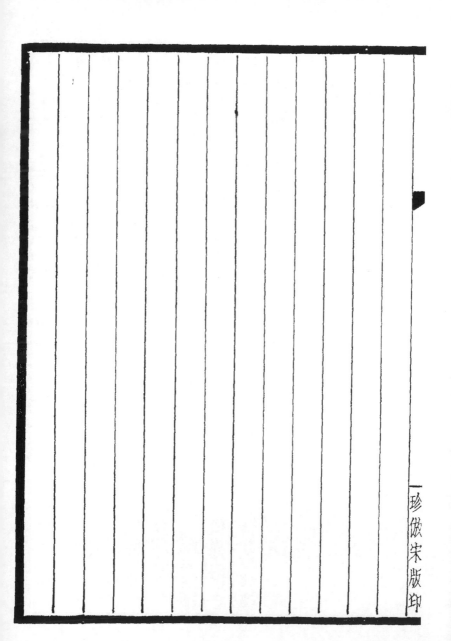

周書卷二十六考證

長孫儉傳總戎衆伐江陵平以儉元謀賞奴婢三百口○北史平字上有事字此處脫去

遽以其第即便給外今還其妻子子隆○給外北史作外給又云夫追善念功先王令典豈得遂其謙挹致乖懲勸今以本宅還其妻子俾清風遠播無替聿修次子隆位司金中大夫從長湖公元定伐陳沒江南卒隆弟平最知名 臣文淳按此書詔文無刪節之例此獨不全子隆句文氣不完其爲遺脫無疑

長孫紹遠傳父稚○北史云父承業又北史長孫蕤歸傳云孝文以其幼承家業賜名幼字承業 臣文淳按北魏書高祖以其幼承家業賜名稚字承業幼與稚同義唐人諱治高宗諱也北史上于高宗時故李延壽改稚爲幼此書成于貞觀時故不諱嫌名也

乃書與樂部齊樹之缺○此句下北史敘次甚詳本傳所缺宜以北史補之又

北史傳末有重贈柱國大將軍謚曰獻號樂祖配饗廟廷子寬嗣二十字此

亦脫去

周書卷二十六考證

# 周書卷二十七

唐 令狐德棻等撰

## 列傳第十九

赫連達 韓果 蔡祐 常善 辛威
厙狄昌 田弘 梁椿 梁臺 宇文測 弟深

赫連達字朔周成樂人勃勃之後也曾祖庫多汗因避難改姓杜氏達性剛鯁有膽力少從賀拔岳征討有功拜都將賜爵長廣鄉男遷都督及岳爲侯莫陳悅所害軍中大擾趙貴建議迎太祖諸將猶豫未決達曰宇文夏州昔爲左丞明略過人一時之傑今日之事非此公不濟趙將軍議是也達請輕騎告哀仍迎之諸將或欲南追賀拔勝或云東告朝廷達又曰此皆遠水不救近火何足道哉貴於是謀遂定令達馳往太祖見達慟哭問故達以實對太祖遂以數百騎南赴平涼引軍向高平令達率騎據彈箏峽時百姓惶懼奔散者多有數村民方扶老弱驅畜牧欲入山避難軍士爭欲掠之達曰遠近民黎多受制於賊

今若值便掠縛何謂伐罪弔民不如因而撫之以示義師之德乃撫以恩信民皆悅附於是迭相曉語咸復舊業太祖聞而嘉之悅平加平東將軍太祖謂諸將曰當清水公遇禍之時君等性命懸於賊手雖欲來告其路無從杜朔周冒萬死之難遠來見及遂得共盡忠節同雪讎恥雖藉衆人之力實賴杜子之功勞而不酬何以勸善乃賜馬二百匹達固讓太祖弗許魏孝武入關褒敘勳義以達首逆元帥匡復秦隴進爵魏昌縣伯邑五百戶從儀同李虎破曹泥除鎭南將軍金紫光祿大夫加通直散騎常侍增邑并前一千戶從復弘農戰沙苑皆有功又增邑八百戶除泉郡守轉帥都督加持節除濟州刺史詔復姓赫連氏以達勳望兼隆乃除雲州刺史卽本州也進爵爲公拜大都督尋授儀同三司從大將軍達奚武攻漢中梁宜豐侯蕭循拒守積時後乃送款武問諸將進止之宜開府賀蘭願德等以其食盡欲急攻取之達曰不戰而獲城策之上者無容利其子女貪其財帛窮兵極武仁者不爲且觀其士馬猶彊城池尚固攻之縱克必將彼此俱損如其困獸猶鬬則成敗未可知況行師之道以全軍爲

上武曰公言是也乃命將帥各申所見於是開府楊寬等並同達議武遂受循降師還遷驃騎大將軍開府儀同三司加侍中進爵藍田縣公六官初建授左遂伯出爲隴州刺史保定初遷大將軍夏州總管三州五防諸軍事達雖非文吏然性質直遵奉法度輕於鞭撻而重慎死罪性又廉儉邊境胡民或饋達以羊者達欲招納異類報以繒帛主司請用官物達曰羊入我廚物出官庫是欺上也命取私帛與之識者嘉其仁恕焉尋進爵樂川郡公建德二年進位柱國薨子遷嗣大象中位至大將軍蒲州刺史

韓果字阿六拔代武川人也少驍雄善騎射賀拔岳西征引爲帳內擊万俟醜奴及其枝黨轉戰數十合並破之膂力絕倫被甲荷戈升陟峯嶺猶涉平路雖數十百日不以爲勞以功授宣武將軍子都督從太祖討平侯莫陳悅遷都督賜爵邯鄲縣男魏孝武入關進爵石縣伯邑五百戶大統初進爵爲公增邑通前一千戶加通直散騎常侍果性彊記兼有權略所行之處山川形勢備能記憶兼善伺敵虛實揣知情狀有潛匿溪谷欲爲間偵者果登高望之所疑處往

必有獲太祖由是以果爲虞候都督每從征行常領候騎晝夜巡察略不眠寢從襲竇泰於潼關太祖依其規畫軍以勝返賞眞珠金帶一腰帛二百匹授征虜將軍又從復弘農攻拔河南城獲郡守一人論功爲最破沙苑戰河橋並有功授撫軍將軍銀青光祿大夫增邑九百戸遷朔州刺史轉安州刺史加帥都督九年從戰邙山軍還除河東郡守又從大軍破稽胡於北山胡地險阻人迹罕至果進兵窮討散其種落稽胡憚果勁健號爲著翅人太祖聞之笑曰著翅之名寧減飛將累遷大都督車騎大將軍儀同三司驃騎大將軍開府儀同三司出爲宜州刺史錄前後功進爵褒中郡公魏恭帝元年授大將軍從賀蘭祥討吐谷渾以功別封一子縣公武成二年又率軍破稽胡大獲生口賜奴婢一百口除寧州刺史保定三年拜少師進位柱國四年從尉遲迥圍洛陽軍退果所部獨全天和初授華州刺史爲政寬簡吏民稱之建德初薨子明嗣大象末位至上大將軍黎州刺史與尉遲迥同謀被誅

蔡祐字承先其先陳留圉人也曾祖紹爲夏州鎭將徙居高平因家焉祖護魏

景明初爲陳留郡守父襲名著西州正光中万俟醜奴寇亂關中襲乃背賊棄妻子歸洛陽拜齊安郡守及魏孝武西遷仍在關東後始拔難西歸賜爵平舒縣伯除岐夏二州刺史卒贈原州刺史祐性聰敏有行檢襲之背賊東歸也祐年十四事母以孝聞及長有膂力便騎射太祖在原州召爲帳下親信太祖還夏州以祐爲都督及侯莫陳悅害賀拔岳諸將遣使迎太祖將赴夏州首望彌姐元進等陰有異計太祖微知之先與祐議執元進祐曰狼子野心會當反噬今若執縛不如殺之太祖曰汝大決也於是召元進等入計事太祖曰隴賊逆亂與諸人戮力討之觀諸人輩似有不同者太祖微以此言動之因目祐祐即出外衣甲持刀直入瞋目叱諸人曰與人朝謀夕異豈是人也蔡祐今日必斬姦人之頭因按劍臨之舉座皆叩頭曰願有簡擇祐乃叱元進而斬之幷其黨並伏誅一坐皆戰慄不敢仰視於是與諸將結盟同心誅悅太祖以此知重之乃謂祐曰吾今以爾爲子爾其父事我後從討悅破之又從迎魏孝武於潼關以前後功封萇鄉縣伯邑五百戶大統初加寧朔將軍羽林監尋持節員外散

騎常侍進爵爲侯增邑一千一百戶從太祖擒竇泰復弘農戰沙苑皆有功授
平東將軍太中大夫又從太祖戰於河橋祐乃下馬步鬭手殺數人左右勸乘
馬以備急卒祐怒曰丞相養我如子今日豈以性命爲念遂率左右十餘人齊
聲大呼殺傷甚多敵以其無繼遂圍之十餘重謂祐曰觀君似是勇士但弛甲
來降豈慮無富貴耶祐罵之曰死卒吾今取頭自當封公何假賊之官號也乃
彎弓持滿四面拒之東魏人弗敢逼乃募厚甲長刀者直進取祐去祐可三十
步左右勸射之祐曰吾曹性命在一矢耳豈虛發哉敵人漸進可十步祐乃射
之正中其面應弦而倒便以矟刺殺之因此戰數合唯失一人敵乃稍卻祐徐
引退是戰也我軍不利太祖已還祐至弘農夜中與太祖相會太祖見祐至字
之曰承先爾來吾無憂矣太祖心驚不得寢枕祐股上乃安以功進爵爲公增
邑三百戶授京兆郡守九年東魏豫州刺史高仲密舉州來附太祖率軍援之
與齊神武遇戰於邙山祐時著明光鐵鎧所向無前敵人咸曰此是鐵猛獸也
皆遽避之俄授青州刺史轉原州刺史加帥都督尋除大都督十三年遭父憂

請終喪紀弗許還車騎大將軍儀同三司加驃騎大將軍開府儀同三司侍中
賜姓大利稽氏進爵懷寧郡公魏恭帝二年中領軍六官建授兵部中大夫江
陵初附諸蠻騷動詔祐與大將軍豆盧寧討平之三年拜大將軍給後部鼓吹
以前後功增邑幷前四千戶別封一子縣伯太祖不豫祐與晉公護賀蘭祥等
侍疾及太祖崩祐悲慕不已遂得氣疾孝閔帝踐阼拜少保祐與尉遲綱俱掌
禁兵遞直殿省時帝信任司會李植等謀害晉公護祐每泣諫帝不聽尋而帝
廢世宗卽位拜小司馬少保如故帝之爲公子也與祐特相友昵至是禮遇彌
隆御膳每有異味輒輟以賜祐羣臣朝宴每被別留或至昏夜列炬鳴笳送祐
還宅祐以過蒙禮遇常辭疾避之至於婚姻尤不願交於勢要尋以本官權鎮
原州頃之授宣州刺史未之部因先氣疾動卒於原州時年五十四祐少有大
志與鄉人李穆布衣齊名嘗相謂曰大丈夫當建立功名以取富貴安能久處
貧賤邪言訖各大笑穆卽申公也後皆如其言及從征伐常潰圍陷陣爲士卒
先軍還之日諸將爭功祐終無所競太祖乃歎之嘗謂諸將曰承先口不言勳

孤當代其論敘其見知如此性節儉所得祿皆散與宗族身死之日家無餘財贈使持節柱國大將軍大都督五州諸軍事原州刺史謚曰莊子正嗣官至使持節車騎大將軍儀同三司祐弟澤頗好學有幹能起家魏廣平王參軍丞相府兼記室加宣武將軍給事中從尉遲迥平蜀授帥都督賜爵安彌縣男稍遷司軺下大夫車騎大將軍儀同三司澧州刺史在州受賂總管代王達以其功臣子弟密奏貰之後爲邛州刺史不從司馬消難被害

常善高陽人也世爲豪族父安成魏正光末茹茹寇邊以統軍從鎮將慕容勝與戰大破之時破六汗拔陵作亂欲逼安成不從乃率所部討陵以功授伏波將軍給鼓節後與拔陵連戰卒於陣善魏孝昌中從尒朱榮入洛授威烈將軍都督加龍驤將軍中散大夫直寢封房城縣男邑三百戶後從太祖平侯莫陳悅除天水郡守魏孝武西遷授武衛將軍進爵武始縣伯增邑二百戶大統初加平東將軍進爵爲侯擒竇泰復弘農破沙苑累有戰功除使持節衛將軍假驃騎大將軍秦州刺史四年從戰河橋加大都督進爵爲公除涇州刺史屬茹

茹入寇抄掠北邊善率所部破之盡獲所掠拜車騎大將軍儀同三司遷驃騎大將軍開府儀同三司西安州刺史轉蔚州刺史頻莅三蕃頗有政績魏恭帝二年進爵永陽郡公增邑二千戶孝閔帝踐阼拜大將軍寧州總管保定二年入爲小司徒四年突厥出師與隋公楊忠東伐令善應接之五年夏卒時年六十四贈使持節柱國大將軍大都督延夏鹽恆燕五州諸軍事延州刺史子昇和嗣先以善勳拜儀同三司

辛威隴西人也祖大汗魏渭州刺史父生河州四面大都督及威著勳追贈大將軍涼甘等五州刺史威少慷慨有志略初從賀拔岳征討有功假輔國將軍都督及太祖統岳之衆見威奇之引爲帳內尋授羽林監封白土縣伯邑五百戶從迎魏孝武因攻回洛城功居最大統元年拜寧遠將軍增邑二百戶累遷通直散騎常侍進爵爲侯增邑三百戶從擒竇泰復弘農戰沙苑並先鋒陷敵勇冠一時以前後功授撫軍將軍銀青光祿大夫從于謹破襄城又從獨孤信入洛陽經河橋陣加持節進爵爲公增邑八百戶五年授揚州刺史加大都督

十三年遷車騎大將軍儀同三司驃騎大將軍開府儀同三司賜姓普毛氏出爲鄜州刺史威時望既重朝廷以桑梓榮之遷河州刺史本州大中正頻領二鎮頗得民和閔帝踐阼拜大將軍進爵枹罕郡公增邑五千戶及司馬消難來附威與達奚武率衆援接保定初復率兵討丹州叛胡破之三年與達奚武攻陽關拔之明年從尉遲迥圍洛陽還拜小司馬天和初進位柱國復爲行軍總管討綏銀等諸州叛胡並平之六年從齊王憲東伐拔伏龍等五城建德初拜大司寇三年遷少傅出爲寧州總管宣政元年進位上柱國大象二年進封宿國公增邑并前五千戶復爲少傅其年冬薨時年六十九威性持重有威嚴歷官數十年未嘗有過故得以身名終兼其家門友義五世同居世以此稱之子永達嗣大象末以威勳拜儀同大將軍

厙狄昌字恃德神武人也少便騎射有膂力及長進止閑雅膽氣壯烈每以將帥自許年十八尒朱天光引爲幢主加討夷將軍從天光定關中以功拜寧遠將軍奉車都尉統軍天光敗又從賀拔岳授征西將軍金紫光祿大夫及岳被

害昌與諸將議翊戴太祖從平侯莫陳悅賜爵陰盤縣子加衞將軍右光祿大夫後從太祖迎魏孝武復潼關改封長子縣子邑八百戶大統初進爵爲公增邑一千戶從破竇泰授車騎將軍左光祿大夫又從復弘農戰沙苑昌皆先登陷陣太祖嘉之授帥都督四年從戰河橋除冀州刺史後與于謹破胡賊劉平伏於上郡授馮翊郡守久之轉河北郡守十三年錄前後功授大都督通直散騎常侍又從隋公楊忠破蠻賊田社清昌功爲最增邑三百戶拜儀同三司尋遷開府儀同三司十六年出爲東夏州刺史魏廢帝元年進爵方城郡公增邑幷前四千一百戶六官建授稍伯中大夫孝閔帝踐阼拜大將軍後以疾卒

田弘字廣略高平人也少慷慨志立功名膂力過人敢勇有謀略魏永安中陷於万俟醜奴尒朱天光入關弘自原州歸順授都督及太祖初統衆弘求謁見及論世事深被引納即處以爪牙之任又以迎魏孝武功封鶉陰縣子邑五百戶太祖常以所著鐵甲賜弘云天下若定還將此甲示孤也大統三年轉帥都督進爵爲公從太祖復弘農戰沙苑解洛陽圍破河橋陣弘功居多累蒙殊賞

賜姓紇干氏尋授原州刺史以弘勳望兼至故以衣錦榮之太祖在同州文武
並集乃謂之曰人人如弘盡心天下豈不早定即授車騎大將軍儀同三司魏
廢帝元年加驃騎大將軍開府儀同三司平蜀之後梁信州刺史蕭韶等各據
所部未從朝化詔弘討平之又討西平叛羌及鳳州叛氐等並破之弘每臨陣
摧鋒直前身被一百餘箭破骨者九馬被十稍朝廷壯之信州羣蠻反又詔弘
與賀若敦等平之孝閔帝踐阼進爵鴈門郡公邑通前二千七百戶保定元年
出爲岷州刺史弘雖武將而動遵法式百姓頗安之三年從隋公楊忠伐齊拜
大將軍明年又從忠東伐師還乃旋所鎮吐谷渾寇西邊宕昌羌潛相應接詔
弘討之獲其二十五王拔其七十二柵遂破平之天和二年陳湘州刺史華皎
來附弘從衞公直赴援與陳人戰不利仍以弘爲江陵總管及陳將吳明徹來
寇弘與梁主蕭巋退保總南令副總管高琳拒守明徹退乃還江陵尋以弘爲
仁壽城主以逼宜陽齊將段孝先斛律明月出軍定隴以爲宜陽援弘與陳公
純破之遂拔宜陽等九城以功增邑五百戶進位柱國大將軍建德二年拜大

司空遷少保三年出爲總管襄郢昌豐唐蔡六州諸軍事襄州刺史薨于州子
恭嗣少有名譽早歷顯位大象末位至柱國小司馬朝廷又追錄弘勳進恭爵
觀國公
梁椿字千年代人也祖屈朱魏昌平鎮將父提內正郎椿初以統軍從尒朱榮
入洛復從榮破葛榮於滏口以軍功進授都將後從賀拔岳討平万俟醜奴蕭
寶夤等遷中堅將軍屯騎校尉子都督普泰初拜征西將軍金紫光祿大夫二
年除高平郡守封盧奴縣男邑一百戶大昌元年進授都督從太祖平侯莫陳
悅拜衞將軍右光祿大夫大統初進爵欒城縣伯增邑五百戶出爲隴東郡守
尋進爵爲公增邑五百戶還梁州刺史從復弘農戰沙苑與獨孤信入洛陽從
宇文貴破東魏將堯雄等累有戰功授車騎大將軍儀同三司大都督從戰河
橋進爵東平郡公增邑一千戶俄還侍中驃騎大將軍開府儀同三司七年從
于謹討稽胡劉平伏椿擒其別帥劉持塞又從獨孤信討岷州羌梁企定破之
除清州刺史在州雖無他政績而夷夏安之十三年從李弼赴頹川援侯景別

攻閻韓鎮斬其鎮城徐衞城主卜貴洛率軍士千人降以功增邑四百戸孝閔帝踐阼除華州刺史改封清陵郡公增邑通前三千七百戸二年入爲少保轉少傅保定元年拜大將軍卒於位贈恆鄜延丹寧五州諸軍事行恆州刺史諡曰烈椿性果毅善於撫納所獲賞物分賜麾下故每踐敵場咸得其死力雅好儉素不營貲產時論以此稱焉子明魏恭帝二年以椿功襲爵豐陽縣公尋授大都督遷車騎大將軍儀同三司散騎常侍治小吏部歷小御伯御正下大夫保定五年詔襲椿爵舊封回授弟朗天和中改封樂陵郡公除上州刺史增邑并前四千三百戸

梁臺字洛都長池人也父去斤魏獻文時爲隴西郡守臺少果敢有志操孝昌中從尒朱天光討平關隴一歲之中大小二十餘戰以功授子都督賜爵隴城鄉男普泰初進授都督後隸侯莫陳悅討南秦州羣盜平之悅表臺爲假節衞將軍左光祿大夫進封隴城縣男邑二百戸尋行天水郡事轉行趙平郡事頻治郡頗有聲績未幾天光追臺還引入帳內及天光敗於寒陵賀拔岳又引爲

心膂岳爲侯莫陳悅所害臺與諸將議翊戴太祖從討悅破之又拜天水郡守大統初復除趙平郡守又與太僕石猛破兩山屠各詔增邑一百戶轉平涼郡守時莫折後熾結聚輕剽寇掠居民州刺史史寧討之歷時不克臺陳賊形勢兼論攻取之策寧善而從之遂破賊徒復與于謹破劉平伏錄前後勳授穎州刺史賜姓賀蘭氏從援玉壁戰邙山授帥都督大統十五年拜南夏州刺史加通直散騎常侍本州大中正增邑二百戶魏廢帝二年遷使持節車騎大將軍儀同三司進驃騎大將軍開府儀同三司加侍中孝閔帝踐阼進爵中部縣公增邑通前一千戶武成中從賀蘭祥征洮陽先登有功別封綏安縣侯邑一千戶詔聽轉授其子元慶保定四年拜大將軍時大軍圍洛陽久而不拔齊騎奄至齊公憲率兵禦之乃有數人爲敵所執已去陣二百餘步臺望見之憤怒單馬突入射殺兩人敵皆披靡執者遂得還齊公憲每歎曰梁臺果毅膽決不可及也五年拜鄜州刺史臺性疏通恕己待物至於蒞民處政尤以仁愛爲心不過識千餘字口占書啓辭意可觀年過六十猶能被甲跨馬足不躡鐙馳射戈

獵矢不虛發後以疾卒

宇文測字澄鏡太祖之族子也高祖中山曾祖豆頹祖騏驎父永仕魏位並顯達測性沉密少篤學每旬月不窺戶牖起家奉朝請殿中侍御史累遷司徒右長史安東將軍尚宣武女陽平公主拜駙馬都尉及魏孝武疑齊神武有異圖詔測詣太祖言令密為之備太祖見之甚歡使還封廣川縣伯邑五百戶尋從孝武西遷進爵為公太祖為丞相以測為右長史軍國政事多委任之又令測詳定宗室昭穆遠近附於屬籍除通直散騎常侍黃門侍郎大統四年拜侍中長史六年坐事免尋除使持節驃騎大將軍開府儀同三司大都督行汾州事測政存簡惠頗得民和地接東魏數相鈔竊或有獲其為寇者多縛送之測皆命解縛置之賓館然後引與相見如客禮焉仍設酒餚宴勞放還其國并給糧餼衞送出境自是東魏人大慚乃不為寇汾晉之間各安其業兩界之民遂通慶弔不復為仇讎矣時論稱之方於羊叔子或有告測與外境交通懷貳心者太祖怒曰測為我安邊吾知其無貳志何為間我骨肉生此貝錦乃命斬之仍

許測以便宜從事八年加金紫光祿大夫轉行綏州事每歲河冰合後突厥即來寇掠先是常預遣居民入城堡以避之測至皆令安堵如舊乃於要路數百處並多積柴仍遠斥候知其動靜是年十二月突厥從連谷入寇去界數十里測命積柴之處一時縱火突厥謂有大軍至懼而遁走自相蹂踐委棄雜畜及輜重不可勝數測徐率所部收之分給百姓自是突厥不敢復至測因請置戍兵以備之十年徵拜太子少保十二年十月卒於位時年五十八太祖傷悼親臨慟焉仍令水池公護監護喪事贈本官諡曰靖測性仁恕好施與衣食之外家無蓄積在洛陽之日曾被竊盜所失物即其妻陽平公主之衣服也州縣擒盜并物俱獲測恐此盜坐之以死乃不認焉遂遇赦得免盜既感恩因請爲測左右及測從魏孝武西遷事極狼狽此人亦從測入關竟無異志子該嗣歷官內外位至上開府儀同三司臨淄縣公測弟深

深字奴干性鯁正有器局年數歲便累石爲營伍并折草作旌旗布置行列皆有軍陣之勢父永遇見之乃大喜曰汝自然知此於後必爲名將至永安初起

家祕書郎時羣盜蜂起深屢言時事尒朱榮雅知重之拜厲武將軍尋除車騎府主簿三年授子都督領宿衛兵卒及齊神武舉兵入洛孝武西遷既事起倉卒人多逃散深撫循所部並得入關以功賜爵長樂縣伯太祖以深有謀略欲引致左右圖議政事大統元年乃啓爲丞相府主簿加朱衣直閤尋轉尚書直事郎中及齊神武屯蒲坂分遣其將竇泰趣潼關高敖曹圍洛陽太祖將襲泰諸將咸難之太祖乃隱其事陽若未有謀者而獨問策於深對曰竇氏歡之驍將也頑凶而勇戰亟勝而輕敵歡每仗之以爲禦侮今者大軍若就蒲坂則高歡拒守竇泰必援之內外受敵取敗之道也不如選輕銳之卒潛出小關竇性躁急必來決戰高歡持重未即救之則竇可擒也既虜竇氏歡勢自沮回師禦之可以制勝太祖喜曰是吾心也軍遂行果獲泰而齊神武亦退深又說太祖進取弘農復克之太祖大悅謂深曰君即吾家之陳平也是冬齊神武又率大衆度河涉洛至於沙苑諸將皆有懼色唯深獨賀太祖詰之曰賊來充斥何賀之有對曰高歡之撫河北甚得衆心雖乏智謀人皆用命以此自守未易可圖

今懸師度河非衆所欲唯歡恥失竇氏愎諫而來所謂忿兵一戰可以擒也此事昭然可見不賀何爲請假深一節發王羆之兵邀其走路使無遺類矣太祖然之尋而大破齊神武軍如深所策四年從戰河橋六年別監李弼軍討白額稽胡並有戰功俄進爵爲侯歷通直散騎常侍東雍州別駕使持節大都督東雍州刺史深爲政嚴明示民以信抑挫豪右吏民懷之十七年入爲雍州別駕魏恭帝二年進車騎大將軍儀同三司散騎常侍六官建拜小吏部下大夫孝閔帝受禪進位驃騎大將軍開府儀同三司遷吏部中大夫武成元年除幽州刺史改封安化縣公二年徵拜宗師大夫轉軍司馬保定初除京兆尹入爲司會中大夫深少喪父事兄甚謹性多奇譎好讀兵書既在近侍每進籌策及在選曹頗獲時譽性仁愛情隆宗黨從弟神譽神慶幼孤深撫訓之義均同氣世亦以此稱焉天和三年卒於位贈使持節少師恆雲蔚三州刺史謚曰成康子孝伯自有傳

史臣曰太祖屬禍亂之辰以征伐定海內大則連兵百萬繫以存亡小則轉戰

邊亭不閴旬月是以人無少長士無賢愚莫不投筆要功橫戈請奮若夫數將

者並攀翼雲漢底績屯夷雖運移年世而名成終始美矣哉以赫連達之先識

而加之以仁恕蔡祐之敢勇而終之以不伐斯豈企及所致乎抑亦天性也宇

文測昆季政績謀猷咸有可述其當時之良臣歟

周書卷二十七

周書卷二十七考證

田弘傳子恭嗣○北史云子仁恭嗣脫一仁字

周書卷二十七考證

西元二〇二四年三月一日重製一版

# 周書 冊一（附考證）（唐令狐德棻撰）

平裝二冊基本定價壹仟貳佰元正
（郵運匯費另加）



發行人 張敏君
發行處 中華書局
臺北市內湖區舊宗路二段一八一巷八號五樓（5FL., No. 8, Lane 181, JIOU-TZUNG Rd., Sec 2, NEI HU, TAIPEI, 11494, TAIWAN）
客服電話：886-2-8797-8900
公司傳真：886-2-8797-8909
匯款帳戶：華南商業銀行西湖分行
179100026931
印刷：維中科技有限公司
海瑞印刷品有限公司

No. N1049-1

國家圖書館出版品預行編目(CIP)資料

周書/(唐)令狐德棻撰. -- 重製一版. -- 臺北市 :
中華書局, 2024.03
冊 ;  公分
ISBN 978-626-7349-15-1(全套 : 平裝)

1.CST: 北朝史

623.6501 113002611